Jean Hatzfeld
Zeit der Macheten

Jean Hatzfeld

Zeit der Macheten

Gespräche mit den Tätern des Völkermordes in Ruanda

Aus dem Französischen
von Karl-Udo Bigott

Mit einem Nachwort
von Hans-Jürgen Wirth

HALAND & WIRTH
IM PSYCHOSOZIAL-VERLAG

Titel der französischen Originalausgabe:
Jean Hatzfeld: UNE SAISON DE MACHETTS

Bibliografische Information der Deutschen Nationalbibliothek
Die Deutsche Nationalbibliothek verzeichnet diese Publikation in der Deutschen Nationalbibliografie; detaillierte bibliografische Daten sind im Internet über http://dnb.d-nb.de abrufbar.

3. Auflage 2012
Deutsche Erstveröffentlichung

Walltorstr. 10, D-35390 Gießen
Fon: 06 41 - 96 99 78 - 18; Fax: 06 41 - 96 99 78 - 19
E-Mail: info@psychosozial-verlag.de
www.psychosozial-verlag.de

Umschlagabbildung: © Guenay Ulutuncok
Umschlaggestaltung: Hanspeter Ludwig, Wetzlar
www.imaginary-world.de
Satz: Christoph Röhl
ISBN 978-3-8379-2245-5

Inhalt

Morgens in der Frühe

In den Aprilnächten lassen die Regengüsse, wenn sie sich verzogen haben, oft schwarze Wolken zurück, die wie eine Maske vor den ersten Sonnenstrahlen des neuen Tages hängen. Rose Kubwimana kennt dieses verspätete Hellwerden, das in dieser Jahreszeit die Sümpfe noch lange im Dämmerlicht liegen lässt. Es ist folglich nicht das diffuse Grau des Morgenlichts, das sie beunruhigt.

Rose hockt mit nackten Füßen, den aus einem Umschlagtuch gewickelten Rock auf die Oberschenkel hochgezogen, an einem schmutzigbraunen Tümpel; ihre schwieligen Hände ruhen auf den Knien. Sie hat sich eine Wolljacke übergezogen. Neben ihr liegen zwei Plastikkanister. Jeden Morgen kommt sie hierher, um Wasser zu schöpfen. Es ist weniger trübe, weil dieser Tümpel tiefer ist, und außerdem ist der Rand durch herabgefallene Palmwedel nicht ganz so schwammig wie anderswo.

Ihr Tümpel liegt versteckt hinter den Zweigen der *umunyeganyege*, einer Art Zwergpalme. Dahinter erstreckt sich, unterbrochen nur von Papyrus-Dickichten, die unermessliche Weite von Tümpeln, Pfützen und Schlammlöchern. Rose atmet tief den vertrauten, fauligen Geruch der Sümpfe ein: Heute morgen ist er besonders feucht. Auch den Duft der weißen Blüten der Seerosen nimmt ihre Nase wahr. Seitdem sie hier unten angelangt ist, verspürt sie, dass etwas Eigenartiges in der Luft liegt, und schließlich begreift sie, dass es von den Geräuschen kommt. Das Rauschen der Sümpfe ist heute morgen anders als sonst.

Wohl hört man das Schreien der Ibisse und das Pfeifen der Zwergmeerkatzen, doch sie kommen aus großer Entfernung. Um sie herum ist es, als ob die Sümpfe verstummt wären. Weder das flüchtige Rascheln der Sumpfantilopen noch ein mürrisches Grunzen von Flussschweinen schreckt sie auf. Die grünen Turako, die sonst die Ersten auf den Zweigen der Feigenbäume sind, lassen nicht ihr weit hallendes *kô kô kô* erklingen, auf das man sich sonst um diese Zeit verlassen kann: Vielleicht sind sie in alle Richtungen davongestoben, wie auch die anderen Gefährten der frühen Morgenstunde.

Rose Kubwimana ist schon eine etwas ältere Dame, sie ist groß gewachsen, mager, doch von robustem Aussehen. Ihre Haare beginnen grau zu werden. Ihr Haus liegt etwa eine Stunde Fußmarsch entfernt im Wald. Seit zwanzig Jahren kommt sie hierher, um das Wasser für ihre Familie zu schöpfen, doch niemals zuvor hat sie eine derartige Stille wahrgenommen, weder in den großen Dürrezeiten, wenn der Uferschlamm hart wird, noch bei den sintflutartigen Regenfällen, die alles überfluten. Sie weiß, vom Himmel gefallen ist das nicht. Sie ist zwar beunruhigt, aber nicht wirklich überrascht.

Als sie am Tag zuvor per LKW-Stopp von der Kreuzung zurückkam, führte sie der Weg an der Kirche von Ntarama vorbei, und dort sah sie die Leute lagern. Sie weiß, dass seit drei Tagen die Tutsi-Familien der Umgebung dort zusammenströmen. Sie weiß auch, weil sie es selbst gesehen hat, dass zahlreiche Tutsi weiter unten in der Schule von Cyugaro Zuflucht gesucht haben, und dass andere bis in die Flussniederung hinabgestiegen sind, um sich dort zu verstecken – sicher nicht sehr weit von ihrem Wasserloch entfernt.

Später wird sie von diesem Morgen, der nicht Tag werden wollte, einfach sagen: »Was das da oben angeht, dachte ich mir, dass sich ein schreckliches Gemetzel anbahnte. Ich hätte jedoch nicht geahnt, dass die Messer und das Chaos bis hierher in die Sümpfe herunterkommen würden. Das hätte ich nicht gedacht, aber ich hatte es fast schon vermutet.« Damit gibt sie sich zufrieden, fügt bloß noch hinzu: »Vom ersten Tag an tat die Zeit sehr geheimnisvoll um diese Dinge. Dem kann ich mich auch heute noch nur anschließen.«

Dieser erste Tag war der 11. April 1994. Zur Erinnerung: Am Abend des 6. April war Ruandas Staatspräsident Juvénal Habyarimana durch die Explosion seines Flugzeugs ermordet worden. Noch in derselben Nacht begannen die Massaker des Völkermords in Kigali, dann in den Provinzstädten, und ein paar Tage später auch im Hügelland wie hier in der Region Bugesera.

Rose füllt ihre Kanister, setzt sich den einen auf den Kopf und hält ihn mit hochgerecktem Arm fest, trägt in der anderen Hand den zweiten und erklimmt durch das Gewirr von Buschwerk und Lianen den

Hang. In ihrem Hof, dessen festgetretenes Erdreich ockerfarben ist wie die Wände ihres Hauses und die Krume der Felder, erblickt sie Adalbert. Er ist früher aufgestanden als sonst, hat sich auf einem winzigen Schemel gesetzt und raucht eine Zigarette.

Adalbert ist von ihren Söhnen der kräftigste. Beim Gehen rollt er meist seine beeindruckend breiten Schultern, so dass seine Arme ständig in Bewegung sind. Er ist beherzt bei der Arbeit, geschwätzig in der Kneipe und dort zu allerhand Späßen aufgelegt. Eine Ehefrau hat er sich noch nicht gewählt. Herrschsüchtig ist er und bestimmt alles im Haus. Heute morgen trägt er nur offene Sandalen an den Füßen, Bermuda-Shorts und ein Hemd, und um die Taille hat er einen eigenartigen Beutel gebunden; das deutet darauf hin, dass ihm der Sinn nicht nach Feldarbeit steht.

Adalbert lässt sich Wasser über die Hände rinnen, fährt sich damit über das Gesicht, nimmt etwas in den Mund und spuckt es wieder aus. Am Vorabend hatte er sich spät schlafen gelegt, völlig betrunken. Er isst weder vom Hirsebrei noch von den Bohnen, die in der Glut warm gehalten werden; außer mit seinem Bruder redet er mit keinem ein Wort und macht sich auf den Weg. »Er war richtig heiß, als er wegging«, wird Rose später sagen.

Der Weg folgt auf halber Höhe dem Hang, links weiter unten liegt die sumpfige Flussniederung des Nyabarongo, in der seine Mutter zuvor Wasser geholt hat, und weiter oben erstreckt sich der Eukalyptus-Wald. Adalbert bemerkt nicht die ungewöhnliche Stille, dazu hat er es zu eilig. Als er am Haus von Pancrace eintrifft, sind sämtliche Frauen und Mädchen der Familie schon bei der Arbeit, einige im Hof, die anderen in der Pflanzung. Adalbert wechselt mit ihnen ein paar Worte der Begrüßung; einige Scherze fliegen hin und her. Pancrace tritt mit nacktem Oberkörper aus dem Haus und mit ein paar Schritten ist er an seiner Seite.

Der nächste Halt auf ihrem Weg, der oberhalb des Flusses und der Bananenpflanzungen entlangführt, ist das Haus von Fulgence. Der kommt aus dem Haus und hat schon seine weißen Ledersandalen an den Füßen, die er immer trägt, wohl weil er ein Hilfsgeistlicher ist. Fulgence ist etwas zarter gebaut, und zart ist auch seine Stimme. Er wechselt ein paar Worte mit Adalbert. Worüber?

Später wird er sich daran erinnern: »Ich hatte eine eiternde Wunde am Bein einer Ziege bemerkt. Adalbert hat mir jedoch gesagt, das müsse bis zum Abend warten.«

Dann führt ihr Weg sie zum Haus von Pio, der fast noch ein Junge ist. Wie Adalbert ist er voll übersprudelnder Energie, aber sanfter im Charakter. Seine große Leidenschaft ist der Fußball. Von seiner Mutter erhalten die jungen Männer einen Kanister mit *urwagwa*, und sie trinken in langen Zügen, nur für ein paar Worte des Dankes setzen sie ab. Diesmal verlässt die Gruppe den Weg parallel zum Fluss, kehrt dem Tal den Rücken und erklimmt, flankiert von wahren Mauern gelb blühender *kimbazi*-Bäume, die Anhöhe. Auf dem Weg drängen sich sehr viel mehr Leute als an den Markttagen in Nyamata, doch im Unterschied zu jenen Tagen sind es nur Männer, denen man begegnet.

Noch mehr Trubel erwartet sie oben auf dem Hügel in Kibungo. Der Schulhof ist überfüllt wie an einem ersten Schultag, doch es sind Erwachsene, die ihn dicht an dicht bevölkern. Etwas weiter gehen Leute auf dem Erdwall hin und her, an dem die Geschäfte liegen – ockerfarbene Lehmmauern, Wellblechdächer. Alle Gespräche drehen sich um die Ereignisse vom Vortag; man hört lautes Schimpfen und scherzende Worte.

Unser Grüppchen lenkt seine Schritte zu einer Kneipe und erkämpft sich ein Plätzchen auf der Mauer, die die Terrasse umgrenzt. Im Hinterhof hantieren Frauen geschäftig an einer Feuerstelle, und der Duft von gegrilltem Fleisch zieht herüber. Mit einer Handbewegung winkt Pancrace eine der Frauen heran und bestellt Fleischspieße, die auch umgehend gebracht werden, angerichtet auf einem Blechteller mit Bananenscheiben, Salz und Pfefferschoten. Sie holen ein paar Flaschen *Primus* und reißen, Flaschenhals an Flaschenhals, die Kronkorken auf; sie essen und trinken mit herzhaftem Appetit. Zufällig kommt Alphonse vorbei und entdeckt sie; er klatscht jedem zur Begrüßung in die flache Hand, lässt sich zwischen ihnen auf dem Mäuerchen nieder und greift zu einem Fleischspieß.

Zur gleichen Zeit geht auf dem gegenüberliegenden Hügel im Dorf Ntarama Jean-Baptiste aus dem Haus, gekleidet mit einem blassgrünen Anzug, wie ihn Beamte tragen. Durch die Tür richtet er noch ein paar ermahnende Worte an jemanden, verschließt dann sonderbarerweise die Tür mit einem Vorhängeschloss, als ob er seinen Gesprächspartner einsperren wollte. Er ruft einen Jungen herbei, der an einem Baum im Garten lehnt, schärft ihm seine Anordnungen leise ins Ohr ein, schiebt ihm einen zusammengerollten Geldschein in die Hand und macht sich auf den Weg in Richtung Kibungo.

Mit Gehupe fährt auch der Chauffeur des Bürgermeisters kreuz und quer durch Kibungo und gibt das Signal zum Sammeln auf dem Fußballplatz. Adalbert und seine Gefährten essen noch ihr Fleisch zu Ende, greifen sich aus einer Kiste jeder noch eine Flasche Bier und schließen sich der Bewegung der Menge an. Der Fußballplatz ist eine der wenigen ebenen Flächen in dieser Landschaft und liegt auf dem Kamm zwischen Kibungo und Ntarama. An den aus Eukalyptusstämmen zusammengefügten Toren kann man ihn auf seiner Lichtung leicht erkennen. Autobusse, Militärlaster und Pick-ups sind in dichter Folge hierher unterwegs und parken um den Platz herum. Die Menge der Männer, die auf den Platz strömt, wird immer größer. In der Mitte des Spielfelds erkennt man die massige Gestalt von Joseph-Désiré Bitero in khakifarbenem Anzug, um ihn herum mit Gewehren bewaffnet seine Helfershelfer.

Abseits, wo die Freunde stehen, können sie die Reden nicht verstehen, so groß ist der Trubel. Sie haben schon Mühe, die Redner zu erkennen, die der Reihe nach auf die Motorhaube eines Pick-ups klettern. Sie leeren ihre Flaschen und werfen sie ins Gras. Ständig grüßen sie hier wen und dort wen oder werden begrüßt, so auch von Ignace, der sie schon gesucht hat. Als die Menge sich dann in Bewegung setzt, bedeutet Adalbert ihnen mit einem Zeichen, zusammen zu bleiben und ihm zu folgen. Sie verlassen den Ort auf einem Weg durch den Wald, der zum Weiler Nyarunazi führt.

Man sieht, dass die meisten Häuser schon von ihren Bewohnern verlassen und dem Verfall preisgegeben sind. Bloß Célestin treffen sie auf der Veranda seines Hauses an. Er ist ein berühmter Wunderheiler. Er serviert ihnen auch einen Teller mit Fleischspießen und einen Kanister Bananenwein, in dessen Öffnung ein Strohhalm steckt; der Reihe nach saugen sie das Getränk in sich hinein. Aber Célestin schiebt dringende Geschäfte vor, derentwegen er sich ihnen nicht anschließen könne. Sein hohes Alter und der Kanister *urwagwa* überzeugen seine Gegenüber und sie ziehen ihres Weges.

In der Ferne hallen Gewehrschüsse und Pfiffe von Trillerpfeifen. Doch das Grüpplein schließt sich nicht dem Gros der Truppe an, das schon dabei ist, den Busch und die Pflanzungen zu durchkämmen. Pancrace wird später sagen: »Wir wussten, dass das verschwendete Mühe ist, dass unsere Hauptaufgabe weiter unten auf uns wartete.« Die Sümpfe sind ihnen vertraut und sie haben das sichere Gefühl, dass sich in deren unendlichen Tiefen schon längst Tutsi versteckt haben; deswegen sind sie die Ersten, die sich hier auf die Suche machen. Der Dunst hatte sich nach einem heftigen Regenschauer verzogen und gibt den Blick auf den Horizont frei: Vor ihnen liegt, so weit das Auge reichte, papyrusbestandenes Sumpfgebiet. Ohne auch nur das geringste Zögern verlassen die Kumpane den festen Boden und dringen in die feuchte Wildnis ein, bis zu den Knien im Morast versinkend, in der einen Hand die Machete, mit der anderen das Blattwerk auseinander drückend.

Im April 2000 schrieb ich ein Buch mit Interviews Überlebender aus dieser Gemeinde Nyamata, *Nur das nackte Leben. Berichte aus den Sümpfen Ruandas*. Es begann mit diesem Satz: »Es geschah 1994, zwischen Montag, dem 11. April, 11 Uhr, und Samstag, dem 14. Mai, 14 Uhr: Rund 50.000 der etwa 59.000 Menschen zählenden Tutsi-Bevölkerung wurden auf den Hügeln der Gemeinde Nyamata in Ruanda mit der Machete abgeschlachtet – von Milizleuten und von ihren eigenen Hutu-Nachbarn, tagtäglich von 9.30 bis 16 Uhr. Das ist der Ausgangspunkt dieses Buches.«

Das ist der Ausgangspunkt auch dieses zweiten Buches, nur mit dem Unterschied, dass diesmal die Mörder der Familien der Überlebenden, ihre unmittelbaren Nachbarn, das Thema sind; genau genommen die Mörder, die die drei Hügel Kibungo, Ntarama und Kanzenze bewohnen – am Rand jener Sümpfe.

Organisatorisches

Pancrace: In jener Zeit des Tötens standen wir früher auf als üblich, um erst einmal reichlich Fleisch zu essen; und gegen 9 oder 10 Uhr gingen wir dann hoch zum Fußballplatz. Die Chefs schimpften über die, die zu spät kamen, und wir zogen los zum Angriff. Regel Nummer eins war zu töten. Eine Regel Nummer zwei gab es nicht. Es war eine Organisation ohne jegliche Komplikation.

Pio: Wir standen um 6 Uhr auf. Wir bekamen Fleischspieße und nahrhafte Kost zu essen, wegen der langen Märsche, die sie uns abverlangten. Wir trafen uns beim Ladenzentrum und zogen über dies und das redend zum Fußballplatz. Dort erteilte man uns für den Tag die Anweisungen zum Töten und gab uns die Route vor, auf der wir das Gelände durchkämmen sollten. Schon auf dem Hinweg durchsuchten wir den Busch, noch ehe wir unten bei den Sümpfen angelangt waren. Wir bildeten eine Kette, um in das Labyrinth der Papyrusstauden und Schlammtümpel einzusteigen. Doch bald teilten wir uns in kleine Trupps von Bekannten oder Freunden auf.

Im Allgemeinen verstanden wir uns gut untereinander. Außer an den Tagen an denen viel los war, wenn aus den umliegenden Abschnitten *interahamwe* mit motorisierten Fahrzeugen zur Verstärkung hinzukamen, um größer angelegte Operationen zu einem Erfolg zu führen. Denn diese aufgestachelten Kerle brachten uns bei unserer Arbeit ganz durcheinander.

Fulgence: Am 11. April hat der Gemeindevertreter für Kibungo seine Boten ausgesandt, um dort oben alle Hutu zusammenzurufen. In großer Zahl hatten sich mit LKW und Bussen auch *interahamwe* eingefunden, und heftig hupend drängten sie sich auf den Zufahrtswegen. Es war ein Durcheinander wie in einer Stadt.

Der Ortsvorsteher hat uns allen in der Runde gesagt, dass wir künftig nichts anderes zu tun hätten als Tutsi zu töten. Wir haben ihn richtig verstanden, dass es um ein Programm endgültiger Vernichtung ging. Die Stimmung war umgeschlagen.

An dem Tag waren auch schlecht Informierte zu der Versammlung gekommen, ohne ihre Macheten oder andere Schneidewerkzeuge mitzubringen. Die *interahamwe* haben ihnen eine Standpauke gehalten; sie haben ihnen erklärt, dass sie das diesmal noch durchgehen ließen, dass das aber nicht wieder vorkommen dürfe. Sie haben sie angewiesen, sich mit Ästen und Steinen zu bewaffnen und rückwärtige Sperrketten zu bilden, um Flüchtende am Durchkommen zu hindern. Danach waren wir entweder Anführer oder Mitläufer, aber keiner hat mehr seine Machete vergessen.

Pancrace: Am ersten Tag ging ein Bote unseres Vertreters im Gemeinderat durch alle Häuser und rief uns zu einer Versammlung zusammen. Dort hat der Ortsvorsteher uns eröffnet, dass der Grund der Versammlung darin lag, alle Tutsi ohne Ausnahme zu töten. Das wurde in aller Einfachheit gesagt, das war auch einfach zu verstehen.

Laut haben wir also nur nach Einzelheiten gefragt, wie das organisiert werden sollte. Zum Beispiel, wie und wann wir damit anfangen sollten, denn wir waren eine solche Tätigkeit nicht gewohnt, und auch, wo wir beginnen sollten, denn die Tutsi waren ja in alle Himmelsrichtungen geflohen. Es gab sogar welche, die fragten, ob es bevorzugt zu Tötende gebe. Der Gemeinderat hat mit großer Strenge geantwortet. »Die Frage, wo es losgehen soll, stellt sich nicht. Die einzige Devise der Organisation ist: geradeaus in den Busch und losschlagen, und zwar sofort, ohne mit Fragen weitere Zeit zu vertun.«

Adalbert: Auf dem Fußballfeld teilten wir uns in Gruppen auf: dieser Trupp nach oben, dieser Trupp nach unten, dieser Trupp ab zu einem anderen Sumpf. Wer Glück hatte, konnte rechtzeitig zu den Plünderungen wieder zurück sein. Am Anfang koordinierten der Bürgermeister, der Unterpräfekt und die Mitglieder des Gemeinderates alles, ebenso wie die pensionierten Soldaten oder Polizisten, weil sie ein Gewehr hatten. Auf jeden Fall war jeder, der über eine Waffe verfügte – und sei es nur eine alte Handgranate – im Vorteil und wurde bevorzugt an die Spitze gestellt.

Später wurden die Mutigsten unter den jungen Leuten die Anführer: die, die ohne zu zögern die Befehle erteilten und mit großen

Schritten vorneweg stürmten. Ich habe mich gleich am ersten Tag zum Chef meiner Mitbürger in Kibungo gemacht. Vorher war ich nur Chef des Kirchenchors; auf diese Weise bin ich ein echter Chef geworden, wenn ich das so sagen darf. Die Mitbürger haben sich – ganz ohne nachzuhaken – auf mich geeinigt.

Innerhalb der Bande bestand ein guter Gemeinschaftsgeist; wir vereinbarten gemeinsam die neuen Aktivitäten, wir stimmten uns ab, an welchen Orten wir arbeiten gingen und wir unterstützten uns gegenseitig als echte Kameraden. Wenn einer sich mal wegen einer kleinen Verhinderung entschuldigte, boten wir uns an, seinen Teil der Arbeit zusätzlich zu übernehmen. Es war keine besonders aufwändige Organisation, aber sie wurde von allen anerkannt und gewissenhaft erfüllt.

Alphonse: Man wachte auf, wusch sich, aß und verrichtete seine Notdurft. Man rief seinen Nachbarn, traf sich mit anderen und bildete so eine kleine Gruppe. Wir änderten nicht unsere Gewohnheiten beim Aufstehen, wie wir sie als Bauern hatten, außer bei der Uhrzeit: Es konnte früher oder später sein, je nachdem, was sich am Vortag Unvorhergesehenes ereignet hatte.

Morgens gab es nicht extra ein gemeinsames Mahl. Man aß meist zu Hause, was einem die Frau auf den Tisch stellte. Das war natürlich immer reichlich. Abends hing es davon ab, wie der Tag verlaufen war. Wenn von den Nachbarhügeln viel Verstärkung gekommen war, nutzten die Einsatzleiter die große Zahl der Angreifer, um ergiebigere Jagden zu veranstalten, indem sie die Flüchtenden von allen Seiten einkesselten. So erledigten wir gewissermaßen das Doppelte an Arbeit. Und abends mussten wir dann noch im Zentrum zusammenbleiben, um gemeinsam Fleisch zu essen, den *interahamwe* ein bisschen unsere Freundschaft zu beweisen, mit den Kollegen von weiter weg gemütlich zusammen zu sitzen, die Verlautbarungen der Verantwortlichen anzuhören und um sich die Beute aus den Plünderungen zu teilen.

Aber an den Tagen gewöhnlicher Expeditionen ließen wir es in der Kneipe im Zentrum nicht so spät werden, um früher zur Familie zurückkehren oder im vertrauten Kreis noch ein *Primus* aufmachen zu können. Solche weniger stürmischen Tage nutzten wir, um etwas Ruhe und Entspannung zu finden.

Je mehr Verstärkung wir bekamen, desto tiefer gingen die Expeditionen in die unendlichen Sumpfgebiete, desto mehr Papyrusgebüsche mussten wir durchsuchen, desto länger musste man mit der Machete in der Hand durch den Morast hetzen, desto ausgelaugter kamen wir zurück. In Schweiß gebadet und triefend von Schlamm. Die Verstärkungen von außerhalb und ihr Wille, es besonders gut zu machen, das waren von allen Zwängen der Organisation die, die am meisten Kraft raubten.

Ignace: Wir waren etwa tausend, die sich auf dem Spielfeld versammelten. Wir zogen mit etwa hundert oder zweihundert Jägern in den Busch, wir wurden angeführt von zwei oder drei Herren mit Gewehren – Soldaten oder Einschüchterer. Am Rand, wo der Schlamm begann und sich die ersten Papyrusstauden reihten, teilten wir uns in Trupps auf, die sich nach Bekanntschaften bildeten.

Wer schwätzen wollte, schwätzte. Wer herumtrödeln wollte, trödelte hinterher; es durfte bloß nicht auffallen. Wer singen wollte, sang. Wir wählten keine besonders aufstachelnden Lieder, wir sangen auch keine patriotische Parolen, wie sie sie im Radio spielten, kein gehässiges oder verächtliches Wort gegen die Tutsi. Wir benötigten keine Texte, die uns besonders Mut machten, wir wählten ganz schlicht traditionelle Lieder, die uns gefielen. Einfach Lieder, die man beim Marschieren im Chor singen kann.

In den Sümpfen brauchte man dann nur herumzustöbern und zu töten, bis ein Pfiff der Trillerpfeife das Ende anzeigte. Manchmal ersetzte auch ein Gewehrschuss den Pfiff, das war dann das einzig Neue an dem Tag.

Elie: Die Einschüchterer legten das Programm fest und übernahmen das Anfeuern, die Kaufleute stellten Geld- und Transportmittel, die Bauern zogen durchs Land und richteten die Verwüstungen an. Aber beim Totmachen mussten sie alle mit der Klinge in der Hand mitmachen und ihren Anteil leisten, jedenfalls eine angemessene Menge Arbeit erledigen.

Die Leute wurden bloß wütend, wenn die Chefs zwangsweise Geldsammlungen anordneten, um Freiwillige zu entlöhnen, die sich im Rahmen gegenseitiger Hilfeleistungen für Expeditionen in den Nachbarabschnitten anwerben ließen. Vor allem aber murrten sie gegen Sammlungen, die veranstaltet wurden, um den *interahamwe* der angrenzenden Regionen Prämien zu zahlen.

Wir waren von diesen groß angelegten Programmen wenig begeistert, wir fanden, es brachte mehr, wenn jeder in seinem Umkreis blieb. Wir wussten zwar, dass die, die von weit her kamen, das taten, um größere Mengen zu erledigen. Doch im Grunde genommen mochten wir sie nicht, wir wollten lieber unter uns die Arbeit anständig verrichten.

Was die Aufgabe des Tötens wie auch die Vergütungen anging, war man zwischen den verschiedenen Hügeln nicht so sehr am Teilen interessiert.

Léopord: Ich war jung und hatte in der Ortsgruppe von Muyange die Verantwortung für das Töten; für mich war das natürlich neu. Ich stand also früher auf als meine Nachbarn, um bis ins Detail alle Vorbereitungen zu treffen. Ich pfiff zum Appell, drängte beim Sammeln auf Beeilung, ich rüffelte die Langschläfer, stellte fest, wer fehlte, überprüfte die Gründe von Abwesenheit und gab die Anweisungen weiter. Wenn im Anschluss an eine Besprechung der Führungskader eine Erklärung abzugeben war oder die Männer verdonnert werden mussten, so tat ich das ohne Umschweife. Ich gab auch den Befehl zum Abmarsch.

Die Leute aus Kibungo, Kanzenze und Ntarama versammelten sich auf dem Fußballplatz in Kibungo. Die Leute aus Muyange und Karambo versammelten sich vor der Kirche der Pfingstgemeinde in Maranyundo. Wenn es Fleischspieße gab, wurden sie dort auch gegessen. Wenn es besondere Befehle gab, nahm man sie dort entgegen und machte sich auf den Weg.

Normalerweise sollten wir den Weg zu Fuß durch den Busch zurücklegen; deswegen standen wir auch früher auf als die Kollegen in Kibungo. Doch zu der Zeit herrschte ein beträchtlicher Autoverkehr, und wir wussten das zu schätzen: Die Fahrer zeigten sich entgegenkommend und stellten ohne Gegenleistung ihre Ladeflächen zur Verfügung, manche Händler fuhren aus Gefälligkeit gleich mehrmals hin und her, und so fanden wir immer Platz im Lieferwagen eines Händlers oder in einem Bus des Militärs. Das hing vom Zufall ab und vom Rang, den man bekleidete.

Elie: Wir mussten schnell machen, daher hatten wir keinen Anspruch auf freie Tage, schon gar nicht Sonntage: Wir mussten die Sache bald erledigt haben. Alle Feiern hatten wir abgesagt. Ohne Rangunterschied waren wir – einer wie der andere – nur zu einer Arbeit verpflichtet: die Kakerlaken allesamt zu erschlagen. Die Einschüchterer gaben uns nur dieses eine Ziel vor, und nur eine Art, es zu erreichen. Wer etwas Ungewöhnliches entdeckte, redete nur hinter vorgehaltener Hand darüber; wer eine Dienstbefreiung brauchte, ebenso. Ich weiß nicht, wie das in den anderen Regionen organisiert war, bei uns waren das die Grundsätze.

Jean-Baptiste: Im Grunde genommen ist es völlig übertrieben zu behaupten, dass wir auf den Hügeln organisiert gewesen wären. Das Flugzeug ist am 6. April abgestürzt. Nur eine ganz kleine Zahl unserer Hutu-Mitbürger ist sofort zu Racheakten losgezogen. Die meisten haben vier Tage lang in ihren Häusern oder im nächstgelegenen Café damit zugebracht, Radio zu hören und die Flucht der Tutsi zu beobachten, haben geschwätzt und gescherzt und sich kein bisschen vorbereitet.

Am 10. April haben der Bürgermeister im gebügelten Anzug und sämtliche hohe Herrschaften uns zusammengerufen. Sie haben uns vergattert und im Voraus alle bedroht, die etwa die Arbeit vermurksen würden, und dann hat das Töten ohne besonders ausgefeilte Methode begonnen. Die einzige Vorgabe war, bis zum Ende dabeizubleiben, einen zufrieden stellenden Rhythmus einzuhalten, niemanden zu verschonen und alles zu plündern, was da war. Es war unmöglich, dabei Pfusch zu machen.

Ignace: Nach dem Absturz des Flugzeugs stellten wir uns nicht mehr die Frage, wer den Lehren der Partei des Präsidenten anhing oder den Lehren einer mit ihr rivalisierenden Partei. An dieses Hickhack erinnerte man sich nicht mehr, und auch nicht daran, wer sich in der Vergangenheit mit wem gezankt hatte. Nur noch eine einzige Idee war im Topf geblieben.

Es wurde nicht mehr gefragt, ob einer mit Gewehren trainiert hatte oder auf das Savoir-faire einer Miliz zurückgreifen konnte, oder aber, ob einer den Hackenstiel nie aus der Hand gelegt hatte. Wir hatten das Gleiche zu erledigen und wir taten das, so gut wir es nur konnten. Es war uns völlig egal, wer lieber dem Bürgermeister gehorchte oder den Befehlen der *interahamwe*, oder wer lieber direkt die Befehle unseres bestens bekannten Ortsvorstehers befolgte. Wir gehorchten nach allen Seiten und waren zufrieden.

Alle Hutu waren plötzlich patriotische Brüder ohne die geringste Zwietracht geworden. Man jonglierte nicht mehr mit politischen Parolen. Für uns galt nicht mehr das »Jeder für sich«. Wir erfüllten eine Arbeit, die uns aufgetragen war. Wir reihten uns in den allgemeinen Willen aller ein. Wir versammelten uns auf dem Fußballplatz unter Freunden und wir gingen auf Jagd aus Leidenschaft.

Die drei Hügel

Zwei breite Flussläufe und ein See, allesamt unter einem Teppich von Papyrus, Schilf und Seerosen versteckt träge dahinfließend, begrenzen die Region Bugesera: der Fluss Akanyaru im Westen, der Fluss Nyabarongo im Norden und – nach einer Schleife – auch im Osten und der Cyohoha-See im Süden. Früher gab es noch einen nördlichen Cyohoha-See, der die Region quer teilte, aber er hat die jüngsten Trockenperioden – Auswirkungen des Wetterphänomens El Niño – nicht überlebt. Eine von Rissen zerklüftete Piste durchzieht der Länge nach das Bugesera und verbindet Kigali mit der Grenze nach Burundi; fünf oder sechs Stunden braucht man für den Weg mit einem der überladenen Kleinbusse, deren Stoßdämpfer unter der Last der vielen Passagiere der Reihe nach den Geist aufgeben.

Obwohl die Region Bugesera von Sümpfen umgeben und zweimal jährlich von der Regenzeit begünstigt ist, hat die Trockenheit seines ockerfarbenen Lateritbodens die Menschen lange von einer Besiedlung abgeschreckt. In den Böden aus Staub und Lehm gibt es nämlich nur äußerst selten natürliche Trinkwasserquellen.

Nach Überqueren der Nyabarongo-Brücke, der Pforte zum Bugesera, trifft man erst fünfundzwanzig Kilometer weiter im Landesinneren auf das erste Rinnsal mit reinem Wasser. Es heißt Rwaki-Birizi, entspringt aus einem Grundwassersee, der weit genug von den fauligen Sümpfen entfernt ist und die Gemeinde Nyamata versorgt. Deswegen wird das Bächlein das ganze Jahr hindurch noch vor dem Morgengrauen von Frauen und Mädchen belagert – einen Kanister in der Hand, den anderen auf dem Kopf – und von Botenjungen per Rad, die ihre Fahrradtaxis so umgerüstet haben, dass sie drei oder vier Kanister transportieren können: Sie alle stehen an, um ihre Häuser mit Wasser zu versorgen, oder ihre Herrinnen, oder ihre Kundinnen.

Die Einwanderung in das Bugesera begann im Jahr 1959 und wurde durch die Aufstände ausgelöst, die der Ersten Republik Ruandas und der Unabhängigkeit des Landes vorausgingen. In dem Jahr flohen die Tutsi vor Pogromen, mit denen die Abschaffung des Tutsi-Königtums gefeiert wurde. Die belgische Kolonialverwaltung verfrachtete die Flüchtlinge auf die hölzernen Pritschen ihrer Militärlaster und überließ sie dann – nach einer nächtlichen Fahrt – am Flussufer ihrem Schicksal.

Die Flüchtlinge überquerten den Fluss und betraten eine mit Busch und Wald bestandene Zone, die kaum bewohnt war. Bloß einige Twa-Gemeinschaften führten hier ein bescheidenes Dasein, sowie vereinzelt Hutu- oder Tutsi-Bauern, die seit ewigen Zeiten in diesen Hügeln siedelten. Sie lebten aber zu einsam, um sich über ihre ethnische Zugehörigkeit den Kopf zu zerbrechen, zumal sie mehr damit beschäftigt waren, sich ständig gegen wilde Tiere zur Wehr zu setzen. Die Alten erzählen noch, wie sie – nachts nur von Lagerfeuern beschützt – in Blätterhütten kampierten, umgeben von einer Savanne, die von Herden von Elefanten und Büffeln beherrscht wurde. Innocent Rwililiza, ein Lehrer, erinnert sich, dass er noch in den achtziger Jahren auf dem Weg, den er Woche für Woche mit anderen zur Lehrerakademie in Rilima zurücklegte, gelegentlich neben einem Dickicht einen Löwen, einen Panther oder eine Pythonschlange gesehen hat. Diese Tiere wurden durch Rodungen nach und nach in den Bergpark von Akagera verdrängt oder mit Pfeil und Bogen oder Speeren gejagt – so erklärt sich, dass diese Waffen bei den Massakern des Völkermords wieder auftauchten.

Nachdem diese Tutsi-Pioniere am Rand der von Tsetsefliegen und Mücken schwirrenden Sümpfe ausgesetzt worden waren, hatten sie gegen Schlafkrankheit, Malaria und Typhus zu bestehen. Sie siedelten sich in der Nähe der Trinkwasserquelle an und rodeten zunächst Parzellen in Waldlichtungen, wo es auch möglich war, Watussi-Rinder zu halten. Um eine Kirche und ein aus Ziegelsteinen gemauertes Verwaltungsgebäude entstand das Dorf Nyamata. In weiteren Wellen folgten Tutsi und Hutu, die durch Massaker oder Armut aus ihren angestammten Gebieten vertrieben wurden. Nach und nach besiedelten sie die vierzehn Hügel der Gemeinde Nyamata.

Zu Beginn der siebziger Jahre wütete in der Region Gitarama eine besonders schlimme Hungersnot und trieb Kolonien von Hutu-Familien auf die Straße. Sie umgingen das Mugina-Gebirge und erreichten das Delta, das Akanyaru und Nyabarongo bilden. Hier überwanden sie die morastige, von Papyrus bestandene Senke, drangen in die unberührten Waldungen ein und ließen sich dort auf den erstbesten Abhängen nieder, um so ihren Tutsi-Landsleute aus dem Weg zu gehen.

Dieser Wald bedeckt drei Hügel, die sich über dem Delta erheben. Der Hügel von Ntarama grenzt an den Akanyaru; der Hügel von Kibungo bildet einen Sporn, der in das Delta vorspringt, und wird sowohl vom Akanyaru als auch vom Nyabarongo flankiert; der Hügel von Kanzenze säumt den Nyabarongo.

Die damalige örtliche Verwaltung – sie lag wie im ganzen Land seit der Unabhängigkeit in den Händen von Hutu-Beamten und Volksvertretern der Hutu – ließ die neuen Hutu-Siedler gewähren. Die Neuankömmlinge eigneten sich völlig ungeschoren Parzellen in den Wäldern an, bauten sich einfache Hütten als Unterkunft und nahmen beträchtliche Mühen auf sich, um die Wildnis bis zu den Flussufern zu roden. Als talentierte Ackerbauern entdeckten sie Lößböden, die besonders fruchtbar sind, und legten dort Bananenpflanzungen an.

Von Jahr zu Jahr lichteten ihre Pflanzungen den Wald zur Anhöhe hin und fraßen sich in den Ufersaum am Fuß der Hügel. Mit dem Gewinn aus ihren ersten Ernten bauten die Hutu-Bauern Häuser mit einem gezimmerten Holzrahmen und einem Dach aus beigefarbenen Ziegeln – eine Besonderheit ihrer Herkunftsregion. Sie errichteten Hühnerställe und Verschläge mit festgefügten Wänden und einem Dach für ihre Ziegen und die schwarzen Schweine, die sie halten. Diese Ställe unterscheiden sich deutlich von den geräumigen, von grünendem Astwerk umstandenen Gehegen, in die die Tutsi ihre Rinder sperren. Noch heute legen die Hutu-Bauern – oder meistens ihre Frauen – jeden Morgen zwei oder drei Stunden zu den Sümpfen zurück und tragen in Kanistern auf dem Rücken das schlammige Wasser herbei, um den Haushalt und die Küche zu versorgen.

Diese späte Besiedlung des Bugesera macht jede Debatte darüber, welche ethnische Gruppe früher da war und deswegen legitimer hier sei als die andere, zu dummem Gerede. Alle Einwanderer sind etwa zur gleichen Zeit gekommen, im Zeichen der Angst, keine Felder mehr zu vorzufinden, von denen sie sich ernähren könnten.

Unmittelbar vor dem Völkermord belief sich die Bevölkerung der Gemeinde Nyamata – den Ort selbst und die Siedlungen auf den vierzehn Hügeln drumherum – auf 119.000 Einwohner, verteilt auf 398 Quadratkilometer. Von den vierzehn Hügeln zählten die von Kibungo, Kanzenze und Ntarama 12.675 Einwohner auf einer Fläche von 133 Quadratkilometern. Nach den Massakern war die Gemeindebevölkerung auf 50.500 Einwohner und die der drei Hügel auf 5.000 gesunken. Ungefähr fünf von sechs Tutsi wurden innerhalb von sechs Wochen getötet.

Das erste Mal

Fulgence: Alles fing damit an, dass ich einem alten Mütterchen den Schädel mit einem Knüppel eingeschlagen habe. Aber weil sie schon am Boden lag und am Sterben war, hatte ich gar nicht das Gefühl, dass ihr Tod von meinen Händen gekommen wäre. Ich bin abends nach Hause gegangen und habe nicht einmal mehr daran gedacht.

Am nächsten Tag habe ich welche mit dem Messer bearbeitet, die noch lebendig waren und aufrecht standen. Das war am Tag des Massakers in der Kirche, also ein Ausnahmetag. Ich erinnere mich noch genau, dass ich wegen des Getöses losgeschlagen habe, ohne darauf zu achten, wen es traf. Ich habe sozusagen aufs Geratewohl in die Menge gehauen. In dem Gedränge konnten wir kaum einen Fuß vor den anderen setzen, und unsere Ellbogen kamen sich ins Gehege.

Auf einmal habe ich vor meinen Augen Blut strömen gesehen; es lief über die Haut und tränkte die Kleidung einer Person, die wankte, ohne ganz zu fallen. Trotz des Halbdunkels sah ich, wie alles voll Blut war. Ich habe gespürt, dass das von meinem Buschmesser kam, ich habe es mir daraufhin genauer angesehen: Es war richtig nass. Ich habe es mit der Angst bekommen, bin nach draußen gerannt und hatte für niemanden mehr einen Blick. Ich fand mich vor der Kirche wieder und drückte mich davor, wieder reinzugehen; ich hatte meinen Teil getan. Die Person, die ich getroffen hatte, war eine Mutter mit Kindern und trotz des Halbdunkels habe ich mich geekelt, ihr den Rest zu geben.

Pancrace: Ich erinnere mich nicht an die erste Person, die ich getötet habe, denn ich habe sie in der Menge nicht genauer erkennen können. Zum Glück habe ich am Anfang mehrere Personen getötet, ohne ihnen ins Gesicht zu sehen. Ich meine das so: Ich schlug drauflos, jemand schrie auf, aber das kam von allen Seiten. Das Gewirr von Schlägen und Schreien verteilte sich auf alle.

Doch ich erinnere mich an die erste Person, die mich angeguckt hat, als ich den blutigen Schlag führte. Das war wirklich ein hartes Ding. Die Augen von jemandem, den man tötet, sind unsterblich, wenn sie einem im tödlichen Moment ins Gesicht blicken. Sie sind von einer entsetzlichen Schwärze. Sie hinterlassen selbst in größtem Todesgetümmel einen stärkeren Eindruck als strömendes Blut oder das Röcheln der Opfer. Die Augen eines Sterbenden sind für den, der ihm den Tod gibt, wenn er in dem Moment gerade hineinschaut, ein wahres Verhängnis. Sie sind der Fluch des Opfers über den, der es gerade tötet.

Alphonse: Es war noch vor dem Beschluss der umfassenden Vernichtung. Eine Gruppe Tutsi hatte sich in den Wald von Kintwi abgesetzt und leistete Widerstand. Wir hatten sie hinter ein paar Baumgruppen ausgemacht: Sie standen da mit Steinen und Ästen und verschiedenen anderen Geräten, um sich zur Wehr zu setzen. Dann haben unsere Anführer Handgranaten auf sie geworfen. Die Tutsi stoben in alle Richtungen davon, und wir hinterher. Bei der überstürzten Flucht wurde ein Alter, der nicht mehr so sicher auf den Beinen war, in vollem Lauf umgestoßen. Er fiel mir vor die Füße, und ich habe ihm das *inkota* in den Rücken gestoßen, jenes scharf geschliffene Messer, mit dem man Vieh tötet und das ich mir morgens gegriffen hatte.

Ein junger Mann, der sich zufällig neben mir befand, unterstützte mich ohne ein Wort mit seinem Buschmesser, als ob es sein Opfer wäre. Als wir den Alten ein letztes Röcheln von sich geben hörten, erklärte mir mein junger Kollege, er kenne ihn schon seit langem, denn das Haus des Mannes läge etwas unterhalb seines eigenen Elternhauses. Er sagte, auf diese Weise sei er ihn endlich losgeworden, und man sah, wie sehr ihn das befriedigte. Ich kannte den Alten nur dem Namen nach, aber mir war nichts Nachteiliges über ihn bekannt. Abends habe ich das meiner Frau erzählt, aber auch sie wusste nur die üblichen Kleinigkeiten über ihn. Wir haben nicht weiter darüber geredet und ich bin eingeschlafen.

Es war ganz wie von selbst geschehen: Ich hatte dagegen nicht ankämpfen müssen. Eigentlich war ich bei diesem ersten Mal höchst überrascht gewesen, wie schnell der Tod eingetreten war, und auch, wie leicht das Messer in seinen Körper eingedrungen war – wenn ich das so sagen kann. Ich hatte noch nie jemanden getötet, es wäre mir auch im Entferntesten nicht eingefallen; ich hatte es noch nicht einmal an einem warmblütigen Tier versucht. Weil ich genug Geld hatte, bezahlte ich an Festtagen und zu Weihnachten einen Jungen, der die Hühner hinter dem Haus schlachtete; so hatte ich es vermieden, mir auf diese Weise die Hände schmutzig zu machen.

Jean-Baptiste: Wir kamen aus den Sümpfen zurück. Ein paar junge Leute machten eine Durchsuchung bei einem Herrn namens Ababanganyingabo; sie misstrauten ihm, weil dieser Hutu notorisch mit Tutsi verkehrte und es vorkam, dass er ihnen sogar seiner Hände Arbeit anbot. Sie entdeckten in einem Gehege hinter seinem Haus, glaube ich, dass er den Tutsi geholfen hat, ihre Rinder in Sicherheit zu bringen. Sie umstellten den Mann und drückten ihn so zu Boden, dass er sich nicht mehr bewegen konnte: Dann hörte ich, wie man meinen Namen rief.

Sie haben mich benannt, weil allgemein bekannt war, dass ich mit einer Tutsi verheiratet war. Die Nachricht über die brenzlige Situation Ababanganyingabos hatte sich schnell herumgesprochen und die Leute warteten. Sie waren heiß, denn sie hatten selbst vorher Leute getötet. Einer sagte vor den versammelten Leuten: »Jean-Baptiste, wenn du das Leben deiner Frau Spéciose Mukandahunga retten willst, musst du diesen Mann hier und jetzt mit dem Messer erledigen. Er ist ein Betrüger, zeige uns, dass du nicht auch einer von der Sorte bist.« Er hat sich umgedreht und befohlen: »Bringt ihm ein Messer.« Ich hatte meine Frau aus Liebe zu ihrer Schönheit gewählt; sie war groß gewachsen und behandelte mich äußerst zuvorkommend: Sie hing sehr an mir, und mir hätte es großes Leid bereitet, sie zu verlieren.

Die Menge war angewachsen. Ich ergriff die Machete und tat einen ersten Schlag. Als ich das Blut hervorsprudeln sah, bin ich aufgesprungen und einen Schritt zurückgewichen. Hinter mir stand einer, der hat mich aufgefangen und wieder nach vorne geschubst. Ich habe in dem Getöse um mich herum die Augen geschlossen und den gleichen Schlag ein zweites Mal abgegeben. Es war getan, die Leute bekundeten ihre Zustimmung, sie waren zufrieden und traten zur Seite; ich bin zurückgewichen. Ich habe mich in einer kleinen Kneipe auf eine Bank gesetzt, mir etwas zu trinken bestellt und es vermieden, auf den Ort des Geschehens einen Blick zu werfen. Hinterher habe ich erfahren, dass der Mann noch zwei ganze Stunden lang zappelte, ehe er starb.

Später wurde es eine vertraute Gewohnheit, ohne solches Zaudern zu töten.

Pio: Ich hatte schon Hühner getötet, aber noch nie Tiere von der Körperfülle eines Menschen, wie etwa eine Ziege oder ein Rind. Beim ersten Menschen habe ich es überstürzt ausgeführt und mir nichts Besonderes dabei gedacht, obwohl es ein Nachbar war, der auf meinem Hügel ganz in meiner Nähe wohnte.

Tatsächlich ist mir erst hinterher bewusst geworden, dass ich einem Nachbarn das Leben geraubt hatte. Ich will damit sagen, dass ich ihn im todbringenden Moment gar nicht mehr als den erkannt habe, der er für mich vorher gewesen war: Ich erschlug jemanden, der mir nicht mehr vertraut, aber auch nicht fremd war. Er war für mich gar kein gewöhnlicher Mensch mehr, ich meine, wie man ihn tagtäglich trifft. Seine Züge ähnelten nur noch der Person, die ich kannte, aber nichts erinnerte mich mehr verbindlich daran, dass er eine Ewigkeit an meiner Seite gelebt hatte.

Ich weiß nicht, ob Sie mich richtig verstehen können. Es war ein Wiedererkennen, ohne ihn zu erkennen. Er war das erste Opfer, das ich tötete. Meine Sichtweise und mein Denken waren ganz durcheinander geraten.

Elie: 1992 hatte ich als Soldat schon zwei Zivilisten bei einer Protestkundgebung getötet. Die erste war eine Sozialarbeiterin für den Bereich von Kanazi. Sie galt als freundlich und in ihrem Auftreten bescheiden. Ich habe sie mit einem Pfeil erschossen. Ich sah, wie sie umfiel, jedoch über die große Entfernung hörte ich sie nicht schreien. Ich habe auf den Hacken kehrt gemacht und bin mit Riesenschritten in die entgegengesetzte Richtung davongeeilt; über die näheren Umstände ihres Sterbens wollte ich gar nichts wissen. Hinterher bin ich mit einem Bußgeld bestraft worden. Ich habe entfernt auch von irgendwelchen Vorwürfen ihrer Familie und von Drohungen mit dem Gefängnis gehört, doch das blieb ohne ernsthafte Folgen.

1994 beim Töten in den Sümpfen hatte ich ausgesprochenes Glück, denn ich konnte mein altes Gewehr vom Militär zum Töten nehmen. Es ist eine Tradition unserer Armee, dass die Offiziere nach

Ende ihrer Laufbahn ihre Waffe behalten dürfen. Im Vergleich zur Machete ist das Töten mit dem Gewehr ein Kinderspiel; man ist sehr viel weniger berührt.

Adalbert: Am ersten Tag habe ich mir nicht die Mühe gemacht, selbst zu töten, denn meine Arbeit bestand zunächst darin, die Befehle auszugeben und die Gruppen einzustimmen. Ich war schließlich der Chef. Hier und da habe ich auch mal Handgranaten in gegnerische Ansammlungen geworfen, aber ohne die tödlichen Auswirkungen mitzubekommen, höchstens, dass ich die Schreie hörte.

Bei der ersten Person, die ich mit dem Buschmesser getötet habe, kann ich mich nicht mehr an die genauen Einzelheiten erinnern. Ich bin in der Kirche mit zur Hand gegangen: Dabei habe ich mächtig zugeschlagen und nach allen Seiten Treffer gelandet. Das Auftreffen habe ich am Widerstand gespürt, aber nicht den Tod der Getroffenen wahrgenommen. In dem Wirrwarr gab es kein Leid, das mich persönlich berührt hätte. Das echte erste Mal, das bei mir eine genaue Erinnerung hinterlassen hat und es verdient, erzählt zu werden, war, als ich am 17. April zwei Kinder getötet habe.

Wir durchstreiften an dem Morgen die Parzellen von Rugazi mit dem Auftrag, nach Tutsi zu suchen, die sich dort versteckt hätten. Ich bin auf zwei Kinder gestoßen, die sich in der Ecke eines Hauses aufhielten. Sie saßen da, ruhig wie zwei Dorfweise. Ich habe sie aufgefordert, nach draußen zu gehen; sie sind aufgestanden, denn sie wollten zeigen, dass sie folgsam waren. Ich ließ sie an der Spitze unserer Gruppe gehen, um sie so in das Zentrum von Nyarunazi zu führen. Es war die Stunde der Heimkehr, wir sind losmarschiert und haben diskutiert, was der Tag gebracht hatte.

Als Chef führte ich außer Handgranaten seit Neuestem auch ein Gewehr bei mir. Unterwegs wollte ich es mal ausprobieren, ohne mir dabei etwas zu denken. Ich stellte die Kinder in zwanzig Meter Entfernung auf, blieb stehen und schoss ihnen zweimal in den Rücken. Es war das erste Mal in meinem Leben, dass ich ein Gewehr benutzte, denn seit dem Verschwinden der wilden Tiere ist die Jagd im Bugesera nicht mehr üblich. Für mich war es komisch zu sehen, wie die Kinder lautlos umfielen. Es geschah mit einer Leichtigkeit, die fast schon heiter war.

Ich ging weiter und habe mich nicht heruntergebeugt, um festzustellen, ob sie wirklich tot waren. Ich weiß noch nicht einmal, ob andere Männer sie da weggetragen und an einem angemesseneren Ort zugedeckt haben.

Jetzt werde ich oft von der Erinnerung an die beiden Kinder wieder eingeholt, die ich geradewegs vor mir erschossen habe, als ob es eine Kleinigkeit wäre.

Ignace: Wir durchsuchten gerade ein Feld, als jemand schrie, dass eine kleine Gruppe Tutsi zum Bergwerk von Birombe geflüchtet sei. Das war ein aufgegebener Schacht auf dem Hügel von Rusekera, in dem Zinnstein abgebaut worden war. Dieses Betrugsmanöver versetzte uns in Wut, und wir sind stehenden Fußes zu einer Strafexpedition dorthin aufgebrochen. Wir haben sie umstellt und diejenigen unter uns, die Handgranaten trugen, warfen sie auf die Tutsi, um sie auseinander zu jagen; aber ein Teil hatte sich im Inneren des Schachts versteckt. Wir wussten, dass man dreißig Minuten benötigte, um bis an das Ende des zentralen Stollens und wieder zurück zu gelangen. Dieser Weg wäre in der Dunkelheit, in der jede Menge Tutsi lauerten, viel zu riskant gewesen. Wir haben also trockenes Gestrüpp und das Fachwerk verlassener Häuser abgehackt, mit diesem Brennholz den Stollen verstopft und das Feuer angezündet. Die Tutsi waren alle tot, verbrannt oder erstickt, 27 Leute an der Zahl. Es war am 22. April, daran erinnere ich mich genau. Das war mein erstes Kommandounternehmen mit Toten, und dasjenige, das ich am meisten bereue, weil der Tod durch Verbrennen besonders schlimm ist.

Léopord: Seit dem Morgen hatten die Leute zuerst noch zurückhaltend angefangen, in den Straßen zu töten. Auf dem Gipfel des Hügels von Kayumba hörte man Gewehrschüsse. Das waren Soldaten, die Flüchtende zu einem Haufen zusammentrieben und in den Ort Nyamata oder zu dessen Kirche jagten: Ein sicheres Zeichen, dass es an dem Tag heiß hergehen würde. Ich habe mir meine Machete gegriffen, habe das Haus verlassen und bin ins Ortszentrum gegangen. An allen Ecken wurde schon Jagd auf die Leute gemacht.

Auf dem Marktplatz kam ein Mann auf mich zugelaufen. Er kam von Kayumba herunter, war völlig außer Atem und panisch vor Angst. Bei seiner Flucht achtete er nur auf das, was direkt vor ihm war: Mich sah er nicht. Ich kam den Hang hoch und im Vorbeigehen habe ich ihm eins mit der Machete an den Hals gegeben – direkt, auf die besonders verletzliche Schlagader. Das ist einfach so über mich gekommen, ohne dass ich mir dabei etwas gedacht habe. Der Herr war leicht zu treffen, weil er überhaupt keinen Widerstand leistete. Er hat noch nicht einmal den Ansatz einer Bewegung zum Schutz gemacht und ist einfach umgefallen, ohne zu schreien und ohne zu wimmern. Ich habe nichts gespürt und habe ihn da liegen lassen. Als ich mich umblickte, war auf allen Seiten das Töten im Gange; ich bin noch den ganzen Tag weiter hinter Flüchtenden hergelaufen.

Das war schweißtreibend und zugleich eine Ablenkung, es war wie ein unvorhergesehenes Volksvergnügen. Ich habe nicht einmal mitgezählt. Weder während der Aktivitäten noch später, denn ich wusste, es würde weitergehen. Ich kann Ihnen beim besten Willen nicht sagen, wie viele ich getötet habe, denn ich habe es unterwegs vergessen.

An den auf dem Marktplatz getöteten Mann habe ich eine genaue Erinnerung und kann Ihnen darüber etwas erzählen, denn er war mein Erster. Bei den Weiteren ist das sehr viel verschwommener, in meinem Gedächtnis haben sie keine Spuren hinterlassen. Sie waren ohne Bedeutung für mich. Ich habe bei diesen Morden noch nicht einmal das kleine Etwas ausgemacht, das mich in einen Mörder verwandelt hat.

Eine Clique von Freunden

Die Familie von Ignace Rukiramacumu gehörte zu dem ersten Zug der Hutu, der 1970 die Sümpfe überwand und sich im tiefsten Wald von Nganwa niederließ, dort, wo er den Akanyaru säumt. Ignace war damals siebenunddreißig Jahre alt. Er hat also die Zeit der Tutsi-Könige bewusst miterlebt, denn beim Tod des letzten großen Herrschers Mutara Rudahigwa war er sechsundzwanzig Jahre alt. Aus dem Grund nahm er schon vor dem Völkermord in der Gruppe die Rolle des stets grollenden Alten ein. Auch danach sollte er unter den anderen so etwas wie die verbitterte Erinnerung an die alten Zeiten darstellen.

Die Familien von Adalbert Munzigura, Fulgence Bunani, Pio Mutungirehe und Pancrace Hakizamungili kamen kurz danach ins Bugesera und siedelten sich in den Wäldern von Kiganwa an, die sich ebenfalls am Akanyaru entlangziehen. Alphonse Hitiyaremye kam später; zunächst war er als Tagelöhner auf den Parzellen eines wohlhabenden Tutsi-Viehzüchters angestellt. Später erwarb er eine Parzelle im Wald von Nyamabuye, etwas mehr zum Nyabarongo hinüber, und machte sie urbar.

Adalbert, Fulgence, Pio, Pancrace und die anderen wuchsen als Kinder in einer Gruppe auf und drückten auch gemeinsam die Schulbank, wo sie selbstverständlich auch Umgang mit gleichaltrigen Tutsi hatten. Sie hatten nicht mehr die Zeit der alten Herrschaft erlebt, und in der Schule erhielten sie so gut wie keinen Unterricht über die Geschichte Ruandas.

Als Heranwachsende gingen sie von der Schule ab, um es den Älteren gleichzutun, die auf den Feldern ackerten. Wie diese arbeiteten sie den ganzen Tag über ohne Pause. Nach der Meinung aller – besonders auch ihrer Feinde – erwiesen sie sich als bemerkenswert geschickte Ackerbauern. Sie gingen zur Kirche – die einen frömmer, die anderen weniger – und sie waren bei den großen traditionellen Festen, den Hochzeiten und Beerdigungen dabei. Vor allem aber trafen sie sich täglich gegen Abend, um gemeinsam *urwagwa* zu trinken, an Feiertagen auch mal *Primus*-Bier, und um dazu ein paar Fleischspieße zu verzehren. Ihre Stammkneipe lag in Nyarunazi, der

Siedlung, die ihrem Hang am nächsten gelegen ist. Aber sie scheuten auch nicht den Fußweg zu den Kneipen in der Ladenzeile von Kibungo, wo mehr los war, oder aber sie öffneten einen Kanister Bananenbier bei dem einen oder anderen im Hof.

Aus der Meute Kinder entstand so eine fest gefügte Clique von Freunden. Alphonse schloss sich ihnen an, manchmal auch Jean-Baptiste Murangira, der in Rugunga auf dem Hügel von Ntarama wohnte, und auch Célestin Mutungirehe, der Wunderheiler, und noch ein paar andere.

Léopord Twagirayezu war über den Fußball mit Adalbert und Pio eng befreundet; er ist groß gewachsen und von derselben athletischen Vitalität wie die beiden anderen. Doch die Parzelle seiner Familie liegt in Muyange, rund zwanzig Kilometer von den Flüssen entfernt, und daher war er nur gelegentlich mit der Clique zusammen, um Fußballspiele anzuschauen, mit ihnen über den Markt zu schlendern oder an Festen teilzunehmen.

Elie Mizinge gehört der vorhergehenden Generation an, wie Ignace Rukiramacumu. Er lernte die Clique während des Mordens und dann auf dem Weg ins Exil in den Kongo kennen; richtig in ihren Kreis aufgenommen haben sie ihn erst, als sie alle im Gefängnis saßen. Elie und Ignace sind die beiden Alten der Bande. Vom Charakter her sind sie höchst unterschiedlich, fast wie Tag und Nacht. Elie, der vormals als Soldat und dann als Polizist in den Genuss zahlreicher Privilegien kam, haben die Ereignisse aus der Bahn geworfen. Ihn haben die letzten zehn Jahre schwer mitgenommen, wie auch sein nach vorn gebeugter, zögerlicher Gang bezeugt. Er ist wehleidig, gefügig und schon fast kriecherisch. Gleichzeitig unternimmt er große Anstrengungen, um die üble Lage, in der er sich befindet, zu begreifen und zu zeigen, dass ihn das alles überfordert. Er realisiert aber, dass er Böses getan hat.

Auch Ignace weiß, dass er sich in etwas verrannt hat; in lauten Selbstgesprächen käut er sein Scheitern wieder und wieder; man erfährt aber nicht, ob er das Unternehmen selbst oder mehr seinen Ausgang verflucht. In Diskussionen erweist er sich als einer der Durchtriebensten. Er bewegt sich einen Schritt vor, weicht dann aber wieder zwei zurück, um am nächsten Tag genau den umgekehrten Weg zu gehen. Manchmal legt er in seinen Äußerungen über andere eine völlige Gefühllosigkeit an den Tag, oder er schaut einen mit anklagendem Blick an und ergeht sich in bizarren Prophezeiungen.

Joseph-Désiré Bitero kann man nicht als gleichgestellten Kumpel der Bande bezeichnen, denn er gehörte zu der kleinen Welt der Oberschicht von Nyamata. Aber als *interahamwe*-Chef der Gemeinde stand er mehreren von ihnen sehr nahe, vor allem Adalbert und Léopord, zwei auffallend dynamische Aktivisten, denen er besonders zugetan war, und Elie, dem Polizisten im Ruhestand, dessen Rat er vor dem Töten und im Verlaufe der Massaker immer wieder einholte.

Die Familie von Jean Ndayambaje gehörte zu demselben Einwanderungsschub aus Gitarama wie Pio und Adalbert. Zur Zeit des Völkermords war er zehn Jahre alt und zu jung, um zu der Bande zu gehören. Trotzdem hat er sich nach der Schule an ihrem Handwerk auf den nahegelegenen Feldern beteiligt. Er lungerte in der Nähe ihrer Kneipe herum und kickte auf demselben Fußballplatz wie sie.

Heutzutage will er, dass nichts Genaueres über seine Handlungen während der Massaker zu Papier gebracht wird. Er erzählt nur, wie er mehrere Monate nach dem Völkermord von Tutsi-Soldaten der *Ruandischen Patriotischen Front* gefangen genommen wurde, als er mit einer Horde völlig abgerissener Ausgestoßener – allesamt ehemalige *interahamwe*, die von Raubzügen und der Jagd lebten –auf der Flucht war. Und er redet über seinen Gefängnisaufenthalt im Kindergefängnis von Gitagata, aus dem er nach drei Jahren entlassen wurde, ohne dass wegen der ihm zur Last gelegten Taten ein Urteil gegen ihn ergangen wäre: Er kam aufgrund eines Gnadenerlasses für alle Angeklagten, die zur Zeit der Massaker noch keine vierzehn Jahre alt waren, frei.

Heute ist er ein untersetzter Junge in Shorts und T-Shirt, die er noch aus dem Gefängnis hat. Vom Morgengrauen bis zur Abenddämmerung arbeitet er in Schweiß gebadet auf der Parzelle seiner Familie in Kibungo. Er beäugt alle misstrauisch und hat für Seinesgleichen nur ein rätselhaftes Lächeln übrig, mal spöttisch herablassend, mal resigniert. Er will mit den Dingen der Welt nichts mehr zu tun haben, sich bloß noch am Samstagabend eine Flasche Bananenwein reinziehen.

Clémentine Murebwayre hat keine Verbindung zu der Gruppe außer der, dass sie ebenfalls in einem Haus aus Lehmflechtwerk auf dem Hügel von Kibungo wohnt. Sie ist eine Frau um die Dreißig; ihr fein gezeichnetes Gesicht wirkt durch die winzigen braunen Sommersprossen noch schöner. Sie ist eine Hutu, die in der Stadt aufgewachsen ist, aber durch die Vermittlung eines Onkels Jean-de-Dieu Ruzindana geheiratet hat, »einen herzensguten Tutsi, was die Nachteile auf dem Lande wettmachte. Er hat dafür gesorgt, dass ich in seiner Familie gut aufgenommen wurde.« Clémentine und ihr Ehemann hegten für die Kerle der Bande keinerlei Sympathie, und sie verkehrten auch nicht in deren Stammlokal, aber sie kannten sie gut, denn ihre Parzelle grenzte an die von Pancrace und die von Adalbert.

Sie erinnert sich: »Das war ein Haufen, der auf dem Hügel für seine Saufgelage und seine üblen Scherze weidlich bekannt war. Die Typen erweckten aber nicht den Eindruck, bösartig zu sein. Außer vielleicht der alte Ignace, der den lieben langen Tag auf die Tutsi fluchte. Aber wenn sie getrunken hatten, fanden sie Spaß daran, von Kneipe zu Kneipe zu ziehen und alle möglichen Misshelligkeiten und Gemeinheiten zu verbreiten. Sie hatten es sich zur Gewohnheit gemacht, die Tutsi zu verhöhnen und ihnen die schlimmsten Verfolgungen zu versprechen; körperlich misshandelt haben sie damals allerdings niemanden. Sie waren ganz im Schlepptau von Adalbert. Er war der Stärkste, trieb es am Tollsten, sein Hohn war beißend; er war nie darum verlegen, wegen Kleinigkeiten Streit vom Zaun zu brechen. Er verstand es, jedem zuzusetzen, wer auch immer es war, ohne dabei die gute Laune zu verlieren. Unter uns spürten wir, dass diese Gesellen zu einer Gefahr wurden.«

Innocent Rwililiza, der dem Völkermord entronnen ist und ebenfalls aus Kibungo stammt, bestätigt das: »Das waren sehr arbeitsame Leute, als Landwirte nicht hoch genug einzuschätzen, die ausgesprochen freundlich und sehr hilfsbereit sein konnten. Doch haben sie sich immer mehr mit dem Frust und dem Neid vollgesogen, die ihre Eltern aus Gitarama mitgebracht hatten. Bei den Morden von '92 erwiesen sie sich plötzlich als wahre Heißsporne gegen die Tutsi und legten ein bedrohliches Verhalten an den Tag. Die Zusammenstöße gingen damals in unserer Gegend noch glimpflich aus, dank des weisen Handelns unseres Ortsvorstehers. Doch seither konnte man spüren, dass Bosheit von ihnen Besitz ergriffen hatte und bei jeder sich bietenden Gelegenheit zum Ausbruch gelangen konnte. Sie reagierten immer schroffer, besonders wenn neue Meldungen über den Krieg der *inkotanyi* bekannt wurden. Doch selbst dabei konnte man sich nicht vorstellen, dass sie eines Tages in so großem Maßstab morden würden.«

Zum Zeitpunkt unserer Gespräche sitzen alle Mitglieder der Bande noch im Zuchthaus von Rilima ein. Bis auf Joseph-Désiré, der den Zellentrakt der zum Tode Verurteilten nicht verlassen darf, sind sie alle vom Morgengrauen an im Hof zusammen und gehen ihren Pflichten oder freiwilligen Tätigkeiten nach: Wasser holen, Spiele, Mahlzeiten. Adalbert ist der Sicherheitschef in ihrem Block, nachdem er schon der Chef der *interahamwe* in Kibungo war. Er hat von seinem Ansehen nichts verloren und bestätigt während des Prozesses seine Macht über die Gruppe. Fulgence – immer noch in seinen weißen Sandalen – kehrt seine Frömmigkeit hervor, Pio seine gute Laune. Elie spielt gelegentlich den geprügelten Hund, während Ignace seiner Rolle als ständiger Meckerer gerecht wird.

Léopord gibt sich nicht mehr als Gegenspieler Adalberts. Gleichmütig trägt er seine Zuversicht zur Schau, hält sich von den anderen jedoch fern. Er ist bisher der Einzige, der in gewisser Weise »gesungen« hat. Das geschah in einem Lager im Kongo, in dem er zunächst seine Rolle als *interahamwe* fortsetzte. Eines Tages überkam ihn nach dem Verlassen einer Messe im Freien der Drang, alles zu erzählen und sich selbst zu bezichtigen, und das vor lauter Mittätern und fassungslosen Spießgesellen, die ihn prompt als übergeschnappt bezeichneten. Nach seiner Rückkehr nach Nyamata hielt er daran fest und bot den Staatsanwälten, die in seinem Verfahren ermittelten, von vornherein an auszupacken. Er ist also gleichzeitig einer von denen, die am meisten mit der Machete zugeschlagen haben, und derjenige, dessen Geständnis am präzisesten ist, ob es um seine eigenen Untaten oder die seiner Vorgesetzten geht.

Auch Jean-Baptiste hat 1996 gleich nach seiner Rückkehr aus dem Exil beschlossen, sich dem Gericht zu stellen und freiwillig ein Geständnis abzulegen. Diese Zusammenarbeit hat ihm das Wohlwollen der Gefängnisverwaltung eingebracht; er leitet sogar eine Vereinigung reuiger Täter. Jean-Baptiste, von dem Innocent immer sagt, er sei »genau so bösartig und herrisch, wie er listig und intelligent ist«, drückt sich präzise aus, ist dabei aber berechnender als Léopord. Er gibt sich honigsüß einschmeichelnd und laviert geschickt, doch man weiß nicht, ob er dies aus Feigheit oder aus echter Reue tut.

Und in der Tat ist er derjenige, dem die Bedeutung ihrer Taten am klarsten bewusst geworden ist und der am besten ermisst, was die auf sie gerichteten Blicke der Außenwelt – der in Ruanda oder im Ausland – zu bedeuten haben.

Nach Jahren des Schweigens gehen die meisten Mitglieder der Bande, je näher ihr Prozess rückt, sehr vorsichtig dazu über, ihre Beteiligung am Völkermord mehr oder weniger einzuräumen. Sie rühren sich, weil die Justiz ihnen Milde versprochen hat. Und sie rühren sich in der Absicht, sich nicht aus der Bande auszugrenzen, sondern deren Bestand zu sichern. Die Freundschaft, die sie seit langer Zeit verbindet, ist für sie äußerst wichtig, wie sie selbst erklären.

Pancrace: Auf den Versammlungen der Gefangenen hat es Reibereien gegeben, bei denen jene, die überhaupt nichts zugeben wollten, etwas isoliert dastanden. Die, die kein Sterbenswörtchen über das sagen wollten, was geschehen war, mussten sich zu einem Block zusammenschließen und sich von den anderen, denen sie sowieso nur Drohungen und Anschuldigungen an den Kopf warfen, absondern.

Unter denen, die bereit waren zuzugeben, und sei es nur ein klein wenig – wie wir in unserer Clique – blieb die Freundschaft ebenso fest bestehen wie vor dem Töten.

Pio: In den Gefängnissen sind unsere Nachtlager nicht nebeneinander, aber tagsüber bringt die Zeit uns zusammen und macht es uns leicht, freundschaftliche Worte und Gedanken auszutauschen. Die vergangenen Zeiten haben uns fest zusammengeschweißt, vor allem wegen der Bananenpflanzungen. Wir zogen gemeinsam von einer zur anderen, um sie zu beschneiden und um zu ernten. Wir pressten die Bananen auch gemeinsam aus, und wir luden uns gegenseitig zum *urwagwa* ein. Wer von Haus aus weniger hatte, wurde trotzdem eingeladen. Wir besuchten den, dem der Tod einen Verwandten genommen hatte, und teilten mit ihm den Schmerz und die Getränke. Von diesen guten Zeiten ist bei uns nichts in Vergessenheit geraten. Aus dem Grund lässt das Leben im Gefängnis uns eng zusammenrücken wie früher.

Léopord: Wir in der Bande halten es zwar mit den Geständnissen nicht alle gleich, aber trotz solcher Unterschiede reden wir als Freunde miteinander. Wir helfen uns gegenseitig. Weil wir keine Getränke oder sonst welche Kleinigkeiten mehr haben, teilen wir das Salz und den Zucker. Wir kämpfen gegen die Schwermut an, indem wir uns gegenseitig Scherze zurufen. In großer Eintracht spielen wir Volleyball oder Gesellschaftsspiele.

Jean-Baptiste: Es gibt in der Gruppe keinerlei Streit. Die Alten gehören dazu und die jungen Leute; das Schicksal hat uns nicht auseinander bringen können. Ich versuche, den anderen Mut zu Geständnissen zu machen. Doch jeder muss es mit seiner Bereitschaft dazu so halten, wie er will. Trotz der schrecklichen Verrichtung des Tötens und des elenden Lebens im Gefängnis lässt unser Gemeinschaftsgefühl nicht nach. Allesamt warten wir ungeduldig darauf, dass unser Unglück ein Ende nimmt. Das gemeinsame Pech ist das einzige Problem, das ich unter uns ausmachen kann.

Adalbert: Wir vermeiden Gespräche über die unglücklichen Zeiten und erinnern uns nicht gern an die Lager oder an die Entbehrungen. Wir finden uns zum Chorsingen und zu Spielen zusammen. Wir versuchen, uns vor den überall lauernden Epidemien zu schützen. Wir teilen die Nachrichten, die uns von unseren Parzellen erreichten, und die Lebensmittel, wenn einer das Glück hatte, sich vor dem Gefängnis mit einem Verwandten treffen zu können. Wir sind die ganze Zeit Freunde geblieben, alle im gleichen Geist geeint, trotz der Katastrophen des Lebens, des Exils und des Gefängnisses. Wir tun das, was wir als Kameraden untereinander tun müssen, und das in jeder Lage.

Das Handwerk lernen

Adalbert: Zahlreichen Bauern ging das Töten nicht flink von der Hand, aber sie erwiesen sich dabei als gewissenhaft. Den Bogen bekam man sowieso nur durch Nachahmung heraus. Durch ständiges Erklären und Wiederholen ging man gegen die Ungeschicklichkeit an. Das ist eine Wahrheit, die – glaube ich – für jede Handfertigkeit gilt.

Pancrace: Ganz viele von den Leuten wussten nicht, wie man tötet. Aber das war nicht schlimm, denn da waren die *interahamwe*, um ihnen bei den ersten Schritten zu helfen. Während der ersten Tage wurden die *interahamwe* in Autobussen von den Nachbarhügeln herangekarrt, um Hand anzulegen. Sie waren geschickter, und sie waren nicht so leicht zu erschüttern. Es zeigte sich, dass sie viel spezialisierter waren. Sie gaben Ratschläge, auf welchen Wegen man die Tutsi aufspüren und mit welcher Technik man sie erschlagen musste. Sie stellten sich neben uns und schrien: »Mach es wie ich. Wenn du merkst, dass du es nicht hinkriegst, ruf uns zur Hilfe.« Sie lernten sogar in ihrer Freizeit die an, die sich bei dem Handwerk des Tötens ungeschickt anstellten.

Diese Einweisungen gab es nur an den ersten Tagen; hinterher mussten wir selber zurechtkommen und unseren Anfängermethoden den Feinschliff verleihen.

Alphonse: Anfangs führte man das Messer noch zaghaft, dann aber half uns die Zeit, und es wurde zur Gewohnheit. Bei manchen Kollegen war es der Fall, dass sie sich die richtige Art, den Schlag seitlich am Hals oder auf den Hinterkopf zu setzen, um das Ende schnell herbeizuführen, haben beibringen lassen. Aber es gab auch Fälle von Kollegen, die sich bis zum Ende ungeschickt anstellten. Sie trauten sich nicht, sie betätigten das Buschmesser nicht schnell genug. Sie trafen zum Beispiel die Arme statt den Hals, und dann liefen sie davon und schrien: »Das war's! Ich habe ihn ganz tot gemacht.« Aber es sprach sich herum, dass das nicht stimmte. Ein Spezialist musste eingreifen, um das Ziel ein zweites Mal einzufangen und ganz zu erledigen.

Elie: Die Keule richtet mehr Brüche an, aber die Machete entspricht uns mehr. Der Ruander ist mit der Machete seit seiner Kindheit vertraut. Eine Machete zur Hand nehmen, das tut er jeden Morgen. Man mäht damit Hirse, man schneidet Bananenstauden in den Pflanzungen zurück, man kappt Lianen und schlachtet die Hühner. Sogar Frauen und kleine Mädchen greifen bei ihren leichten Arbeiten zur Machete, etwa zum Holzhacken für die Kochstelle. Es ist stets ein- und dieselbe Bewegung für mehrere Nutzanwendungen, so dass man nie etwas falsch machen kann. Das Eisen sagt keinen Ton, ob du es nun benutzt, um einen Zweig, ein Tier oder ein Menschen zu zerschneiden.

Letztlich ist ein Mensch ja auch wie ein Tier; du führst den Schnitt gegen den Kopf oder Hals, und er fällt von selbst um. Während der ersten Tage waren die im Vorteil, die schon mal Hühner und vor allem Ziegen geschlachtet hatten, das kann man gut verstehen. Später hatte sich dann jeder an diese neue Tätigkeit gewöhnt und seinen Rückstand aufgeholt.

Bloß die jungen Leute – meist mit großer Körperkraft ausgestattete Freiwillige – bedienten sich der Keule. Die Keule ist kein Gerät, das in der Landwirtschaft benutzt wird. Doch es entsprach besser ihrer Art, sich hervorzutun und vor der Menge den Pfau zu spielen. Ebenso war es mit den Speeren und mit Pfeil und Bogen: Wer noch welche hatte, gefiel sich darin, sich damit sehen zu lassen und sie an andere zu verleihen.

Pio: Es gab welche, die sich mit Leichtigkeit als Totmacher hervortaten; die unterstützten dann ihre Kameraden in schwierigen Situationen. Aber jeder konnte es sich genauso gut nach seiner Façon selbst beibringen, ganz wie es seinem Charakter am besten entsprach. Man tötete, wie man es halt konnte, wie man sich dabei fühlte, und jeder nach seinem Rhythmus. Es gab keine strengen Anweisungen für die Technik, bloß die, dass man weiterzumachen hatte.

Und dann muss man noch eine bemerkenswerte Tatsache hervorheben, weil sie uns angespornt hat: Viele Tutsi gerieten in schreckliche Todesangst, noch bevor wir angefangen hatten, auf sie einzuschlagen. Sie hörten mit dem störenden Gezappel auf, blieben stocksteif stehen oder kauerten sich irgendwo hin. Diese furchtsame Haltung hat uns geholfen, die Treffer auf ihnen zu landen. Es ist verlockender, eine vor Angst zitternde und meckernde Ziege zu töten als eine, die ungestüm hin und her springt, um es mal so auszudrücken.

Fulgence: Den Ungeschickten wurde vorsichtshalber jemand an die Seite gestellt, für den Fall, dass sie es vermurksten. Die *interahamwe* bedachten sie mit Lob oder Tadel. Manchmal, wenn die *interahamwe* besondere Strenge zeigen wollten, verhängten sie als Strafe, dem Verwundeten unter allen Umständen den Todesstoß zu versetzen. Der so Bestrafte musste noch mal ran und das Werk zu Ende bringen. Das Schlimmste daran war, dass man gezwungen war, es vor den eigenen Kollegen zu tun.

Das traf aber nur einige wenige, und auch nur ganz am Anfang. Es hat nicht lange gedauert bis wir gut mit der Machete umgehen konnten, weil wir es von der Feldarbeit ja gewohnt waren; es war für uns ganz alltäglich. Wenn jemand Ihnen und mir einen Bic-Kuli in die Hand drückt, werden Ihnen Schreibarbeiten flüssiger von der Hand gehen als mir; ich sage das ganz ohne Neid. Für uns waren die Macheten das Handwerkszeug, das wir scharf schleifen und nach Belieben handhaben konnten. Sie waren auch billiger als Gewehre, die hatten nur die Einsatzleiter. Aus dem Grund haben wir gelernt, die Arbeit mit dem einfachen Gerät zu erledigen, das wir besaßen.

Jean-Baptiste: Wenn du dich mit der Machete zu ungeschickt anstelltest, konnte es passieren, dass man dir die Belohnungen strich, damit du dich in die richtige Richtung entwickeltest. Wenn du eines Tages erst einmal so zum allgemeinen Gespött geworden warst, hast du nicht lange gezögert, dich zu verbessern. Wenn du mit leeren Händen nach Hause kamst, konnte es sogar vorkommen, dass deine Frau und deine Kinder mit dir schimpften.

Allerdings tötete jeder auf seine Weise. Wer sich nicht daran gewöhnen konnte, seinem Opfer den Todesstoß zu versetzen, der konnte es liegen lassen oder einen Helfer bitten. Hinter ihm stand immer jemand, den er kannte und der solidarisch handelte.

Kein Kollege hat sich jemals beklagen können, wegen einer Ungeschicklichkeit körperlich bestraft worden zu sein. Spott und Schikanen konnten vorkommen, aber niemals Handgreiflichkeiten.

Léopord: Ich habe nie etwas anderes genommen als die Machete. Erstens, weil ich zu Hause eine besaß, und zweitens, weil ich damit umzugehen wusste. Für jemanden, der geschickt in der Handhabung seines Werkzeugs ist, ist es einfach, es für alle möglichen Tätigkeiten einzusetzen: um Pflanzungen zu lichten oder in den Sümpfen zu töten. Mit der Zeit hat jeder sich auf seine Art vervollkommnet. Die einzige streng zu befolgende Anweisung bestand darin, mit einer gut geschliffenen Machete anzutreten. Sie wurde mindestens zweimal in der Woche geschärft. Das war mit unserem üblichen Wetzstein überhaupt kein Problem.

Wer daneben schlug oder nur so tat, als haue er zu, der wurde ermahnt; ihm wurde geraten, es besser zu machen. Es kam auch vor, dass man ihn zwang, sich einen Tutsi in den Sümpfen oder vor den Häusern ganz allein vorzunehmen und ihn vor den Augen seiner Kollegen zu töten; so wollte man überprüfen, dass er die Belehrung richtig verstanden hatte.

Joseph-Désiré: Ungeschickte hat es immer gegeben, vor allem dabei, Verwundeten den Rest zu geben. Wenn du mit einem verzagten Gemüt geboren bist, ist es schwer, das in den Sümpfen zu ändern, wenn das Töten voll im Gange ist. Also haben diejenigen, denen das flott von der Hand ging, denen geholfen, die sich dabei unwohl fühlten. Es durfte nur nicht zur Regel werden.

Ignace: Es gab welche, die betrieben die Jagd wie eine Herde Schafe, und andere, die jagten wie wilde Tiere. Die einen machten aus Angst beim Jagen langsam, andere machten aus Faulheit beim Jagen langsam; wieder andere ließen sich beim Zuschlagen aus Gemeinheit gegenüber den Opfern Zeit, und noch andere erschlugen sie im Handumdrehen, um das Tagesprogramm schnell hinter sich zu bringen und früher nach Hause zu kommen, wo andere Arbeit auf sie wartete. Wie du es machtest war egal; es galt, jeder nach seiner Technik und seiner Gemütsverfassung.

Wegen meines hohen Alters war ich davon befreit, die Sümpfe zu durchkämmen. Ich hatte die Aufgabe, langsamen Schritts über die umliegenden Parzellen zu patrouillieren. Ich hatte dafür die altbewährte Methode mit Pfeil und Bogen gewählt, um eventuell vorbeieilenden

Tutsi ein Loch zu verpassen. Es war die Jagd aus der Lauerposition, die ich als Alter seit meiner Kindheit kannte.

Jean: »Das ist in Ruanda so Sitte, dass die kleinen Jungen es ihren Vätern und großen Brüdern nachmachen, indem sie sich hinter sie stellen und dieselben Bewegungen ausführen. So lernen sie von klein auf die landwirtschaftlichen Verrichtungen des Säers und des Schnitters. Entsprechend sind auch viele Jungs hinter den Hunden hergelaufen, um mit deren Hilfe Tutsi aufzustöbern und zu verraten. Einige Kindern haben im Busch dicht bei den Siedlungen ebenfalls mit dem Töten angefangen. Aber natürlich nicht im Schlamm der Sümpfe: Da sie noch klein waren, wäre es ihnen schwer gefallen, dort die richtigen Bewegungen zu vollführen. Die Einsatzleiter hatten es auf jeden Fall verboten.«

Clémentine: »Ich habe Papas gesehen, die ihren Jungen beibrachten, wie man töten musste. Sie ließen sie die Handhabung der Machete nachahmen. Sie zeigten ihnen an Toten oder an lebendigen Menschen, die sie tagsüber gefangen hatten, wie man's machte. Meistens übten die Jungen es an Kindern, weil die Körpergröße besser passte. Aber die meisten wollten nicht, dass ihre Kinder direkt in das schmutzige Geschäft des Blutvergießens verwickelt wurden, außer als Zuschauer natürlich.«

Der Korpsgeist

Das erste Gefühl, das mich angesichts jedes einzelnen Mitglieds dieser Gruppe überkommt, ist weder Abneigung noch Verachtung noch Mitleid oder Antipathie, sondern ein tiefes Misstrauen, das sich unmittelbar einstellt und auf Gegenseitigkeit beruht. Was ich zu Beginn meiner Treffen mit ihnen noch nicht weiß, ist, dass dieses Gefühl nie ganz vergehen wird, egal welche besondere Beziehung ich zu jedem einzelnen von ihnen zu knüpfen vermag. Im Laufe der Zeit legen sich die Feindseligkeit nach und nach. Manchmal ertappe ich mich dabei, wie im Gespräch mit ihnen Momente von Herzlichkeit aufkommen, oder auch eine einladende Vertrautheit, über dies und das zu schwätzen. Doch das Misstrauen legt sich bei mir zu keinem Zeitpunkt. Alle ihre Äußerungen geben ihm eher noch neue Nahrung.

Misstrauen beherrschte auch meine ersten Begegnungen mit Überlebenden in dieser Gemeinde Nyamata, als ich das Buch *Nur das nackte Leben* schrieb. Allerdings war es einseitig; sie empfanden es mir gegenüber, nie umgekehrt, und ihre Vorbehalte waren auch von anderer Art.

Den Überlebenden kam ein Ausländer verdächtig vor, dessen Landsleute noch nicht einmal den kleinen Finger gerührt hatten, um den Völkermord zu verhindern. Sie waren überzeugt, dass es grundsätzlich zu spät sei, dass ihr Zeugnis als solches bei Leuten, die die Massaker toleriert hatten, sowieso nichts mehr gelte und dass meine Initiative schon von daher zweifelhaft sei. Noch tiefer beeindruckte mich ihre Überzeugung, dass man ihren Berichten über das, was sie während des Völkermords erlebt hatten und seither erlebten, nicht glauben würde. Sie befürchteten auch, dass das Erzählen ihren Schmerz wieder neu entfachen würde. Sie kamen zu dem Schluss, dass sie mit diesem Eindringling nur ihre Zeit vertun würden und dass es weder Sinn machte noch einen Zweck erfüllte, sich außerhalb der Gemeinschaft derer, die wie sie davongekommen waren, zu äußern.

Ihr Misstrauen war also groß; wenn man aber ein Ohr für die Gründe hatte, half die Zeit, es zu zerstreuen. Ein dem Völkermord

Entronnener ist vor der Außenwelt auf der Hut, seine Welt ist die der ebenfalls Entkommenen.

Der Mörder sorgt sich nicht darum, dass man ihm nicht glauben könnte – im Gegenteil. Er fürchtet vielmehr, dass man ihn beschuldigen könnte. Selbst wenn Sie es schaffen, ihn zu überzeugen, dass seine Aussage für ihn keinerlei Nachteil zur Folge haben wird, fürchtet er, dass sein Reden – wer auch immer der Ohrenzeuge oder spätere Leser sein mag – mehr Schaden bringt, als sein Schweigen. Und keine noch so vertrauensvolle Beziehung kann ihm diese Sorge voll und ganz nehmen. Der Mörder ist auf der Hut, denn er spürt die drohende Strafe über seinem Kopf schweben.

Nach der Veröffentlichung von *Nur das nackte Leben* haben Leser mich gefragt, nach welchen Kriterien ich die vierzehn Personen ausgewählt hätte. Die Antwort ist einfach: Ich habe sie nicht ausgewählt. Bei einer Fahrt in das Bugesera hatte ich Sylvie Umubyeyi, eine Sozialarbeiterin, kennengelernt und sie bei ihrer Arbeit begleitet. Sie streifte durch den Busch um Nyamata auf der Suche nach Kindern, die durch die Massaker des Völkermords ihre Angehörigen verloren hatten, und die es in diese Gegend verschlagen hatte. Sie erzählte mir ihre Geschichte und brachte mich dann zu Jeannette Ayinkamiye, einer Überlebenden. Das junge Mädchen hatte mit einer Freundin und weiteren Waisenkindern Zuflucht in einem verfallenen Haus am Rand einer Parzelle gefunden, die sie wieder urbar machten. Jeannette erzählte mir dann ebenfalls ihre Geschichte. Das Charisma der einen, die verzweifelte Not der anderen, die Sanftheit, die Einsamkeit und die Energie, die beiden gemeinsam waren, hatten mich in ihre Welt hineingezogen. Aus ihren beiden Geschichten entstand die Idee des Buches.

Die zwölf weiteren Berichte waren die der zwölf nächsten Personen, die den Gedanken akzeptierten und zu dem Versuch bereit waren, von sich zu erzählen; oft habe ich sie zufällig angesprochen. In Wirklichkeit haben sie sich aber selbst ausgewählt. Trotz meiner eingefleischten journalistischen Reflexe hatte ich erahnt, dass unmittelbar nach einem Völkermord soziale und kulturelle Kategorien oder Einteilungen nach Alter und Geschlecht keinen Sinn mehr machten. Es wäre absurd gewesen, für die Befragung erst einen repräsentativen Querschnitt zusammenzustellen, indem man diesen Überlebenden oder jene Davongekommene aufbietet, weil er oder sie vor dem Genozid dies oder jenes gewesen waren. Unter den vierzehn Befragten sind Frauen und Bäuerinnen einfach nur deswegen zahlreicher vertreten, weil sie sich spontaner auf das Experiment einließen als Männer und Gebildetere.

Bei späteren Aufenthalten machten gerade die Letztgenannten mir dann den Vorwurf, ich hätte ihnen nicht die Gelegenheit gegeben, ihre etwas andere Sicht der Dinge mit dem gebührenden Abstand und in den Worten von Intellektuellen darzulegen. Ich habe ihnen geantwortet, ihre anfängliche Unentschiedenheit sei bezeichnend gewesen, verständlich zwar, aber es wäre dumm von mir und schändlich gegenüber den Interviewten gewesen, nachträglich einen Bericht gegen einen anderen auszutauschen, zumal jeder einzigartig war.

Hinterher war es auch gut, dass ich selbst in schwierigen Momenten, wenn es zu Unstimmigkeiten oder zu Absagen kam, wenn der Schmerz manche Personen überwältigte oder der Dialog mit ihnen abbrach, darauf verzichtet habe, meine Gesprächspartner gegen andere auszutauschen, die redseliger, kooperativer oder des Französischen mächtiger waren. Mit jedem meiner Interviewpartner habe ich den Dialog fortgeführt, ohne auf die Uhr zu schauen, bis wir zu einem Ergebnis gekommen waren.

Während der ganzen Zeit dieser Begegnungen mit den Überlebenden suchte ich keinen Kontakt zu den »Anderen«, den Mördern. Nicht einmal der Gedanke daran wäre mir gekommen. Diese Mörder waren mir völlig gleichgültig. Ich hätte mir niemals träumen lassen, mein Experiment mit ihnen fortzusetzen, und noch weniger, ihre Berichte als so etwas wie eine Parallele daneben zu stellen. Es wäre unmoralisch gewesen, unerträglich für die Überlebenden – sicher auch in den Augen der Leser – und interessant schon gar nicht. Hier und dort traf ich im Hügelland Leute, die im Verdacht standen, dazu gehört zu haben, und bereits 1994 waren mir viele flüchtig begegnet. Das hatte mir gereicht, um mir vorzustellen, wie sie alle waren. Die Vorstellung, die Täter doch noch im Gefängnis aufzusuchen, kam mir erst ganz am Ende der Gespräche mit den Überlebenden. Es war eine durchaus zwiespältige Neugier, die sich aus manchen Beschreibungen, Details und Widersprüchen ergeben hatte.

Aber die tatsächliche Initiative, von mir aus mit den Mördern Gespräche zu führen, reifte in mir noch viel später; dabei haben wiederholte Fragen von Lesern meines ersten Buches die entscheidende Rolle gespielt. Ihr Interesse wirkte ansteckend. Wenn Menschen, die von den Berichten der Überlebenden ergriffen und bewegt worden waren, wissen wollten, was in den Köpfen der Mörder vorgegangen war, ohne sich um das Problem der Objektivität Gedanken zu machen, musste es auch einen Sinn machen, diese Mörder selbst danach zu fragen.

Ich muss aber auch sagen, dass ich bei dem ersten Projekt keinerlei Zweifel hatte, bei dem zweiten dagegen hörten sie nicht auf, mich heimzusuchen. Ich ging schon mit größter Skepsis an die Aufgabe heran, denn die Beziehungen, die ich zu den Mördern herzustellen versuchte, erwiesen sich anfangs als gleichermaßen abstoßend wie vergeblich. Sie waren ganz anders als die, die ich zu den Überlebenden und allgemein zu den Menschen in der Region von Nyamata hatte aufbauen können und bis heute pflege.

Ein Überlebender steht allein vor der Wirklichkeit des Völkermords und hat drei Möglichkeiten: darüber zu sprechen, »Haken mit der Wahrheit zu schlagen« oder aber ganz zu verstummen. Je nach seiner Wahl und je nach dem Grad der Verwirrung seiner Erinnerung findet er sich unter Umständen dazu bereit, mit anderen darüber zu sprechen; gleichzeitig kann er dies jederzeit wieder in Frage stellen.

Sieht sich ein Mörder mit der Wirklichkeit des Völkermords konfrontiert, ist seine erste Reaktion die, zu schweigen, seine zweite, zu lügen. Auch wenn er seine Entscheidung geringfügig ändert, wird er sie nicht grundsätzlich hinterfragen. Auf sich allein gestellt, geht er kein Risiko ein, wie er ja auch während der Massaker alleine nichts riskierte. Es war also von vornherein ausgeschlossen, einen einzelnen Täter als Gesprächspartner heranzuziehen oder in einer Reihe mit anderen Einzelpersonen, die man selbst auswählt und zwischen denen keine Verbindung besteht, zu befragen.

Daher entstand nach einer Reihe von vergeblichen Versuchen, von geplatzten Treffen und von nichtssagenden Gesprächen mein Vorhaben, mich nicht an Einzelpersonen zu wenden, sondern an eine bestehende Gruppe, die sich als solche vor den Gefahren der Wahrheit durch ihre Freundschaft und Komplizenschaft geschützt fühlte: Kumpel, die sich in Sicherheit wiegten aufgrund eines vor dem Völkermord entstandenen Gemeinschaftsgeistes, als sie sich auf den Feldern gegenseitig halfen und in den Kneipen flaschenweise *urwagwa* kippten, Spießgesellen also, die als solche noch gestärkt aus den Wirren der Morde in den Sümpfen und ihrer Haft hervorgegangen waren.

Meine Wahl fiehl auf diese zehn Kameraden aus Kibungo, und das aus einem einfachen Grund. Sie bildeten eine nicht weiter organisierte, dörfliche Clique, ursprünglich ohne irgendwelche besonderen Gemeinsamkeiten, wie das in einer kirchlichen Gruppe, einem Sportverein oder einer Miliz mit fester Struktur der Fall gewesen wäre. Was sie zusammengebracht hat, war die Nähe ihrer Parzellen, der Besuch derselben Stammkneipe, eine natürliche Wesensverwandtschaft und gemeinsame Alltagssorgen.

Sie lebten auf denselben Hügeln wie die meisten der dem Völkermord Entronnenen aus *Nur das nackte Leben*. Sie haben sich an den Morden in den Sümpfen von Nyamwiza beteiligt, wo die Flüchtenden sich bis zum Hals im Schlamm oder unter dichtem Laubwerk versteckt hatten.

Sie waren – bis auf einen Beamten und einen Lehrer – Bauern; sie gehörten nicht zu den *interahamwe* oder zu paramilitärischen Einheiten – bis auf drei. Außer Elie, der als Soldat und später als Polizist Uniform trug, waren und sind sie alle Zivilisten. Keiner hatte jemals Streit mit Tutsi-Nachbarn um ein Stück Land, die Ernte, Viehschäden oder einen ehelichen Seitensprung.

Im Übrigen kennt Innocent Rwililiza sie alle ganz genau, und auch er ist ihnen bestens bekannt. Innocent war erst Schüler, dann Lehrer an der örtlichen Schule, zeitweise auch öffentlicher Schreiber. Er ist von grenzenloser Selbstlosigkeit, die Seele mehrerer Vereine, ein allseits beliebter Spaßvogel in zahlreichen Kneipen. Er ist auf den Hügeln ein populärer Mann, besonders auf dem von Kibungo, wo die Parzelle seiner Familie liegt.

Er ist mein unentbehrlicher Vermittler, zudem ein idealer Mitarbeiter und unglaublich geschickter Übersetzer, wenn es sich als notwendig erweist. Über die Clique kann er Näheres sagen:

»Ich kannte sie schon lange vorher. Manche gingen bei mir zur Schule, wie Adalbert, Pancrace, Pio. Den anderen begegnete ich auf meinen Wegen oder trank ein Glas mit ihnen in der Kneipe. Adalbert war sehr intelligent und kannte keine Furcht, doch er war weder bösartiger noch durchtriebener als andere. Pancrace war schwierig und verschlossen; schon als Kind folgte er Adalbert in allem auf den Fersen. Pio hatte ein wirklich freundliches Wesen. Alphonse war bei Verhandlungen äußerst verschlagen, aber hilfsbereit, sobald er hinter einer Flasche saß. Fulgence hielt sich selbst für einen schönen Mann. Er hatte sogar feinere Züge als viele Tutsi. Er war unablässig am Beten. Léopord fiel durch nichts auf, außer als langer Lulatsch. Und später dadurch, dass das, was er mit seiner Machete anzurichten wusste, ihn zu einer Ausnahmeerscheinung werden ließ. Ignace war nicht mehr rüstig, dafür aber listig; hinzu kam, dass er urplötzlich anfing, böses Blut gegen die Tutsi zu machen. Schon immer hat er sie verabscheut, und bei der kleinsten Gelegenheit hat er das lauthals betont, um so seine Kollegen zu beeinflussen oder sie zu hämischem Lachen zu bringen. Doch er lachte dabei nie. Er lebte mit jedermann in Zank und Streit, sogar mit seiner Familie.

Im Grunde genommen unterschieden diese Jungs sich vom Charakter her nicht von anderen. Aber sie hielten zusammen. Man sah, wie sie sich gegenseitig bei der Landarbeit halfen und sich beim Trinken in der Kneipe einen ausgaben. Ich weiß, dass diese Bande während des Völkermords vom ersten bis zum letzten Tag auszog und mit dem Messer Ernte hielt. Vielleicht waren sie dabei durch Adalberts Führung besonders fleißig, vielleicht aber auch durch den schlechten Einfluss von Ignace.«

Blutgier und Selbstekel

Ignace: Anfangs waren wir zu hitzig, um überhaupt etwas zu denken. Später waren wir dann zu sehr daran gewöhnt. In dem Zustand, in dem wir uns befanden, machte uns der Gedanke, dass wir dabei waren, unsere Nachbarn bis auf den Letzten zu töten, nichts aus. Das war ein Selbstgänger geworden. Sie waren nicht mehr unsere langjährigen, guten Nachbarn, diejenigen, die in der Kneipe den Kanister mit dem Getränk an uns weiterreichten, denn sie sollten ja eigentlich schon lange nicht mehr da sein. Sie waren Leute geworden, die man sich vom Hals schaffen musste, um es mal so zu sagen. Sie waren nicht mehr das, was sie vorher gewesen waren, und wir auch nicht. Wir legten uns um ihretwillen keine Zurückhaltung auf und auch nicht wegen der gemeinsamen Vergangenheit, denn nichts konnte uns mehr zurückhalten.

Elie: Unsere Freundlichkeit mussten wir dort ablegen, wo der Morast begann, bis der Pfiff ertönte, der den Feierabend anzeigte. Und auch Gnadenakte und Verschonung waren in den Sümpfen nicht zugelassen. Dort war kein Platz für irgendwelche Ausnahmen. Wir hatten die Bosheit und die Härte beim Töten, um die Zweifel zu vergessen, und eine Arbeit, die beendet werden musste – mehr nicht.

Manche jagten mit solcher Inbrunst, dass sich sogar ihre Hautfarbe änderte. Ihre Gliedmaßen waren schlammüberzogen, ihre Kleider von Spritzern besudelt; sogar ihr Gesicht war nicht mehr auf dieselbe Weise schwarz. Von all dem, was sie getan hatten, hatten sie einen Grauton angenommen. Uns umgab eine leichte Wolke von Gestank, doch auch das war uns egal.

Pio: Wenn wir in den Sümpfen Tutsi aufspürten, sahen wir in ihnen keine Menschen mehr. Sie waren nicht mehr unsere Ebenbilder, die mit uns die Fähigkeit zu denken und die entsprechenden Gefühle teilten. Es war eine wilde Jagd, die Jäger waren wild, Wild auch die Gejagten: Die Wildheit bemächtigte sich unserer Köpfe.

Wir waren nicht nur zu Verbrechern geworden, wir waren so etwas wie Bestien in einer barbarischen Welt geworden. Diese Wahrheit mag jemand, der sie nicht mit all seinen Muskelfasern erlebt hat, nicht glauben wollen. Unser Alltag war ein Leben der anderen Art, es war von Blut gezeichnet, und das kam uns durchaus zupass.

Für mich selbst kann ich Ihnen eine Erklärung anbieten: Es war so, als ob ich einer anderen Person mein Erscheinungsbild als Lebender und die Eigenheiten meines Herzens überlassen hätte, ohne dass mir das in der Seele weh getan hätte. Dieser Mörder war ich selbst, was die begangene Sünde und das vergossene Blut anging, aber in seiner Bestialität war er mir fremd. Ich erkenne mich in dem Gehorsam wieder, wie ich ihn damals leistete, ich erkenne meine Opfer wieder, ich erkenne auch meine Sünden; aber ich erkenne nicht die Bösartigkeit desjenigen wieder, der auf meinen Beinen mit der Machete in der Hand durch die Sümpfe gewatet ist.

Diese Bösartigkeit war wie die eines anderen Ichs, die aber mir das Herz schwer machte. Die einschneidendsten Veränderungen meiner Persönlichkeit betrafen meine unsichtbaren Körperteile wie die Seele und die in ihr beheimateten Gefühle. Aus dem Grund kann ich mich als Einzelmensch in dem da nicht wiedererkennen. Aber wenn man die Situation von außen sieht wie Sie, kann man diese Fremdartigkeit des eigenen Geistes vielleicht nicht nachvollziehen.

Pancrace: Es gab welche, die haben die Jagd mit Schneid begonnen und mit Schneid beendet. Andere haben zu keinem Zeitpunkt Begeisterung gezeigt und nur aus Pflichterfüllung getötet. Wieder anderen hat erst die Zeit den nötigen Schneid gebracht und die Angst verdrängt.

Es gab viele, die zeigten mutigen Einsatz, wenn sie arbeiteten, und Angst, sobald das Töten eingestellt war. Sie gerieten ganz einfach erst im Handgemenge auf Temperatur.

Manche machten einen weiten Bogen um die Leichen, und anderen machte das nichts aus. Der Anblick der Leichen, die immer zahlreicher in den Sümpfen herumlagen, konnte dich anspornen oder aber dir nahe gehen und jeden Schwung nehmen. Aber meistens gewöhnte man sich daran.

Töten – auch wenn es nur ein Tier ist – ist äußerst deprimierend, wenn du selbst die Entscheidung triffst, es zu tun. Aber wenn du nur Anweisungen der entscheidenden Leute gehorchen musst, wenn du gehörig darauf vorbereitet worden bist, wenn du dich dazu gedrängt und gezerrt fühlst, wenn du erkennst, dass bei dem Töten sowieso keiner übrig bleiben wird und es keine nachteiligen Folgen für deine Zukunft haben wird, dann fühlst du dich beruhigt und erleichtert. Du gehst völlig unbefangen ans Werk.

Jean-Baptiste: Je mehr wir töteten, desto mehr kamen wir auf den Geschmack weiterzumachen. Wenn man diese Gier ungestraft ausleben kann, lässt sie einen nie los. Man konnte sie uns an unseren vom Töten hervorquellenden Augen ablesen. Das nahm sogar beunruhigende Züge an. Es gab Mitbürger, die mit blutbefleckten Hemden zurückkamen, mit der Machete herumfuchtelten und wie Irre schrien. Sie sagten, sie wollten alles an sich reißen. Man musste sie mit Getränken und gutem Zureden besänftigen, denn sie konnten zu einer Gefahr für die Menschen ihrer Umgebung werden.

Alphonse: Der Mensch kann sich daran gewöhnen zu töten, wenn er unaufhörlich tötet. Er kann sich sogar in ein wildes Tier verwandeln, ohne es selbst zu merken. Es gab welche, die sich untereinander bedrohten, wenn sie keinen Tutsi mehr vor der Machete hatten. An ihren Gesichtern konnte man ablesen, dass töten ihnen zu einer inneren Notwendigkeit geworden war.

Im Gegensatz dazu gab es andere, für die mit jedem getöteten Menschen ein Stück mehr Angst in ihr Herz einzog. Am Anfang spürten sie sie noch nicht, aber später wurde sie ihnen zur Qual; sie wurden ängstlich oder fühlten sich angewidert. Es gab welche, die sich wie Schlappschwänze vorkamen, weil sie zu wenige töteten; andere kamen sich wie Versager vor, weil sie sich zum Töten zwingen ließen. Folglich gab es welche, die übermäßig den Getränken zusprachen, um nicht mehr daran erinnert zu werden, was für Schlappschwänze sie waren. Hinterher hatten sie sich an beides gewöhnt, an den Alkohol und an ihr Dasein als Schlappschwänze.

Mich schreckte der Tod nicht; auf eine gewisse Weise vergaß ich jedoch, dass ich lebendige Menschen tötete. Ich achtete weder Tod noch Leben. Aber das Blut machte mir Angst. Es ran aus den Körpern der Opfer und roch. Abends sagte ich mir: »Eigentlich bin auch ich ein Mensch, in dessen Adern Blut fließt. Das viele Blut, das vergossen wird, bringt mir noch Unglück.« Der Tod erschütterte mich nicht, aber dieses Übermaß an Blut, das wohl; es wurde ein wahrer Fluch.

Jean: »Wenn ein Knabe genug Kraft in den Armen hatte, um fest den Griff einer Machete zu packen, und sein Bruder oder sein Vater nahm ihn in der Gruppe mit, dann machte er es ihnen nach und gewöhnte sich ans Töten. Das Alter war kein Hindernis mehr. Blutvergießen wurde ihm zur alltäglichen Gewohnheit. Es wurde ihm zu einer normalen Tätigkeit, denn es war das, was die Älteren taten und überhaupt jedermann.

Ein Jüngling konnte damit sogar unbeschwerter umgehen als ein erfahrener Alter, denn der Tod berührte ihn nur von ferne. Da die Situation für ihn neu war und er jung an Jahren, hatte der Tod einen geringeren Einfluss auf ihn; er betrachtete ihn als eine Angelegenheit für die ältere Generation. Unbekümmert sah er im Töten keine Gefahr, sondern eine unterhaltsame Beschäftigung.«

Joseph-Désiré: Das war ein Wahnsinn, der seinen Lauf nahm, und den keiner mehr lenkte. Du liefst voran oder du tratest zur Seite, um von den vorbei Rennenden nicht umgestoßen zu werden, aber du warst in der Menge dabei.

Wer erst einmal mit erhobener Machete im Vorwärtsstürmen war, der hörte auf niemanden mehr. Der vergaß alles und als erstes sein Niveau eines gebildeten Menschen. Die ständige Wiederholung des Programms ersparte es uns, darüber nachzudenken, was wir da eigentlich taten. Wir gingen los und kamen abends wieder zurück, ohne dass uns ein Gedanke durch den Kopf gegangen wäre. Wir gingen auf Jagd, weil es das Tagesprogramm so vorsah, bis alles beendet war. Unsere Arme befehligten unsere Köpfe; auf alle Fälle hatten unsere Köpfe kein Wörtchen mehr mitzureden.

Fulgence: Wir wurden immer bösartiger, immer kaltblütiger, immer blutgieriger. Aber wir merkten gar nicht, dass wir immer mehr zu Mördern wurden. Je mehr Menschen unseren Messern zum Opfer fielen, desto unbefangener schritten wir mit dem Messer zur Tat. Es gab sogar einige, die dabei auf ihre Kosten kamen, das muss ich so sagen. Es konnte vorkommen, dass du abends einen Kollegen trafst und der dir zurief: »Mein Freund, du gibst mir jetzt ein *Primus* aus, sonst kriegst du mit dem Messer eins über den Schädel, denn inzwischen bin ich richtig versessen darauf.«

Aber für viele war es nur ein langer Tag, der zu Ende ging. Man dachte weder an die Pflicht noch an das, was man davon hatte, man dachte bloß daran fortzusetzen, was man begonnen hatte. Es hatte uns auf jeden Fall viel zu sehr gepackt, als dass wir an die Auswirkungen für uns selbst dachten.

Adalbert: Als es mit dem Töten losging, beeilten wir uns und machten alle nieder, denn wir waren wie besessen. Im späteren Verlauf gingen wir beim Töten mit mehr Lässigkeit vor. Die Zeit, die wir schon damit zugebracht hatten, und der bisherige Erfolg verführten uns zum Trödeln. Anfangs hatte man noch das Gefühl, der größere Patriot zu sein oder sich besonders verdient zu machen, wenn man es noch schaffte, Fliehende einzuholen. Später ließ solcher Ehrgeiz nach. Man hörte nicht mehr auf die Anfeuerungen, die aus dem Radio oder von den großen Tieren kamen. Wir töteten, damit das Werk seinen Fortgang nahm. Manchen wurde die Arbeit des Blutvergießens leid. Andere hatten ihren Spaß daran, nachdem die Tutsi sie tagelang ins Schwitzen gebracht hatten, ihnen das mit besonderen Qualen heimzuzahlen.

Gegen Ende galt die Anweisung, den Rhythmus des Tötens beizubehalten, solange die *inkotanyi* noch nicht da waren. Die Flucht streckte beide Arme nach uns aus, aber wir mussten die Massaker zu Ende zu bringen, ehe wir uns davonmachen durften. Verstärkungen trafen ein, es gab Anpfiffe, damit wir die Sache endlich zu Ende brachten. Die Einsatzleiter forderten uns noch einmal auf, in den Sümpfen alles zu geben. Immer wieder flüsterte die Angst uns ins Ohr zu flüchten, aber wir wollten zu Ende bringen, was wir begonnen hatten.

Später dann, als wir uns durch Hunger und Elend einen Fluchtweg in den Kongo bahnten, durchsuchten wir weiterhin die Häuserruinen am Straßenrand nach Tutsi, die man zu töten vergessen hatte: Wir waren davon noch nicht angewidert.

Léopord: Da ich viel tötete, wuchs in mir ein Gefühl, dass mir das nichts ausmache. Mich packte dabei nicht gerade die Lust, doch ich wusste, dass ich deswegen keine Strafe zu erwarten hatte. Ich tötete, ohne dass das für mich irgendwelche Folgen hatte; ich hatte keinerlei Anpassungsprobleme. Morgens machte ich mich unbeschwert auf den Weg und ich hatte es eilig loszulegen. Ich sah, dass die Arbeit und ihr Ergebnis mir etwas einbrachten, das war alles.

Während des Tötens machte ich mir über den einzelnen Tutsi keine besonderen Gedanken außer den, dass er beseitigt werden musste. Ich sage ausdrücklich: Vom ersten Mann, den ich getötet habe, bis zum letzten tat es mir um keinen Leid.

Wie es zu der Tat kam

> »Wenn man nach allem, was wir heute wissen, an diese Jahre zurückdenkt, die Europa und schließlich Deutschland selbst zerstört haben, fühlt man sich zwischen zwei Positionen hin- und hergerissen: Haben wir der rationalen Durchführung eines unmenschlichen Planes beigewohnt oder einem (in der Geschichte bis jetzt einmaligen und immer noch unzureichend erklärten) Ausbruch kollektiven Wahnsinns? Einer Logik, die das Böse wollte, oder dem Nichtvorhandensein von Logik? Wie so oft in den Dingen des menschlichen Lebens existierten die Alternativen gleichzeitig.«
>
> Primo Levi: *Die Untergegangenen und die Geretteten. Vierzig Jahre nach Auschwitz.*

Zu welchem Zeitpunkt wurde die Entscheidung getroffen? Wie lief diese schicksalsträchtige Sitzung ab? Wer redete als Erster von vollständiger Ausrottung? Wie reagierten die Anwesenden direkt darauf? Das scheinen die zentrale Fragen zu sein, die einem durch den Kopf gehen, wenn es sich um einen Völkermord handelt. Man will präzise Angaben, mehr noch als nach einem Bürgerkrieg, so mörderisch, wild und grausam er auch gewesen sein mag.

Wir können das unsägliche Szenario für Ruanda nicht rekonstruieren, wir wissen aber, dass die Entscheidung zum Völkermord auf ähnliche Weise Gestalt annahm wie die für den Holocaust: Das heißt, sie stand ganz am Ende von Vorbereitungen und Planungen, die mehr oder weniger explizit im Zusammenwirken vieler Personen getroffen wurden.

In Deutschland haben Hitler und die Führungskader des Nationalsozialismus sofort nach ihrer Machtübernahme erklärt, dass für den jüdischen Bevölkerungsteil im Lande kein Platz mehr sei. Die Nazi-Partei und in ihrem Gefolge die Regierung und die Verwaltung ergriffen immer mehr und immer einschneidendere Maßnahmen, um die jüdische Bevölkerung und auch die Gruppe der Sinti und Roma aus der deutschen Gesellschaft zu verstoßen: Entlassungen, Beschlagnahmungen, gewalttätige Übergriffe; antijüdische Gesetze wie die Verpflichtung zum Tragen des Gelben Sterns; Ausgrenzungen, Deportationen, Pogrome, Ghettoisierung und das Einsperren in Konzentrationslager.

Zwischen 1933 und 1940 verging kein Tag, an dem das Regime nicht durch wilde Hetzreden, neue Verordnungen und Morde seine Entschlossenheit bekundete, die Gesamtheit der Juden aus dem Dritten Reich zu verstoßen. Doch für Hitler und seine beiden Spezialisten für diese Materie, Himmler und Heydrich, wurde die Endlösung wohl erst im Laufe des Jahres 1941 zu einer unausweichlichen Notwendigkeit. In den folgenden Wochen wurde sie dann dem Generalstab und den künftigen Kadern des Projektes eröffnet. Es ist also das Ergebnis eines langen Entscheidungsweges. Doch auf welchen Zeitpunkt kann man den förmlichen Beschluss des Völkermords datieren?

Als die Juden zu Untermenschen erklärt wurden, oder als sie in Massen in die Ghettos und Konzentrationslager deportiert wurden? Während der berühmten prophetischen Reichstagsrede Hitlers im Januar 1939? Oder in demselben Jahr, als die Technik der Vergasung an Zehntausenden von unheilbar Kranken und geistig Verwirrten erprobt wurde, um ihre Wirksamkeit in noch größerem Maßstab abschätzen zu können?

War es im September 1940 nach dem Scheitern der ebenso wahnsinnigen wie ernst gemeinten so genannten Lublin- und Madagaskar-Pläne, die die geschlossene Umsiedlung der Juden an die beiden genannten Orte vorsahen? Oder als Himmler, der für die Gesamtleitung des Unternehmens auserkoren war, die Nummer Zwei des Nazi-Regimes wurde? Oder in der Euphorie des Einmarsches in die Sowjetunion, als gleich in den Anfangswochen die ersten *Einsatzgruppen* in das Hinterland der deutschen Truppen in Russland mit dem Auftrag geschickt wurden, systematisch die jüdische Bevölkerung in den besetzten Gebieten zu erschießen – also schon im Juni 1941?

Oder erst drei Monate später, als die SS-Führung die Ausstattung von sechs Lagern mit Verbrennungsöfen beschloss? Oder am 13. Dezember desselben Jahres, unmittelbar nach der Kriegserklärung der Vereinigten Staaten, als Hitler seine wichtigsten Würdenträger um sich scharte, um ihnen – wie Goebbels in seinem Tagebuch festhält – zu erklären: »... Der Weltkrieg ist da, die Vernichtung des Judentums muss die notwendige Folge sein«? Noch heute forschen und streiten zahlreiche Historiker über das Datum des entsprechenden Beschlusses, doch stellt es ein Rätsel dar, das eher faszinierend als von besonderem Interesse zu sein scheint.

In Ruanda nahm die Planung des Völkermords schrittweise Gestalt an; darin zeigte sie erstaunliche Ähnlichkeit mit der Planung des Holocaust, wenn auch der Hintergrund ein ganz anderer ist. Diesen wollen wir zunächst in einigen Zeilen zusammenfassen:

Im Jahr der Unabhängigkeit 1962 gelangten die Hutu-Führer durch eine gewalttätige und in sich widersprüchliche soziale Bewegung – die »Volks«-Revolution von 1959 – an die Macht. Dieser Bauernaufstand besiegelte den Sturz der Tutsi-Aristokratie und schaffte die fronartige Pflicht zu Dienstleistungen ab, die die mehrheitlich davon betroffenen Hutu-Bauern nicht länger ertragen wollten. Doch die Anführer dieser Revolution verfolgten keine ideellen Ziele, die der Bedeutung des Umbruchs würdig gewesen wären, sondern benutzten ihn, um die Gesamtheit der Tutsi, die bis dahin die Aristokratie – Großgrundbesitzer, Beamte, Lehrer – gestellt hatten, zu marginalisieren.

Die auf Populismus bedachte Staatsführung warf die bisherige alte Tutsi-Aristokratie mit ihren Privilegien mit den armen Tutsi-Bauern zusammen in einen Topf; von nun an wurde generell mit dem Finger auf *den* Tutsi gezeigt: Er sei ein verschlagenes, niederträchtiges, geldgieriges Wesen, ein Parasit in dem überbevölkerten Land. Der Militärputsch des Major Juvénal Habyarimana stärkte 1973 das Regime weiter. Um seine Tutsi-Landsleute, denen er Heimtücke unterstellte, völlig zu isolieren, verfügte der Machthaber, dass ihr Hab und Gut zu beschlagnahmen und sie selbst umzusiedeln seien. Er erließ Gesetze zu ihrer Ausgrenzung, setzte Quoten für den Anteil von Tutsi-Kindern an den Schulen fest, verordnete ein Verbot von Mischehen – es sollte bis 1976 in Kraft bleiben – und arrangierte vor allem ständig neue Wellen von Massakern.

1990 markierten die Kriegshandlungen, die aufständische Tutsi-Truppen aus dem Untergrund in Uganda gegen Ruandas Hutu-Armee aufnahmen, einen neuen Abschnitt.

Alle Völkermorde der Moderne treten mitten in Kriegen auf. Nicht als deren Ursachen oder Folgen, sondern weil der Krieg einen rechtsfreien Raum schafft und er so Töten zur Regel und die Barbarei zum Normalzustand macht. Der Krieg gibt Ängsten und Wahnvorstellungen neue Nahrung, er weckt alte Quälgeister wieder zum Leben und erschüttert Moral und Menschlichkeit in ihren Grundfesten. Der Krieg schwächt die letzten psychologischen Hemmungen bei den zukünftigen Akteuren des Völkermords.

Das fasst der Bauer Alphonse Hitiyaremye in eigene Worte, wenn er sagt: »Der Krieg ist eine entsetzliche Unordnung, in der die Übeltäter des Völkermords inkognito ihr Unwesen treiben können.«

Seit 1991, als die Rebellen immer weiter nach Ruanda eindrangen, bestanden die Reden bei den Versammlungen der politischen Parteien im Wesentlichen nur noch darin, Drohungen gegen die Tutsi zu schwingen. Dabei taten sich besonders die Parteien des Staatspräsidenten und seiner Minister hervor.

In Butare, wo die Universität von Ruanda ihren Sitz hat, veröffentlichten die Professoren um die Wette historische Machwerke und Schmähschriften gegen die Tutsi. In den Studios der meistverbreiteten Sender *Radio Ruanda* und *Radio Mille Collines* wurden Tutsi als ›Kakerlaken‹ bezeichnet. Radiounterhalter, die bekanntesten darunter der Sänger Simon Bikindi und der Moderator Kantano Habimana, riefen in ihren Sketchen und Liedern offen zur Vernichtung der Tutsi auf.

Innocent Rwililiza berichtet: »Die Herrschaften waren berühmte Unterhaltungskünstler und Virtuosen der Wortkomik. Ihre Sprüche waren derart ausgefeilt und wurden so oft wiederholt, dass sie auch uns Tutsi amüsierten und wir ihnen zuhörten. Sie riefen dazu auf, alle Kakerlaken umzubringen, aber sie taten das in eingängigen Worten und Wendungen. Für uns Tutsi waren das Bonmots, über die wir lachen mussten. Chansons, die alle Hutu aufriefen, sich zusammenzutun, um die Tutsi auszurotten – wir lachten darüber wie über einen guten Witz. Ebenso war es mit den ›Zehn Geboten für den Hutu‹, in denen uns ein baldiges Ende geschworen wurde. Wir hatten uns so sehr daran gewöhnt, dass unser Ohr für diese schrecklichen Drohungen taub geworden war.«

Die in der Folgezeit an Tutsi begangenen Verbrechen blieben meistens ungeahndet. Um einige Beispiele zu nennen: Zwei Angehörige der Bande von Kibungo hatten schon vor dem Völkermord einen Tutsi getötet, ohne dafür vor Gericht gestellt und verurteilt worden zu sein. Elie Mizinge, ein ehemaliger Soldat, gibt den Mord an einer Sozialarbeiterin bei einem Volksauflauf 1992 auch heute noch zu. Und ein anderer leugnet zwar sein Verbrechen, aber alles weist auf ihn hin, gerade auch die Aussagen seiner Kameraden.

In diesem für einen Massenmord günstigen Klima scheint die Vernichtung jedoch erst im Laufe des Winter 93/94 zu einem konkreten Vorhaben geworden zu sein, einige Monate vor der Explosion des Präsidentenflugzeugs, das das Morden früher als geplant auslöste.

Elie Mizinge erläutert dazu: »Ich glaube, dass der Gedanke an den Völkermord 1959 aufgekeimt ist, als wir damit begonnen haben, scharenweise Tutsi zu töten, ohne danach irgendwie bestraft zu werden. Seither haben wir diesen Gedanken nie allzu tief begraben. Die Propagandisten und diejenigen, die mit der Hacke umzugehen wussten, hatten sich zusammengefunden.

Wir sagten uns, dass die Tutsi überflüssig geworden waren, aber das war kein vorherrschender Gedanke. Wir redeten davon, wir vergaßen es wieder, wir harrten der Dinge, die da kamen. Wegen unserer Morde wurde uns kein Vorwurf gemacht. Wie bei unserer Arbeit auf dem Feld warteten wir den richtigen Zeitpunkt ab. Der Tod unseres Präsidenten war dann das Signal zum abschließenden Chaos. Aber wie bei der Ernte war der Samen schon vorher gesät worden.«

Der Habyarimana-Clan lebt heute im Exil, seine Würdenträger sind in alle Winde verstreut und die Politik der gegenwärtigen Regierung setzt auf die so genannte »nationale Versöhnung«. So ist es schwer, den Beschluss der obersten Stellen genau zu rekonstruieren.

In der Region Nyamata wurden wahrscheinlich Ende Dezember 1993 der Bürgermeister und der Unterpräfekt sowie ihre nächsten Komparsen, die Ortsführer der beiden bedeutendsten Hutu-Parteien, einige Offiziere des Militärlagers Gako und ein paar lokale *interahamwe*-Chefs von Kigali über den genauen Vernichtungsplan informiert, insgesamt weniger als zwanzig Personen aus einer

Bevölkerung von 120.000. Zum gleichen Zeitpunkt erfuhren die Botschaften der wichtigsten in Ostafrika vertretenen Länder und der Generalstab der UNO von dem Vernichtungsplan. Einen Monat vor Beginn des Mordens wurden in Nyamata Funktionsträger ab einer gewissen Rangstufe – etwa Schul- und Klinikdirektoren, Mitglieder des Gemeinderates – und einzelne Geschäftsleute in das Geheimnis eingeweiht, nicht mehr als sechzig Personen.

Zu welchem Zeitpunkt auch immer die Entscheidung in Deutschland getroffen worden sein mag, die Wehrmacht, die Polizei, die Regierungs- und Verwaltungsstellen und einige nur mittelbar politische Instanzen der Gesellschaft – Schulverwaltungen, Reichsbahn, Handelskammern, Kirchen – standen schon seit langem bereit, sie in die Praxis umzusetzen. Die letzte Etappe der Judenvernichtung wurde ohne Reibungsverluste in Angriff genommen.

In Ruanda war es nicht anders. Als in der Nacht vom 6. zum 7. April – sechs oder sieben Stunden nach der Explosion des Flugzeugs – von einem kleinen Führungskreis grünes Licht gegeben wurde, waren die Armee, die Polizei und die Verwaltung bereit loszuschlagen. Das Militär stand in Stellung, die Milizen waren aufgestachelt; neue und gebrauchte Macheten in ausreichender Anzahl waren verteilt, ausreichend Arme zum kräftigen Zuschlagen vorhanden und die Köpfe auf Gehorsam gepolt. Die Befehle schwirrten durch das ganze Land. Das Töten fing an, einen Tag früher oder später, jede Region nach ihrem eigenen Rhythmus, doch kein Hindernis stellte sich dem reibungslosen Ablauf der Massaker in den Weg.

In Deutschland wie in Ruanda war der Völkermord das zentrale Projekt eines totalitären Regimes, das sich dauerhaft an der Macht festgesetzt hatte. Die Auslöschung der Juden, der Sinti und Roma oder der Tutsi hatten sie seit ihrer Machtübernahme in ihren politischen Programmen verkündet und in ihren offiziellen Reden wiederholt. Für den Völkermord lag ein Stufenplan vor. Beiden Regimes kam zugute, dass das Ausland das nicht glauben wollte. Beide hatten das Programm durch zeitlich begrenzte Tests an Teilen der Bevölkerung erprobt.

Zum Beispiel im Bugesera, wie Elie Mizinge berichtet: »Das eine Jahr war es ruhig, im nächsten ging es heiß her. Dann ging es wieder von vorne los, zwei Jahre Ruhe, ein heißes Jahr. Das hing von den Angriffen der *inkotanyi* ab, doch von uns konnte es auch abhängen. Normalerweise hielten wir uns an die Prioritätenliste: Die Besitzer der intensiv genutzten fruchtbaren Löß-Parzellen und die Lehrer standen ganz oben ... Danach war es freigestellt, da und dort kleine Tutsi-Gruppen zu töten, je nachdem, wie es sich anbot. Das eine Jahr haben wir zum Beispiel Hunderte von Tutsi lebendig in den See von Urwabaynanga getrieben, ein anderes Jahr haben wir in den Klassenzimmern Blutbäder angerichtet. Wir konnten ruhig ohne triftigen Grund ein paar Tutsi erschlagen und gut sichtbar am Straßenrand liegen lassen, als Warnung und Hinweis auf unsere Absichten. Im Jahr 1992 brannte es lichterloh, weil die Gefahr durch die *inkotanyi* immer erdrückender wurde. Diese Tötungsaktionen folgten keinem genauen Kalkül, sie waren schlecht geplant, aber es folgte nie eine Bestrafung. Sie waren in gewisser Weise ein Vorgriff auf die Zukunft.«

In Deutschland wie in Ruanda wurde die Vernichtung menschlichen Lebens wirkungsvoll in die Tat umgesetzt, noch ehe sie förmlich beschlossen war – als ob sie so unbegreiflich wäre, dass sie erst dann laut beim Namen genannt werden konnte, wenn ihre Ausführung schon begonnen hatte.

Ignace Rukiramacumu schildert auf seine Weise, wie es zu diesem Beschluss kam: »Ich bin der Ansicht, die Möglichkeit zum Völkermord ist uns so in den Schoß gefallen, weil sie schon lange anstand. Die Zeit brauchte bloß ein Zeichen zu geben wie den Flugzeugabsturz, um im letzten Moment noch etwas nachzuhelfen. Es war nie erforderlich, dass wir uns darüber verständigten. Der Beschluss ist in der weisen Voraussicht der Führenden natürlich gereift; erst dann ist man mit dem Vorschlag an uns herangetreten. Da es die einzige Lösung war, die uns vorgeschlagen wurde, und sie ein Ende der Angelegenheit in Aussicht stellte, haben wir die günstige Gelegenheit ergriffen. Wir wussten genau, was gemacht werden sollte, und wir taten es ohne ein Anzeichen von Schwäche, denn wir betrachteten es als eine Erleichterung und hatten dabei keinerlei flaues Gefühl.«

Feldarbeit

Alphonse: Wer wie ich mit großen Schritten den Abhang des Alters durchmisst, für den war diese Zeit des Tötens anstrengender als für die mit der Hacke in der Hand. Denn man musste die Flüchtenden über Hügel hinweg verfolgen und ihnen auch noch im tiefen Schlamm hinterher rennen. Das ging vor allem in die Beine.

Am Anfang war die Arbeit nicht so eintönig wie die Aussaat; sie war für uns eine erfreuliche Abwechslung im Alltag, wenn ich das so sagen kann. Später war es dann jeden Tag dasselbe. Mehr als alles andere vermissten wir, mittags zum Essen nach Hause zu gehen. Zur Mittagszeit befanden wir uns oft tief in den Sümpfen und so waren uns das Mittagessen und das üblicherweise sich anschließende Schläfchen von den Einsatzleitern verboten.

Jean-Baptiste: Niemand ging mehr auf seine Parzelle. Wozu noch die Hacke schwingen, wenn man auch ohne die Feldarbeit erntete, wenn man satt wurde, ohne etwas angebaut zu haben? Die einzige bäuerliche Verrichtung bestand noch darin, Bananen zum Gären in die Erdgruben zu schichten, irgendwo inmitten von verlassenen Bananenhainen, um sein *urwagwa* für die nächsten Abende zu brauen. Wir wurden richtig faul. Die Leichen beerdigten wir nicht, das wäre der Mühe nicht wert gewesen. Bloß wenn unglücklicherweise ein Tutsi auf deiner Parzelle getötet worden war, dann war es natürlich etwas anderes, wegen des Gestanks, der Hunde und der Raubtiere.

Adalbert: Wir grillten morgens eine dicke Scheibe Fleisch, wir grillten abends noch einmal Fleisch. Wer vorher Fleisch nur bei einem Hochzeitsschmaus gegessen hatte, stopfte sich jetzt Tag für Tag damit voll.

Wenn man früher vom Feld zurückkehrte, kam es vor, dass man fast nichts im Kochtopf vorfand, außer unseren üblichen Bohnen und – selten genug – Maniokbrei. Als wir aus den Sümpfen zurückkamen, kriegten wir in den Kneipen von Kibungo gebratene Hühner, ganze Rinderkeulen und Getränke, um nach den Anstrengungen wieder zu Kräften zu kommen. Überall trafen wir auf Kinder und Frauen, die uns solches Essen, Spieße mit Ziegenfleisch und für die, die mal probieren wollten, Zigaretten zu günstigen Preisen anboten.

Es war das pralle Leben mit dieser neuen Arbeit. Man brauchte keine Sorge zu haben, beim Jagen in den Sümpfen vor Entkräftung zusammenzubrechen. Und wenn man sich mit seiner Arbeit glücklich fühlt, kommt bei einem Freude auf. Die Aussaat, das Hacken und ähnlichen Kram hatten wir hinter uns gelassen. Untereinander redeten wir gar nicht mehr über die Feldarbeit. Diese Sorgen waren wir los.

Pancrace: Mais schneiden oder Bananen ernten, das war die gleiche Arbeit. Denn die Maiskolben und die Bananen sind sich darin gleich: Sie wehren sich überhaupt nicht. Schneiden in den Sümpfen wurde dagegen immer anstrengender – Sie wissen schon, an wem das lag. Es war zwar eine vergleichbare Bewegung, aber der Eindruck, den es bei einem hinterließ, war nicht vergleichbar. Es ereignete sich zu viel Unvorhergesehenes. Es gab vor allem durch das Gezappel der Opfer viel Hin und Her.

Am Anfang waren die Tutsi noch sehr zahlreich und verängstigt; sie sträubten sich kaum, und das erleichterte uns die Arbeit. Wenn es uns nicht gelang die Flinksten zu treffen, hielten wir uns an die Schwächlichen. Aber am Ende blieben nur noch die übrig, die am gewieftesten und kräftigsten waren, und sie machten es uns richtig schwer. Sie taten sich zu kleinen Gruppen zusammen und suchten sich wirklich gute Verstecke. Sie eigneten sich alle List der im Sumpf lebenden Tiere an. Wenn wir dann kamen, stiegen wir nur allzu oft vergeblich in den Morast. Sogar die Jäger unter uns waren am Verzweifeln. Dazu kam noch, dass der Sumpf voller Leichen lag, die sich im Schlamm zersetzten. Sie wurden immer mehr zu einem stinkenden Haufen, und man musste aufpassen, dass man nicht hineintrat.

Aus dem Grund wurden die Kollegen langsam träge. Sie lenkten ihre Schritte lieber in eine andere Richtung und warteten auf das Signal zur Heimkehr. Sie fingen an zu murren, dass sie sich nach der Arbeit auf ihren Feldern sehnten; doch das taten nur wenige. Keiner von ihnen hat dann auch nur ein kleines Stündchen damit zugebracht, auf seiner Parzelle aufschießendes Buschwerk zu entfernen, und sei es nur am Rand. Diese Kollegen zogen bloß ein schiefes

Gesicht, weil sie es kaum abwarten konnten, einer Flasche *Primus* den Hals umzudrehen. Sie hatten einen anderen Durst als den nach Arbeit. Sie waren die Sümpfe leid, weil sie die finanziellen Sorgen los waren. Die Faulheit ließ sie unzufrieden werden, nicht die Sehnsucht nach ihrer Arbeit.

Léopord: Töten ging nicht so aufs Kreuz wie die Feldarbeit. In den Sümpfen konnte man manche Stunde verbummeln, indem man jemanden suchte, den man erschlagen konnte, und keiner zog einen zur Rechenschaft. Man konnte sich im Schatten niederlassen und sich unterhalten und kam sich deswegen noch nicht einmal faul vor. Das Tagesprogramm zog sich nicht so in die Länge wie auf dem Feld. Um 15 Uhr kehrte man zurück, damit noch Zeit zum Plündern blieb. Abends sank man dann mit einem Gefühl der Sicherheit in den Schlaf, denn wegen der Dürre brauchte man sich keine Sorgen mehr zu machen. Wir hatten unsere üblichen Nöte, wie Bauern sie haben, vergessen. Wir hatten Essen im Überfluss und auch noch kalorienreiche Kost.

Unter uns gab es sogar Leute, die zum ersten Mal in ihrem Leben Gebäck und Süßigkeiten wie etwa Bonbons gekostet haben. Denn wir versorgten uns im Zentrum von Nyamata ohne zu bezahlen, und zwar in Geschäften, in die die Bauern noch nie einen Fuß gesetzt hatten.

Fulgence: Es war unbequemer, in die Sümpfe zum Jagen zu gehen, als sein Feld mit der Hacke zu bearbeiten. Dies lag an dem allmorgendlichen Hin und Her, der Aufregung, die von den Einschüchterern und ihren Reden ausging, der strengen Disziplin, die die *interahamwe* verlangten, und vor allem an den veränderten Gewohnheiten. Unser wahrer Beruf ist die Landwirtschaft, nicht das Töten. Auf den Parzellen organisierte die Zeit unser Leben, mit den Regen- und Trockenperioden und dem richtigen Moment der Aussaat; jeder bestellte seine Parzelle nach eigenem Gutdünken und erntete später, was sie ihm gab.

In den Sümpfen fühlten wir uns von allen Seiten bevormundet; wir waren zu viele und zu eng eingebunden. Es kam vor, dass Mitstreiter aus anderen Sektoren uns mit ihren Aktivitäten dazwischenfunkten. Wenn diese *interahamwe* Faulenzer entdeckten, konnte das ernste

Folgen haben. Sie schrien: »Wir haben einen langen Weg auf uns genommen, um euch unter die Arme zu greifen, und ihr liegt hinter den Papyrusstauden auf der faulen Haut.« Es kam vor, dass sie in ihrer Wut beleidigend wurden und Drohungen ausstießen.

Wir fühlten uns von unserer gewohnten, häuslichen Umgebung abgeschnitten. Wir waren nicht daran gewöhnt, nach Pfiffen aus der Trillerpfeife zu arbeiten, auszurücken und umzukehren.

Aber was die aufzuwendende Mühe und den Ertrag angeht, war es äußerst vorteilhaft. Wenn du zur Zeit der Feldarbeit mit einem Anfall von Malariafieber zu Hause im Bett bleiben musstest, schafften deine Frau und deine Kinder vom Feld das Essen herbei und kamen abgerackert nach Hause. Andernfalls vertrieb der hungrige Magen dir den Schlaf.

In den Zeiten des Tötens aber brachten dir in einem solchen Fall Nachbarn auf ihrem Weg etwas vorbei, und zwar mehr als in deinen Kochkessel ging – der lief über – und bezahlen musstest du nichts. Um Fleisch brauchtest du dich ebenso wenig zu kümmern wie um Maniok. Die Hutu haben sich seit jeher benachteiligt gefühlt, weil sie es nicht verstanden, Rinder zu mästen. Sie sagten, dass diese nicht schmeckten, aber nur, weil sie kein Rindfleisch hatten. Aus dem Grund aßen sie während der Massaker morgens und abends Steak, soviel das Herz begehrte.

Ignace: Eines Abends, als noch alles sehr holprig lief, kamen wir spät zurück. Wir hatten den ganzen Tag damit zugebracht, hinter Flüchtenden her zu rennen. Wir waren erschöpft.

Aber auf dem Rückweg haben wir eine Gruppe von Jungen und Mädchen aufgetrieben. Wir nahmen sie gefangen und führten sie vor den Ortsvorsteher. Der hat angeordnet, dass sie noch in dieser Nacht sofort zerfleischt werden sollten. Keiner von uns hat gemeckert, obwohl wir nach einem aufreibenden Tag völlig fertig waren. Aber danach hat er uns zu einfachen landwirtschaftlichen Arbeiten eingeteilt, wie wir sie seit langem gewohnt waren. Das war für uns eine Erleichterung.

Pio: Die Feldarbeit ist einfacher, denn sie ist unsere Arbeit seit eh und je. Die Jagdzüge waren da schon etwas Ungewohntes. An Tagen großer

Operationen war es sogar sehr anstrengend, kilometerweit hinter den *interahamwe* in einer Linie auszuschwärmen, mitten durch all die Papyrusdickichte und Mückenschwärme.

Man kann aber nicht sagen, dass wir uns nach unseren Feldern zurücksehnten. Diese Arbeit des Jagens war für uns komfortabler, weil wir uns nur zu bücken brauchten, um Nahrung, Wellblechplatten und andere Beute zu ernten. Töten war zwar eine Tätigkeit, die mehr Überwindung kostete, aber auch mehr abwarf. Beweis dafür ist: Nie hat jemand um Beurlaubung gebeten, um auf seinem Feld zu jäten, und wäre es auch nur ein halber Tag gewesen.

Elie: Es war schon eine Strafe, den ganzen Tag lang unter den Papyrusstauden herumzuwühlen, ohne zum Mittagessen nach Hause zurückzukehren. Der Magen mochte knurren, die Waden schmerzen, weil sie den ganzen Tag im Schlamm steckten. Immerhin aßen wir morgens reichlich Fleisch und tranken abends jede Menge. Das war ein äußerst angemessener Ausgleich. Die Plünderungen brachten uns mehr ein als die Ernte, und wir konnten mit der Arbeit früher am Tag aufhören. Dieses Programm in den Sümpfen kam uns gut zupass, den Jungen und vor allem den Alten.

Ignace: Das Töten mag zwar durstig gemacht haben, kräfteraubend und manchmal widerwärtig gewesen sein aber es war doch ertragreicher als der Ackerbau. Vor allem für jemanden, der eine kleine Parzelle besaß, oder mageren Boden. Während des Tötens brachte jeder, der starke Arme hatte, ebenso viel nach Hause wie ein angesehener Kaufmann. Die Wellbleche, die sich bei einem stapelten, konnte man schon gar nicht mehr zählen. Die Steuereintreiber konnte man vergessen, die arbeiteten nicht mehr. Und die Frauen waren mit dem, was das einbrachte, zufrieden. Man hörte von ihnen keine Klagen mehr.

Für die einfachsten Bauern war es eine Erholung, die Hacke mal auf dem Hof stehen zu lassen. Man stand als reicher Mann auf, man ging satt schlafen und führte ein Leben, in dem alles reichlich vorhanden war. Die Plünderungen brachten mehr ein als die Ernte, und jedermann hatte in gleicher Weise etwas davon.

Clémentine: »Die Männer zogen los ohne zu wissen, welche Anstrengungen der Tag bringen würde. Immerhin wussten sie, was sie auf ihrem Weg mitgehen lassen würden. Sie kamen mit müden, aber strahlenden Gesichtern zurück. Sie riefen sich Scherze zu, wie sie es sonst nur taten, wenn die Ernte voll im Gange war. Man sah ihren Mienen an, dass sie von ihrem neuen Leben begeistert waren.

Das Leben der Frauen verlief jetzt in ruhigen Bahnen. Sie hatten es aufgegeben, auf die Felder und auf die Märkte zu gehen. Es gab für sie nichts mehr zu pflanzen, keinen Dreschflegel mehr, um die Bohnen von den Hülsen zu befreien, und auch nicht mehr den langen Fußweg zum Markt. Man brauchte nur noch zu wühlen und einzusammeln. Als die Flüchtlingstrecks der Hutu Richtung Kongo aufbrachen, hinterließen sie ungepflegte Parzellen, auf denen der Busch schon mehrere Jahre Arbeit der Bauern zunichte gemacht hatte.«

Alphonse: Es war zwar eine Arbeit, bei der man sich schmutzig machte, aber auch eine Arbeit, bei der man sich nicht um Dürren oder verdorbene Ernten Sorgen machen musste, das kann man schon so sagen. Auf seiner Parzelle kann der Bauer sich nie sicher sein, was die Ernte ihm bringen wird. Das eine Jahr sieht er, wie seine Säcke sich prall füllen, so dass seine Frau sie zum Markt tragen kann, das andere Jahr bleiben sie mager und schlaff. Er zerbricht sich den Kopf, wie er sich dem Zugriff des Steuereintreibers entziehen kann. Das macht ihm große Sorgen, und manchmal wird ihm richtig schlecht bei dem Gedanken.

Aber wir wussten, dass wir in den verlassenen Häusern der Tutsi Güter in ungewöhnlichen Mengen finden würden. Wir fingen mit den Wellblechdächern an, und der Rest kam hinterher.

Diese Zeiten verbesserten unser Leben erheblich, denn wir hatten von allem reichlich, was wir bisher entbehren mussten. Tagtäglich unser *Primus*, Rindfleisch, Fahrräder, Radios, Wellblechtafeln, Fenster, kurz: alles. Es hieß, dass es ein glückliches Jahr wäre, wie es kein zweites Mal kommen würde.

Ein Völkermord unter Nachbarn

Ruanda, das berühmte Land der tausend Hügel, ist in erster Linie ein riesiges Dorf. Vier von fünf ruandischen Familien leben auf dem Land und neun von zehn beziehen ihre Einkünfte mehr oder weniger aus der Landwirtschaft. Kein Arzt, kein Lehrer oder Händler in der Stadt, der nicht auf dem Hügel, wo er geboren ist, eine Parzelle besäße, die er selbst bearbeitet, sobald er einen Augenblick Zeit hat, oder einem Verwandten anvertraut. Sogar Kigali, das sich über eine weite Fläche verstreut ausbreitet, ähnelt mehr einer Ansammlung von Dörfern, verbunden durch Täler und Freiflächen, als einer Hauptstadt.

Nach dem Völkermord haben viele Ausländer sich gefragt, wie die Mörder, so zahlreich wie sie waren, in dem Tohuwabohu der Massaker ihre Opfer erkannt haben, da ja die Ruander beider Bevölkerungsgruppen dieselbe Sprache ohne irgendwelche Eigentümlichkeiten etwa des Dialektes sprechen, dieselben Orte bewohnen und auch Unterscheidungsmerkmale der Gestalt zwar manchmal erkennbar sind, meist aber eher auf Zufällen beruhen.

Die Antwort ist einfach: Die Mörder mussten ihre Opfer gar nicht unterscheiden können, denn sie kannten sie. In einem Dorf weiß man eben alles voneinander.

Auch auf die Gefahr hin, die Historiker des Holocausts durch die folgende Zusammenfassung ihrer Arbeiten zu schockieren, kann man doch sagen, dass die meisten von ihnen – besonders Raul Hilberg in seinem monumentalen Werk *Vernichtung der europäischen Juden* – vier Etappen im Ablauf der Ereignisse unterscheiden: zuerst die der Erniedrigung und Entrechtung, danach die der Kennzeichnung und Ausgrenzung (Armbinden, Judensterne, Inschriften auf Mauern und Wänden), dann die der Konzentration (Umsiedlung und Ghettoisierung) und schließlich die der totalen Vernichtung durch Verhungernlassen in den Ghettos, Massenerschießungen in den eroberten Gebieten und durch Vergasung in den sechs Vernichtungslagern.

Diese Etappen überschnitten sich mehr als sie aufeinander folgten und sie waren durch ständige Maßnahmen der Unterdrückung miteinander verbunden: Pogrome oder Plünderungen und Enteignungen, die überaus wichtig waren, um die Zustimmung des Großteils der Bevölkerung zu gewinnen.

Diese Etappen hingen vom Grad der Verstädterung und Industrialisierung der Länder, in denen der Völkermord stattfand, ab; waren doch zum Beispiel schon Gesellschaften wie die deutsche, französische, polnische, rumänische oder niederländische auf einem unterschiedlichen Stand der Entwicklung.

In einer verstädterten Gesellschaft gab es also einen Völkermord des städtischen Typs, in einer dörflichen Gesellschaft einen Völkermord des dörflichen Typs. Im ländlichen Ruanda überspringt der Völkermord die zweite und dritte Etappe – die Kennzeichnung und die Konzentration –, weil sie entbehrlich sind, eben wegen der engen Beziehungen, die unter den Einwohnern bestehen.

Diese Beobachtung ist allerdings sehr schematisch: Es gab nämlich eine Art Kennzeichnung künftiger Opfer, denn seit 1931 vermerkte die Verwaltung die ethnische Zugehörigkeit aller Bürger – Hutu, Tutsi oder Twa – in ihrem Ausweis, in Stellenausschreibungen und in allen Arten von Verträgen. Diese Papiere haben manchmal die Milizen und Soldaten des Völkermords bei Durchsuchungen oder an Straßensperren zu Rate gezogen, aber nie brauchten die Mörder auf dem Lande, die weit in der Überzahl waren, darauf zurückgreifen.

In der Gegend von Nyamata sind die Einwohner einhellig der Meinung, dass der Vermerk unwichtig war, denn die ethnische Zugehörigkeit der 60.000 Tutsi war ihren Nachbarn ausnahmslos bekannt. Sogar die von Familien, die erst vor Kurzem zugezogen waren, von Beamten, die nur vorübergehend einen Posten wahrnahmen, von Vagabunden oder Eremiten in ihren Hütten ganz hinten in den Tälern.

Außerdem haben sich kurz nach Bekanntwerden des Attentats auf den Präsidenten die Tutsi, einem spontanen Schutzreflex folgend, zusammengefunden. Zunächst sind sie in die Weiler mit starkem Tutsi-Anteil gezogen, dann in den vermeintlichen Schutz der Kirchen, schließlich sind sie, als das Töten begann, in die Sümpfe und Wälder geflüchtet.

Eine weitere Bemerkung ist hilfreich, um die Reaktion der durch ihren dörflichen Charakter geprägten ruandischen Gesellschaft zu verstehen. Zwanzig Jahre lang hatte der Clan des Präsidenten eine Politik betrieben, die keinen Widerspruch duldete und von allen Funktionsträgern ohne Unterschied, ob Hutu oder Tutsi, die Treuepflicht verlangte. Das führte zur Auswanderung der gebildeten Leute und schwächte das so genannte städtische Kleinbürgertum. Im Schoße dieses Kleinbürgertums reifen jedoch in Zeiten sozialer Verschiebungen das gesellschaftlich verantwortungsbewusste Denken und der Protest.

Die Folgen waren dramatisch. Gleich nach den ersten Morden hat dieses Kleinbürgertum, eingezwängt zwischen dem diktatorischen Clan-Regime und der allgegenwärtigen Bauernschaft, verunsichert durch die Kriegsstimmung und verängstigt durch die Ermordung bekannter Anhänger der Menschenrechte – ob Hutu oder Tutsi – jegliche Widerstandskraft verloren und sich auf spektakuläre Weise gespalten. Und die Intelligenzschicht unter den Hutu hat nicht etwa die Handbremse gezogen, sondern sich bei den Massakern mehrheitlich in die erste Reihe gedrängelt, um in der neuen Ära auf sich aufmerksam zu machen.

Entsprechend berichtet auch Jean-Baptiste Munyankore, Volksschullehrer in Ntarama, der die Sümpfe überlebt hat: »Der Direktor meiner Schule und der Schulinspektor des Bezirks haben sich mit nägelbespickten Keulen an den Gemetzeln beteiligt. Zwei Lehrerkollegen, mit denen wir früher ein Bier tranken und uns über die Schüler austauschten, haben dabei Hand angelegt, wenn ich das so sagen kann. Ein Priester, der Bürgermeister, der Unterpräfekt, ein Arzt haben eigenhändig getötet … Sie trugen Baumwollhosen mit Bügelfalten, sie ruhten sich ganz nach Belieben aus, *comme il faut*, sie fuhren in einem Auto oder mit einem Moped herum … Diese hervorragend gebildeten Leute haben in aller Seelenruhe die Ärmel aufgekrempelt, um mit festem Griff die Buschmesser zu handhaben. Für einen wie mich, der sein ganzes Leben lang den Schülern die höhere Bildung vermittelt hat, sind solche Kriminelle ein entsetzliches Rätsel.«

Man muss auch feststellen, dass diese Gesellschaft von Ackerbauern, der die mechanisierte Landwirtschaft und die Agrartechnologie völlig fremd geblieben sind, nichts unternommen hat, um den Wirkungsgrad ihres Mordens zu erhöhen. Es gab keine industriellen Techniken wie Gaskammern, noch weniger wissenschaftliche, medizinische oder rassenkundliche Experimente; und auch keine geniale Maßnahme, um die körperlichen Anstrengungen zu verringern. Hubschrauber, Panzer oder Panzerfäuste zum Beispiel, wie eine gut ausgerüstete Armee sie einsetzt, kamen hier nicht zur Anwendung, und leichtere Waffen wie Maschinenpistolen und Handgranaten nur in sehr geringem Umfang, und dann auch nur zur taktischen oder psychologischen Unterstützung.

Auf den Feldern geschehen sämtliche Verrichtungen in Handarbeit. Das Töten in den Sümpfen geschah also auf die gleiche Weise. Es lief im jahreszeitlichen Rhythmus ab wie die Feldarbeit.

Alphonse Hitiyaremye erzählte einmal: »Wir beeilten uns, denn die Jahreszeit des Tötens ging auf ihr Ende zu. Sie versprach, uns dieses eine Mal die harte Erntearbeit zu ersparen, aber kein zweites Mal. Wir wussten, dass wir bei der nächsten Ernte die Machete wieder für andere, traditionellere Arbeiten in die Hand nehmen müssten.«

Die letzte Bemerkung ist eine geschmacklose Anspielung von größter Einfältigkeit, die sich auf den Ackerbau bezieht und wie ein Leitmotiv in vielen Diskussionen anklingt. Die Typen der Bande und andere behaupteten tatsächlich, es sei logisch, dass die Hutu die Parzellen der Tutsi an sich nehmen und anstelle der Tutsi bewirtschafteten, weil die Hutu bessere Ernten erzielten als die Tutsi, deren Herden zudem noch die Anpflanzungen verwüsteten.

So erklärt sich übrigens auch, dass die Zahl der Mischehen seit Jahrzehnten für eine Region, in der die Menschen gemeinsam arbeiteten, aßen und beteten, ungewöhnlich gering war. Innocent Rwililiza erläutert das so: »Ich kenne auf dem Hügel von Kibungo keinen Fall einer Mischehe zwischen eingesessenen Bauern. In Ruanda ist die Mischehe so etwas wie ein Privileg der Reichen und der Städter. Zum Beispiel heiratete ein reicher Hutu eine Tutsi-Frau, weil sie hoch gewachsen und gut erzogen war, oder ein reicher Tutsi ehelichte eine

Hutu, um sich bei den Mächtigen Vorteile zu verschaffen. Es war ein Privileg für Offiziere und hohe Hutu-Beamte oder für Tutsi-Kaufleute. Aber die Bauern konnten darin keinen besonderen Vorteil für sich erkennen, nur Schwierigkeiten, die auf sie zu kämen. Untereinander wussten wir, dass es infolge der Aufteilung der Parzellen und der Kühe, die alles zertrampelten, ein gegenseitiges Verstehen nicht geben konnte. Zu groß war die Gefahr der Zwietracht wegen der Äcker. Diejenigen, die in Mischehen verheiratet waren, kamen schon als Eheleute aus den umliegenden Präfekturen auf den Hügel.

In dem Vaterland der Philosophie, das Deutschland war, hatte der Völkermord das Ziel, das Wesen und den Geist rein zu halten. In dem Agrarland Ruanda wurde mit dem Völkermord die Absicht verfolgt, den Boden zu desinfizieren und von den *bäuerlichen Kakerlaken* zu reinigen.

Der Völkermord an den Tutsi ist also zugleich ein Nachbarschafts-Völkermord und ein landwirtschaftlicher Völkermord. Trotz einer alles andere als perfekten Organisation und archaischer Mordinstrumente war er jedoch wirkungsvoll wie kein anderer. Seine Mengenleistung erwies sich als ungleich höher als die des Völkermords an den Juden sowie den Sinti und Roma, denn in zwölf Wochen wurden ungefähr 800.000 Tutsi umgebracht. 1942, als die Erschießungen und Deportationen auf vollen Touren liefen, erreichten das Nazi-Regime und seine eifrigen Sachverwalter, seine Chemieindustrie, seine Wehrmacht und seine Polizei mit hochkompliziertem Material und industrieller Technik (schwere Maschinengewehre, Eisenbahn-Infrastruktur, Karteien, Vergasungswagen und Gaskammern mit Zyklon B …) nie eine vergleichbare todbringende Höchstleistung – und das auf der Fläche von ganz Deutschland und den fünfzehn besetzten Ländern.

Bestrafungen

Ignace: Am ersten Tag hat unser Vertreter im Gemeinderat eine Gruppe junger Leute zu uns heraus geschickt, die überprüfen sollten, dass die Anordnung, sich zur Versammlung einzufinden, bei allen Männern auch richtig angekommen war. Widerspenstigen haben sie einfach das Haus abgesperrt. Sie haben ihnen die Zahlung einer Geldbuße angedroht. Bis nach Kibungo haben sie sie vor sich her geschubst und dabei lauthals beschimpft. Einige, die sich in die Büsche schlagen wollten, haben sie wieder eingefangen und in die richtige Spur gebracht. Wir sind lieber auf geradem Weg zu dem Treffen gegangen.

So hat das mit der Jagd begonnen. Das hat sich jeden Tag wiederholt. Wir haben uns angepasst und genau nach Plan verhalten. Bloß die Überwachungsmannschaften sind bald nicht mehr ausgezogen, weil es keine Unwillige mehr gab und daher die Notwendigkeit zur Überwachung entfiel.

Pancrace: Die Teilnahme war Pflicht. Es gab eine Sondereinheit übermotivierter junger Leute, die damit beauftragt war, die Häuser derer zu durchkämmen, die sich drücken wollten. Unsere Angst vor der Wut der Befehlshaber war größer als die vor dem Blutvergießen. Aber im Grunde genommen hatten wir vor nichts Angst.

Ich will das näher erklären. Wenn du einen neuen Befehl bekommst, zögerst du vielleicht, aber du gehorchst, sonst wird es für dich gefährlich. Wenn du durch die Radios und die Ratschläge, die man dir gibt, so richtig eingestimmt bist, gehorchst du umso leichter, selbst wenn der Befehl lautet, deine Nachbarn zu töten. Die Aufgabe eines guten Vorgesetzten ist es, dir dein Zögern zu nehmen, wenn er die Befehle gibt.

Wenn dieser Einsatzleiter dich dann beispielsweise auch noch überzeugen kann, es werde sowieso ein endgültiger Schnitt sein und es hätte für keinen Täter je im Leben nachteilige Folgen, dann gehorchst du umso williger und machst dir weiter keine Gedanken. Du vergisst alle deine Ängste und möglichen Strafen. Du gehorchst aus freien Stücken.

Alphonse: Um 6 Uhr mussten wir da sein, um gezählt zu werden. Wer an dem Tag Bananen keltern musste, konnte um Beurlaubung bitten, wer krank war, ebenfalls. Nach einiger Zeit wurde es sogar möglich, später zu kommen, wenn es erst noch ein kaputtes Viehgatter zu reparieren gab. Aber die anderen machten sich auf den Weg. Du konntest unterwegs bummeln und dich ausruhen, aber mitgehen musstest du. Dir war nicht nach der Arbeit zumute, aber mitgehen musstest du. Ohne Ausnahme hattest du jeden Tag aufs Neue anzutreten.

Auf unserem Hügel gibt es keinen, der – wenn er in sich geht – vor Gott sagen kann, er sei nie mitgegangen.

Für jemanden, der dabei erwischt wurde, dass er schummelte, konnte das schwerwiegende Folgen haben. Er musste ein Bußgeld zahlen, dessen Höhe der Einsatzleiter festsetzte. Ein erhebliches Bußgeld für eine dicke Schummelei oder wiederholtes Schummeln. Eine Geldbuße betrug zweitausend Francs, zum Beispiel, oder sogar mehr. Sie konnte auch in Form von alkoholischen Getränken oder Wellblechplatten erbracht werden, das ließ sich aushandeln.

Fulgence: Alle versammelten sich auf dem Sportplatz von Kibungo. Die Männer aus Kanzenze, aus Kibungo, aus Ntarama und an manchen Tagen auch die *interahamwe*, die aus Butamwa kamen oder von weiter her. Wer sich hinter seinem Haus verdrückte, wurde von einem Nachbarn denunziert und mit einem Bußgeld bestraft – vor allem am Anfang, als sich alles noch nicht eingespielt hatte.

Später gingst du wacker los, wenn du Spaß am Töten fandest, doch du hast dabei gebummelt, wenn du nur am Plündern interessiert warst. Wenn du krank warst, musstest du das mit guten Gründen vorbringen. Wenn du einen Tag frei haben wolltest, um *urwagwa* zu keltern, musstest du einen Teil der Kanister abliefern. Wenn du dich bloß schlapp fühltest, weil du in der Nacht zu viel getrunken hattest, ließen sie dir das vielleicht problemlos durchgehen, denn sie hatten dafür Verständnis. Es durfte nur nicht gleich wieder vorkommen. Und wehe, du triebst dich dann tagsüber vor den Läden im Zentrum herum. Wenn du dort geschnappt wurdest, haben sie dich vor aller Augen sofort hinter den anderen hergeschickt.

Die Jagd war an Tagen umfassender Operationen besonders anstrengend, wenn man hinter den hoch motivierten *interahamwe* und Soldaten ein Gebiet durchkämmte. Die Kerle verlangten einem wirklich alles ab. An solchen Tagen hat sich keiner gedrückt, denn es gab besonders hohe Strafen. An den anderen Tagen aber, wenn wir bei der Jagd unter uns waren, ging es lässiger zu.

Pio: Wir gingen jeden Tag zum Stadion hoch; dort beschlossen wir dann, was gemacht wurde. Für die Bauern war die Teilnahme Pflicht. Wer sich erwischen ließ, wurde mit einem Bußgeld bestraft. Normalerweise kostete das zweitausend Francs, aber es hing auch von der Schwere des Vergehens ab. Wenn du nicht zahlen konntest, gabst du einen Kanister *urwagwa* oder ein Wellblech von guter Qualität. Es hat sogar welche gegeben, die mussten zur Strafe eine Ziege geben.

Ein Alter, der sich an der Arbeit nicht beteiligen konnte, weil er für die Anstrengungen zu schwach war, zahlte nichts, wenn er an seiner Stelle einen Sohn mit auf die Jagd schickte. Es gab sogar gesunde Männer, die sich bei dem Unternehmen für einen Tag von ihrer Frau vertreten ließen. Das war jedoch ungewöhnlich, weil es eigentlich kein vollwertiger Ersatz war.

Adalbert: In der ersten Zeit war das Töten äußerst eng reglementiert, aber später ging es nicht mehr so streng zu. Wer sich erschöpft fühlte oder wen es zu anderen mit dem Programm verbundenen Tätigkeiten hinzog, wie Plünderungen, dem Aufstapeln von Wellblechen, dem Feilschen um deren Verkauf oder zu Reparaturen an den Häusern, der konnte um eine Genehmigung bitten, musste aber denen, die an seiner Stelle die Arbeit verrichteten, eine Abfindung zahlen. Du musstest dich auf deine Art bei den Tötungen nützlich machen, oder du hattest zu zahlen. Immerhin war man nicht mehr gezwungen, einzig und allein zu töten, wie es am Anfang war.

Solange die Maßnahme anständig voranging, solange du keinen lauten Protest äußertest, ließen die, die das Sagen hatten, Nachsicht walten.

Die Höhe der Bußgelder hing von der Schwere der Verfehlung und von der Zahlungsfähigkeit des Einzelnen ab. Für ein normales

Fehlen waren es tausend oder zweitausend Francs, aber wenn du es zu toll triebst, konnte es bis auf fünftausend ansteigen. Anfangs waren es für den Bauern wegen seiner Armut äußerst empfindliche Strafen. Später ließen sie sich dank der Plünderungen leichter ertragen. Vor allem, wenn du auch noch von der Vergesslichkeit der Steuerschätzer profitieren konntest.

Marie-Chantal: »Die Bauern waren nicht reich genug, um sich vom Töten freizukaufen, wie die wohlhabenden Leute in den Städten. Wie die Doktoren oder die Professoren in Kigali, die ihr Hauspersonal oder ihre Angestellten dafür bezahlten, damit sie sich nicht selbst die Hände schmutzig machten.

Im Hügelland töteten viele schlichtweg, um ihrer Armut zu entkommen. Wenn sie beim Töten mitgingen, riskierten sie keine Bußgelder, und auf dem Rückweg konnte das sogar noch richtig etwas einbringen. Wem ein günstiger Umstand ein neues Blechdach anbot, der konnte gar nicht zögern.«

Ignace: Wenn ein Nachbar bemerkte, dass du dich gedrückt hattest, konnte es vorkommen, dass er dich abends besuchen kam, er verlangte dann von dir eine kleine Summe und verband damit die Drohung, dich sonst am nächsten Tag bei dem Ortsvorsteher zu denunzieren, was dich zur Zahlung eines offiziellen Bußgeldes zwingen würde, und das käme dich sehr viel teurer. Wenn er sich dabei kollegial zeigte, tatest du besser daran, dich mit ihm zu einigen. Aus dem Grund arrangierten wir uns in der Bande untereinander, um unser Fehlen zu vertuschen, so dass es nicht auffiel.

Jean-Baptiste: Anfangs war es Pflicht, danach hatten wir uns daran gewöhnt. Wir sind von Natur aus bösartig geworden. Wir brauchten keine Anfeuerungen oder Bußgelder mehr, damit wir töteten, noch nicht einmal Anweisungen oder Ratschläge. Die Disziplin hatte sich gelockert, weil man auf sie nicht mehr angewiesen war.

Ich kenne niemanden, der geschlagen worden ist, weil er sich weigerte zu töten. Ich kenne einen Fall, wo jemand zur Strafe getötet worden ist, ein ganz besonderer Fall, weil es eine Frau war. Junge

Leute haben sie mit Buschmessern erledigt, um ihren Mann zu bestrafen, weil der sich geweigert hatte zu töten. Aber sie war auch eine Tutsi. Danach hat der Herr sich nicht mehr gesträubt, sondern mitgemacht; er hat sich in den Sümpfen sogar als einer der Eifrigsten erwiesen.

Wenn du dich eines Morgens nicht wohl fühltest, hast du angeboten, mit etwas Trinkbarem dabei zu sein, und am nächsten Tag gingst du wieder mit. Du konntest, statt zu töten, auch andere nützliche Dinge verrichten, zum Beispiel Mahlzeiten für *interahamwe* zubereiten, die nur vorübergehend im Ort waren, oder im Busch herumirrende Kühe, die gegessen werden sollten, zusammentreiben. Und wenn du den Schneid wieder aufbrachtest, nahmst du erneut dein Werkzeug zur Hand und kehrtest in den Sumpf zurück.

Fulgence: Außer den Strafen in Form von Geld oder Getränken kenne ich keine andere Art der Bestrafung wegen Gehorsamsverweigerung, wie etwa Stockschläge oder Machetenhiebe. Eine solche üble Behandlung drohte dir nur, wenn du dich geweigert hast, das Bußgeld zu zahlen. Aber das passierte nie, dank des Geldes aus der Beute und den Plünderungen.

Der reiche Mann nimmt den Bescheid über ein Bußgeld leichteren Herzens hin – das ist eine Sache, die ich seither gelernt habe.

Ignace: Eines Abends haben sie eine Hutu-Frau zum Tode verurteilt und sie in aller Öffentlichkeit mit dem Buschmesser zerhackt, als abschreckendes Beispiel. Aber sie hatte auch die Unverschämtheit besessen, die Kühe ihres Tutsi-Ehemanns einzufordern, der zuvor erschlagen worden war. Von dem Fall abgesehen ist in Kibungo niemand zur Strafe unters Richtmesser gekommen; noch nicht einmal Prügelstrafen hat es gegeben.

Pancrace: Es wurde geredet, dass Leute übel zugerichtet worden seien, weil sie sich gedrückt hätten, aber persönlich kenne ich keinen derartigen Fall auf unserem Hügel. Ich glaube eher, dass diese Leute wegen Streitereien beim Plündern körperlich gezüchtigt worden sind. Es gab sogar miese Kollegen, die ihre Nachbarn anschwärzten, bloß um irgendeinen Anteil zu bekommen, hinter dem sie her waren, eine Parzelle zum Beispiel.

Elie: Abends musste man dem Chef genau angeben, was man zur Strecke gebracht hatte. Viele schnitten mächtig auf aus Angst, verspottet oder schief angesehen zu werden. Aus dem Grund wurden die Leichen auch nicht beerdigt: Wer in Verdacht geriet zu schummeln, musste den Einsatzleiter zum Überprüfen an den Ort der Wahrheit führen.

Aber man wurde nicht verprügelt, wenn es nur kümmerlich war, was man den ganzen Tag lang geschafft hatte. Die Vorgaben waren auch nicht übertrieben hoch angesetzt. Man wurde nur bei der Belohnung äußerst schlecht bedacht, und das ärgerte einen dann schon.

Léopord: Morgens überprüfte ich, wer fehlte. Jemand konnte sich als unpässlich melden, weil er zu sehr den Getränken zugesprochen hatte, und das ließ man durchgehen, weil es ein häufiger Grund war. Jemand konnte genauso gut etwas Dringendes anführen, wie eine Krankheit oder einen Handel, den er unbedingt abschließen musste. Wenn der Grund allerdings nicht stichhaltig war, musste er ein Bußgeld zahlen, oder einen Kanister *urwagwa*; es konnte sogar mehr werden, bis zu einer Kiste *Primus*. Es gab welche, die erhielten Prügel mit dem Stock, aber nur, wenn sie unverschämt logen.

Pio: Wenn es einem einfiel, an einem Tag mal nicht zu töten, konnte man sich ohne Schwierigkeit drücken. Wer aber meinte, er solle überhaupt nicht töten, der durfte den Gedanken anderen gegenüber nicht äußern, denn sonst wäre er selbst vor zahlreichen Zuschauern getötet worden.

Laut äußern, dass man nicht einverstanden war, führte auf der Stelle zum Tode. Daher weiß man auch nicht, ob Leute auf so einen Gedanken gekommen sind.

Du konntest wohl nur so tun, als ob du mitmachtest, du konntest bewusst trödeln, Ausflüchte anführen oder Bußgeld zahlen, auf keinen Fall aber durftest du dich mit Worten dagegen wenden. Es hätte den Tod bedeutet, wenn es dir über die Lippen gekommen wäre, dass du das Ganze kategorisch ablehntest, sogar hinter vorgehaltener Hand gegenüber deinem Nachbarn.

Selbst deine Stellung und dein Reichtum konnten dich nicht vor dem Tode retten, wenn dir vor den falschen Leuten auch nur das kleinste bisschen Wohlwollen den Tutsi gegenüber herausrutschte. Für uns waren gute Worte, wenn sie Tutsi galten, tödlicher als böse Taten.

Unterbrechung: über Wellbleche

Früher strahlte Bukavu am Ufer des Kivu-Sees – nur ein paar Schritt von der Grenze nach Ruanda gelegen – den diskreten Charme einer kongolesischen Provinzstadt aus und versetzte seine Einwohner wie auch durchreisende Fremde in Entzücken. Aber in jenem Sommer lag die fröhliche Betriebsamkeit seiner Café-Terrassen und der betörende Singsang der Fischer unter dem Elend der riesigen Menge von Flüchtlingen begraben.

Es ist Ende Juli 1994, vier Monate nach den ersten Machetenhieben, einen Monat nach den ersten Massenauswanderungen. Das Seltsamste, an das ich mich bei meiner Ankunft erinnere, sind die zuhauf gestapelten Blechtafeln längs der Piste, in den Dörfern und am Rande der Flüchtlingslager. Noch höher sind die Berge aus Wellblech in den Marktgassen, und geht man weiter zum Fluss hinunter, erheben sich wahre Gebirge am Zollübergang. Auf ihnen ruhen hinter ihren Ray-Ban-Sonnenbrillen frohlockend die Blicke der hohen Tiere der kongolesischen Armee; vor Stolz fast platzend betrachten sie ihren Reichtum.

In einem endlosen Zug ergießen sich Exilsuchende zu Hunderttausenden in diese Region am Kivu-See. Die Erschöpftesten lassen sich auf irgendeinem Fleckchen Land nieder, die Kräftigsten ziehen weiter zu den Lagern in der Region der Vulkane, die Pfiffigsten oder Zahlungskräftigsten kommen irgendwo in der Stadt unter. Die einen haben ein Bündel bei sich oder ein Kind auf dem Rücken; andere tragen einen Stuhl, Waschschüsseln oder Säcke mit Getreide; die Stärksten gehen gebeugt unter der Last von Wellblechen. Sie tauschen sie gegen das Recht, die Grenze passieren zu dürfen, gegen Säcke voll Getreide, gegen einen Platz auf der Ladefläche eines LKW oder auf einem Feld.

Betritt man dann ruandischen Boden, gleich nachdem man den Fluss in der Gegend der Stadt Cyangugu überquert hat, ist in meiner Erinnerung die sonderbarste Begegnung wieder die mit dem nicht enden wollenden, surrealistischen Zug der Träger dieser Blechtafeln. Randvoll sind die Pirogen der Schmuggler damit beladen; Bleche liegen auf den Einbäumen der Fluchthelfer, auf den Handkarren, unter den Hintern der Passagiere auf den Ladeflächen der Lastwagen, werden von ein oder zwei Personen zu Fuß getragen, liegen verstreut um die Zelte und Hütten, in Stapeln um die Flüchtlingslager herum, auf den Pisten, in verwüsteten Bananenpflanzungen, bis tief in die Wälder hinein: zwischen den Biwaks und längs der Flüchtlingszüge nur Wellbleche, soweit das Auge reicht.

Im ersten Augenblick mochten Ausländer, vom soeben beendeten Völkermord erschüttert und staunend inmitten der Menge des Trecks, diese Merkwürdigkeit dem kollektiven Wahnsinns zuschreiben, irgendeinem Trauma, das sich erst später verstehen ließe. Doch das hätte geheißen, die Geschichte der Wellblechplatten falsch zu verstehen.

Diese Bleche sind in Ruanda gleichzeitig mit den Belgiern kurz nach dem Ersten Weltkrieg aufgetaucht, und eins hatte mit dem anderen zu tun, denn sie sollten den Gebäuden der Kolonialverwaltung als Dächer dienen. Die Dächer der europäischen Siedler waren mit Tonziegeln gedeckt, die der Ruander mit Blättern, und beide Gruppen trafen sich von Fall zu Fall unter den Wellblechdächern der öffentlichen Gebäude.

Damals handelte es sich dabei noch um ein gut einen Zentimeter dickes Eisenblech, das fünfzig Jahre überdauern konnte – zufällig genau so viele Jahre, wie es noch bis zur Unabhängigkeit währen sollte. Im Laufe der Jahre und der fortschreitenden Emanzipation der Bevölkerung wurde das Blech dünner gewalzt und die Städte, die Vororte und nach und nach auch die Hügel damit erobert. Jetzt sind nahezu alle Wohngebäude mit Wellblech gedeckt, selbst die bescheidensten, die daher auch als Lehm-Wellblech-Hütten bezeichnet werden. Seither ist Blech so zur Maßeinheit für Wohnfläche geworden. Man sagt nicht: »Der und der hat sich ein Haus von soundso viel Quadratmetern gebaut«, sondern »… von soundso viel Blechen«.

Das Wellblech ist von unterschiedlicher Lebensdauer, je nachdem ob es aus Europa eingeführt worden ist (die Spitzenqualität), aus Uganda (die massivsten) oder Kenia (die härtesten) oder im Land von der Fabrik Tolirwa hergestellt worden ist, in Kigando in der Nähe von Kigali. Die Bleche aus einheimischer Fertigung sind die dünnsten – drei Millimeter stark –, die billigsten und die vergänglichsten. Sie halten etwa fünfzehn Jahre, ebenso lange wie die Lehmwände der bäuerlichen Wohnhäuser.

Nach dem Völkermord haben manche internationale Hilfsorganisationen Dachplatten aus gepresstem Papyrus verteilt, aber ihre Lebensdauer von gerade mal ein paar Monaten haben den Ruandern schnell sämtliche Illusionen genommen, sowohl was das Material angeht als auch die Wohltätigkeit der Lieferanten.

Das Wellblech hielt in das Bugesera verspätet Einzug, zu Beginn der sechziger Jahre, dafür aber umso überstürzter, als die erste Woge Flüchtender sich ein Dach über dem Kopf schaffen musste. Von geringem Gewicht, daher leicht zu transportieren und auch noch preisgünstig, sind Wellblechplatten ein Geschenk des Himmels in dem regenreichen Land, das weder über Getreidestroh noch über geeignete Gräser der Savanne verfügt.

Die Blechplatten gibt es im Handel neu oder gebraucht, wasserdicht oder auch nicht, das heißt durchlöchert. Solange die Mauern errichtet werden, dienen sie als Zaun, danach als Dach, doch damit ist ihr Gebrauch noch längst nicht erschöpft. Werden die Bleche nicht mehr als Dach gebraucht, weil die Mauern undicht geworden oder eingestürzt sind, werden sie ein zweites Mal zur Errichtung von Kochhütten, Toilettenhäuschen, Pferchen oder Speichern im Hof genutzt. Doch auch zur Herstellung von Türen, Fensterläden, Terrassen vor Cafés und Truhen werden sie weiterverwendet. Es werden sogar Särge für die Ärmsten daraus gemacht.

Von allen Rohstoffen für Bauteile und Geräte am und im Haus – Mauern, Fachwerk, Möbel, häusliche Einrichtungsgegenstände – ist Wellblech der einzige, den ein Dorfbewohner sich nicht eigenhändig beschaffen kann; daher rührt der Marktwert des Materials. »Vor dem Krieg gab es in Kibungo Leute, die besondere Blech-Tombolas veranstalteten«, erzählt Innocent, »jeder gab ein neues Blech in den Topf, dann ließ man die *urwagwa*-Flaschen kreisen, das Los wurde gezogen, und der glückliche Gewinner ging mit einem neuen Dach nach Hause«. Wellbleche waren ebenfalls ein Geschenk, mit dem man sich sehen lassen konnte, zum Beispiel als Teil der Aussteuer bei einer Hochzeit.

Eine Ziege kostet zwei Bleche, für ein Watussi-Rind muss man schon mindestens zwanzig hinlegen. Ein Wellblech, und die Trinkschulden über fünfzehn *Primus* sind beglichen. Der Preis der Bleche in

Ruanda-Francs hängt von ihrer Qualität ab und noch mehr vom Wetter. »Hält eine Dürreperiode das Land im Griff, montiert der Bauer bald seine Wellbleche ab, um sie zu Geld zu machen, und ersetzt sie durch die Plastikfolien des UN-Flüchtlingskommissariats. Der Blechpreis geht dann in den Keller«, erläutert Innocent weiter. »Wenn es eine reiche Ernte gegeben hat, kauft der Bauer sich wieder welche, neu oder gebraucht. Und die Preise steigen wieder nach oben.«

Außer einer Dürreperiode können noch zahlreiche andere Faktoren für Nachschub auf dem Gebrauchtwarenmarkt sorgen, so auch Diebstähle – »besonders geschickte Jungen schaffen es, unter Zuhilfenahme nasser Tücher auf ein Dach zu klettern, es den traumselig Schlafenden über dem Kopf wegzustehlen und damit im Busch zu verschwinden. Besonders gut gelingt das, wenn die Diebe wissen, dass die Besitzer am Abend gefeiert haben.« So sind Spiel und Alkohol häufige Ursachen einer Nacht unter freiem Himmel – wir wollen gar nicht den Namen eines Freundes aus Nyamata nennen, der am Ende einer Zecherei für das letzte Glas vor dem Nachhauseweg nach und nach sämtliche Blechplatten seines Daches verkaufte und im Freien kampieren musste.

Trotz allem ist die bedeutendste Ursache für den Warenverkehr mit Wellblechtafeln der Krieg, der die Leute in Armut stürzt und ins Exil treibt.

Wenn die Wellblechtafeln die einzigen Bauteile eines Hauses sind, die sein zukünftiger Besitzer nicht vor Ort gewinnen oder herstellen kann, so sind es auch diejenigen, die er am leichtesten anderswo hin mitnehmen kann. Schnell ein paar Schrauben losgedreht, und schon liegen die Bleche neben seinen Bündeln am Boden. Sie sind derart standardisiert, dass sie überall in der Gegend der Großen Seen verwendet werden können. Bereits 1973 verließen die ersten Wellbleche im Gepäck ihrer Besitzer das Bugesera: Schon damals waren es Tutsi, die nach Burundi flüchteten. Dann wieder brachten burundische Hutu, die vor dem Terror der dortigen Tutsi-Armee und ihren Staatsstreichen flohen, Bleche in ihre Flüchtlingslager in Ruanda mit. Dieser Pendelverkehr hat sich zu Beginn der neunziger Jahre in dem Maße beschleunigt, wie die Auseinandersetzungen auf beiden Seiten der burundisch-ruandischen Grenze heftiger wurden. Sie ließen jedoch nicht vorausahnen, was im Frühjahr 1994 geschehen sollte.

Am 13. Mai, als man in der Gemeinde Nyamata schon die ersten Gewehrschüsse der Truppen der *Patriotischen Front* hörte, legten die meisten Männer die Macheten aus der Hand, um abzubauen, was an Wellblech noch auf den Dächern lag, und es zu Traglasten zu verschnüren, die sie am nächsten Tag auf ihre Flucht mitnahmen, quer durch das ganze Land in Richtung Bukavu oder Goma im Kongo.

Es versteht sich, dass sie diese Bleche bei der großen Rückkehr der Hutu-Flüchtlinge im Herbst 1996 nicht mehr bei sich hatten: Sie hatten sie unterwegs oder in den Lagern zurück gelassen oder verkauft, man hatte sie an der Grenze beschlagnahmt oder ihnen auf einer ihrer Fluchten geraubt. Heute sind auf den Hügeln von Kibungo, Kanzenze oder Ntarama die bewohnten Häuser aber wieder überdacht: dank der Rücksiedler, die im Gefolge der siegreichen Truppen der *Patriotischen Front* in das Land zurückgekehrt sind, dank internationaler Schenkungen, vor allem aber dank der Funde an Ort und Stelle.

Denn nicht alle Bleche sind bei der Flucht mit auf die Reise gegangen, ganz im Gegenteil: Zahlreiche Hutu haben noch vor der Flucht voller Optimismus Wellbleche auf ihren Dächern befestigt. Andere gerieten auf der Flucht in Panik und ließen ihre Wellblechtafeln ein paar Kilometer weiter liegen. Als das Töten vorbei war, brauchten die überlebenden Tutsi sie nur noch einzusammeln.

Andere hatten es schlauer angestellt und rechtzeitig die Blechplatten ihrer Häuser – oder die bei den Plünderungen erbeuteten – in ihren Bananenpflanzungen vergraben. Man erzählt sich in Nyamata, dass Häftlinge nach ihrer Entlassung aus dem Gefängnis von Rilima gleich als Erstes in einer mondlosen Nacht ihren erbeuteten Schatz angerosteter, gewellter Zinktafeln ausgegraben haben.

Manches Mal kamen sie zu spät, denn – wie wiederum Innocent zu erzählen weiß – »manchmal schlägt ein Bauer mit der Hacke etwas fester zu, und sofort überzieht ein breites Lächeln sein Gesicht. Er weiß, er ist auf ein Blech gestoßen, und damit auf eine hübsche Stange Geld.«

Die Plünderungen

Marie-Chantal: »Auf dem Weg unterhalb der Parzelle sah man den ganzen Tag über eine lange Reihe von Plünderern vorbeiziehen, gebeugt unter der Last dessen, was sie eingesammelt hatten. Sie folgten einander wie am Schnürchen aufgereiht, gleich Ameisen auf ihrer Straße zu irgendwelchen Essensabfällen.«

Elie: Abends nach dem Töten gab es noch ein Zusammensein, das uns viel Freude brachte; die Zeit schenkte uns so einige Momente der Freundschaft. Wir erzählten uns, was wir am Tag geschafft hatten, wir aßen und tranken gemeinsam. Wir zählten nicht mehr, wie viele wir getötet hatten, sondern was uns das einbringen würde. Das Töten hatte uns geschwätzig und verfressen gemacht. Wir stritten uns nur, wenn es um die Anteile ging, in erster Linie bei den Parzellen, vor allem, wenn es um die Bananenhaine ging. Man musste besonders hinter jenen Bananenpflanzungen her sein, die an den Ufern des Akanyaru lagen.

Alphonse: Hinterher gab es immer wieder Festgelage. An den Tagen, wo größere Operationen stattgefunden hatten, bedienten sich die *interahamwe* und Soldaten aus den Nachbargemeinden bei den Plünderungen als Erste. Sie deckten sich reichlich mit neuen Radios, gut gewachsenen Kühen, bequemen Sesseln und Wellblechtafeln der höchsten Qualität ein. Wir Einheimischen mussten uns das teilen, was die anderen verschmäht hatten. Von daher waren die Tage mit den kleinen Operationen für uns einträglicher, weil wir dabei wieder die erste Auswahl hatten. Wenn wir von der Gruppe beim Plündern zusammen waren, brachte das immer fette Beute ein. Der Überfluss ließ keinen Streit aufkommen. Manchmal mussten wir sogar einen Lieferwagen anheuern, um alles fortzuschaffen.

Viele sind mit einem Schlag reich geworden; sie waren so reich, dass sie sich gar nicht erst damit aufhielten, alles zu zählen. Unterwegs sprachen sie Totmacher an, die vom Plündern zurückkamen, luden sie zu einer Rast unter Freunden ein, reichten Freibier – *Primus* natürlich –, ließen gebratenes Fleisch auftragen und verschenkten Radios, um ihre Gäste für sich einzunehmen und um ihnen die neu erworbenen Beutestücke gleich wieder abzuschwatzen.

Diese Reichen waren es auch, die sich mit der Schacherei am Besten auskannten, denn das war schon vorher ihr Beruf gewesen. Sie legten sich einen beträchtlichen Vorrat von Wellblechtafeln und ähnlichen Gütern an, für künftige Geschäfte.

Wir dagegen fühlten uns gesättigt und zerbrachen uns nicht weiter den Kopf: Wir feilschten nicht lange. Für das Verkaufte konnten die Steuereintreiber von uns keine Abgaben mehr fordern. Wir hatten anständig zu trinken dank des Geldes, das wir beim Filzen gefunden hatten. Von den Rindern unserer Opfer aßen wir die leckersten Stücke. Zur Belohnung erhielten wir nagelneue Wellblechplatten, die wir nach Hause mitnehmen konnten. Wir schliefen gut, dank des guten Essens und der Erschöpfung von unserem Tagewerk.

Ignace: Am ersten Abend hat der Chef uns alle in Kibungo zusammengeholt. Er hat unsere Mannschaft im Kreis antreten lassen. Er hat verlangt, dass einer nach dem anderen das Geld, das er bei der Durchsuchung seiner Opfer gefunden hatte, in die Mitte legte. »Ohne zu schummeln«, hat er gesagt.

Als er sah, dass uns das die Lust verdorben hatte, hat er nachgedacht und mit freundlicher Stimme noch einmal das Wort ergriffen. Er erklärte, dass wir das erste Mal alles zusammenlegen müssten, um Getränke zu kaufen und den Beginn gemeinsam zu feiern, dass aber von jetzt an jeder das Geld für sich behalten könne. Mit diesem Versprechen war unsere Zufriedenheit wieder hergestellt. Wir haben gleich ein paar Flaschen aufgemacht, so erleichtert waren wir.

Adalbert: Die Bummelanten unter den Totmachern ließen sich hinter die Eifrigen zurückfallen, um sich als Erste etwas von der Beute unter den Nagel zu reißen. Doch dadurch bereicherten sie sich auch nicht mehr als die anderen. Abends rückten die eifrigen Totmacher das schon wieder zurecht und holten sich zurück, was ihnen entgangen war. Sie wussten, dass sie die Stärkeren waren.

Im Grunde genommen machten wir uns überhaupt nichts aus dem, was wir in den Sümpfen erledigt hatten. Wirklich wichtig war uns nur, was unser materielles Wohlergehen betraf: die eingeheimsten Wellbleche, die wieder eingefangenen Rinder, die aufgestapelten Fenster und alle Güter dieser Art. Die Gier stachelte uns geradezu an, wenn wir einen Nachbarn auf einem neuen Fahrrad vorbeifahren oder stolz ein Radio schwenken sahen. Unterwegs schauten wir uns alle Dächer ganz genau an. Wir konnten richtig bösartig werden, wenn wir hörten, dass jemand schon hinter unserem Rücken eine fruchtbare Parzelle in Beschlag genommen hatte. Dann konnten wir noch giftiger werden als in den Sümpfen, selbst wenn wir dabei nicht mit der Machete fuchtelten. Zum Glück war ich stark und kräftig; ich hatte mich zum Chef gemacht. Das war bei Plünderungen ein vorteilhafter Posten.

Pancrace: Nach der Arbeit rechneten wir den Gewinn aus: das Geld, das Tutsi unter ihrer Kleidung in den Tod mitzunehmen gedacht hatten, das Geld, das uns einige freiwillig angeboten hatten in der Hoffnung, nicht lange leiden zu müssen. Dazu kam das Geld, das wir für die auf dem Rückweg eingesammelten Güter bekamen, und die Bleche oder Geräte, die man meistbietend verkaufen konnte, selbst wenn die erzielten Preise lachhaft niedrig waren. Wir vergruben in unseren Taschen rollenweise die Geldscheine.

Wenn du zum Beispiel zwei Fahrräder erwischtest, zerbrachst du dir nicht lange den Kopf darüber, ob du eins zu Geld machen solltest: Du verkauftest es einfach unter Preis, und davon hast du dir in aller Seelenruhe etwas zum Schlucken gekauft.

Es wurde so viel getrunken, dass die Getränkepreise sich verdreifachten; eine Zeitlang wurde sogar das Fünffache dafür gezahlt. Aber für den Trinker spielte das keine Rolle mehr, eben wegen des Geldes aus der Beute.

Es gab sogar Bauern, die Tutsi aus ihrer Bekanntschaft gegen Geld versteckt haben. Später, als die Tutsi alle ihre Ersparnisse dafür hergegeben hatten, haben sie sie dem Tod in die Arme getrieben, natürlich ohne ihnen etwas zurückzuerstatten. Das waren so zwielichtige Geschäfte.

Joseph-Désiré: Die Führenden hatten keine Möglichkeit mehr, das alles planvoll laufen zu lassen und in gewisse Bahnen zu lenken. Ihre Befehle trafen auf taube Ohren. Es waren Massaker geworden, die völlig aus dem Rahmen geraten waren und der Vernunft nicht mehr gehorchten.

Die größten Hitzköpfe brachten beim Töten gleich den Besitz der Toten an sich. Sie wollten alles, und zwar sofort, noch ehe sie ihre Opfer ganz umgebracht hatten. Die Plünderungen versetzten sie in einen solchen Zustand der Erregung, dass sie alle Ratschläge und Ermahnungen in den Wind schlugen. Ihre Gier griff auf die anderen über, die ihnen folgten und ihrerseits diesem Wahnsinn verfielen.

Die Ärmsten der Armen gerieten wegen der reichen Beute ganz außer sich. Die Reichsten ebenso, denn sie hatten genug Geld, um den anderen die Beute abzukaufen und auf Lager zu legen. Alle waren in Solidarität verbunden bei diesem gewinnbringenden Töten.

Clémentine: »Die im Elend lebten und vorher nichts besessen hatten, verfügten plötzlich über ein Blechdach, Kleidung, Küchengeräte, manchmal sogar über eine verwaiste Parzelle, wenn sie sich geschickt genug angestellt hatten. Der Wohlstand reichte ihnen beide Hände.

Es gab sogar Landstreicher, die ihr Landstreicherdasein aufgaben. Mit einem Mal zeigte sich, dass in ihren Armen genauso viel steckte wie in denen der anderen. Sie waren reich geworden, ehe sie genau begriffen, wie das ging. Die Beute, die sie zusammengerafft hatten, erlaubte ihnen, sich eine wohlhabende Frau zur Gattin zu wählen, wie sie sie vorher nicht einmal anzusprechen gewagt hätten. Sie hatten es dem Töten zu verdanken, dass sie urplötzlich in den Augen einer Frau zu einer begehrenswerten Erscheinung wurden.«

Valérie: »Seit dem Absturz des Flugzeugs schlichen die *interahamwe* mit gezückter Machete um die Geburtsklinik. Am ersten Tag des Tötens kamen Soldaten. Sie haben uns erklärt: ›Wenn ihr uns Geld gebt, hindern wir sie daran einzudringen.‹ Sie verlangten eine Summe von genau zweihunderttausend Francs. Wir hatten kaum noch Geld, denn die weißen Schwestern hatten alles, was da war, in den Panzerfahrzeugen der *UNAMIR* mitgenommen. Aber wir waren viele. Da waren Frauen, um ihr Kind zur Welt zu bringen, und Hebammen und viele Mütter, die hierher geflüchtet waren, weil es die Klinik der *Heiligen Marthe* war. Wir haben gesammelt, haben die ganze Summe zusammenbekommen und bezahlt.

Am nächsten Tag sind sie wiedergekommen; sie wollten noch einmal denselben Betrag. Manche forderten sogar Schweizer Franken. Wir haben dank einiger Frauen, die unter ihrem *pagne* noch Rollen von Geldscheinen versteckt hatten, bezahlen können.

Am dritten Tag konnten wir eine so hohe Summe nicht mehr aufbringen. Die Soldaten sagten, dass das auch egal wäre, weil sie sowieso für uns nichts mehr tun könnten. Kaum waren sie gegangen, tauchten die *interahamwe* auf. Sie kamen in großer Zahl, denn sie wussten, dass diese Schweizer Geburtsklinik mit allem reich ausgestattet war, mit Säcken voll Getreide, Federkernmatratzen, einer Wasseraufbereitungsanlage und allen möglichen Medikamenten. Erst haben sie alles, was sie vorfanden, restlos beiseite geschafft; dann haben sie alle, die sie kriegen konnten, getötet und keinen ausgelassen; schließlich haben sie bei den Leichen der Frauen aus den gehobenen Schichten eine Leibesvisite gemacht, um sicher zu gehen, dass sie nichts vergessen hatten.«

Léopord: Wir begannen den Tag mit Töten, wir beendeten den Tag mit Plündern. Das war so die Regel: auf dem Hinweg töten, auf den Rückweg plündern. Beim Töten waren wir immer eine geschlossene Mannschaft, beim Plündern war jeder für sich oder mit einigen Freunden zusammen. Außer bei den Getränken und den Rindern, die wir gerne gemeinsam in größerer Gesellschaft verzehrten. Und natürlich bei den Parzellen; deren Zuteilung musste mit den Einsatzleitern diskutiert werden. Ich erhielt als Chef einer Abteilung eine große, fruchtbare Parzelle und hatte vor, sie einzusäen, wenn alles vorbei wäre.

Die, die viel töteten, hatten weniger Zeit zum Plündern; aber weil sie gefürchtet waren, sorgten sie dann mit Gewalt dafür, dass sie ihren Teil abbekamen. Keiner wurde übervorteilt und keiner konnte sagen, man habe ihn bestohlen.

Wer beim Plündern nicht mitgehen konnte, weil er woanders zu tun hatte oder sich von all dem, was er getan hatte, zu erschöpft fühlte, der konnte seine Frau schicken. Man sah immer wieder Frauen, die die Häuser durchwühlten. Sie wagten sich sogar bis in die Sümpfe vor, um den unglücklichen Tutsi-Frauen, kaum waren sie getötet worden, die *pagne*-Tücher abzunehmen. Alles ließen sie mitgehen, die Schüsseln, Stoffe, Krüge, Heiligenbilder, Hochzeitsfotos; geplündert haben sie, wo es nur eben ging, die Häuser, die Schulen, die Leichen.

Sie nahmen die blutigen Kleidungsstücke und ekelten sich nicht, sie zu waschen und weiter zu tragen; sie suchten in den Unterhosen nach verstecktem Geld. Bloß in der Kirche nicht, wegen der fortgeschrittenen Verwesung der Leichen, die man dort seit den Massakern des ersten Tages vergessen hatte.

Alphonse: Es gab Totmacher, die sich in den Sümpfen Mädchen griffen und zu eigen machten; das befriedigte ihre Gelüste und sie vergaßen ganz zu plündern. Sie dachten, dass sie das am nächsten Tag schon wieder wettmachen würden.

Was die Sparsamkeit anging, mussten wir nicht mehr so eng kalkulieren wie früher. Das Feilschen hatte weitgehend seine Notwendigkeit verloren, die Zahlen schwirrten eher fröhlich hin und her. Der Überfluss befreite uns von unseren kleinen Problemen. Von den Alten warnten welche, dass diese Plünderungen uns den Verstand verwirren und uns auf die falsche Bahn führen würden. Die Zukunft hätte für uns noch manchen Hinterhalt auf Lager. Aber wenn man die so erfreuliche Angelegenheit betrachtete, wer wollte da schon auf sie hören?

Adalbert: Im Zentrum, wo sich die Läden befinden und der Handel stattfindet, erzählten wir uns, was wir an dem Tag vollbracht hatten. Manche übertrieben, wie viele sie zur Strecke gebracht hätten, in der Hoffnung, später mit einer fruchtbareren oder günstiger gelegenen Parzelle belohnt zu werden. Die Gemüter gingen richtig hoch, sobald die Sprache auf die nunmehr vakanten Parzellen der Getöteten kam. Sobald der Name eines Bauern, der in den Sümpfen den Messern zum Opfer gefallen war, eindeutig festgestellt worden war, wurde abends um seine Parzelle geschachert. Den Sinn für Eigentum hatten wir uns bewahrt. Obwohl wir unser Land nicht mehr bestellten, machten wir uns doch weiterhin Sorgen um die Zukunft unserer Familien.

Jean-Baptiste: Wenn die *inkotanyi* das Land nicht erobert und uns in die Flucht gejagt hätten, hätten wir uns nach dem Tod des letzten Tutsi gegenseitig umgebracht, so sehr hatte uns das Fieber erfasst, ihre Parzellen unter uns zu aufzuteilen. Wir konnten nicht mehr aufhören, mit der Machete auf den anderen loszugehen, nachdem das für uns so einträglich geworden war.

Es war schon absehbar, dass nach dem Sieg deutliche Veränderungen im Dasein aller eintreten würden. Die Gehorsam gewohnten, schlichten Gemüter würden den Obrigkeiten nicht mehr wie früher parieren und zulassen, dass Reichtum und Armut in der bisher üblichen Weise verteilt würden. Sie waren auf den Geschmack von Wohlstand und Überfluss gekommen. Sie waren voll und ganz von ihrem eigenen Willen erfüllt. Sie spürten, dass ihnen ungeahnte Kräfte und eine neue Aufsässigkeit zugewachsen waren. Sie hatten jeglichen Gehorsam und seine Nachfolgeerscheinungen eines elenden Lebens abgeworfen. Die Gier hatte uns alle angesteckt.

Hinter verschlossenen Türen

Afrika ist eine riesige Bühne ständiger Wanderungsbewegungen, die oft den Grenzverlauf ganzer Länder und Regionen verändern. Zwei der seltenen Ausnahmen von dieser Binnenmigration auf dem Kontinent sind Ruanda und Burundi, Länder, die seit Jahrhunderten eher von der Außenwelt abgeschottet existierten. Kein natürlicher Reichtum, keine Großstadt, noch nicht einmal ein Wallfahrtsort stellten und stellen einen Anziehungspunkt für irgendwelche Bevölkerungszüge dar. Zu allem Überfluss ist die Bevölkerungsdichte der Hügel Ruandas eine der höchsten der Welt, so dass das Land seit jeher kaum Platz für Einwanderer mit ihren Volkssprachen und Gebräuchen bot, wie sie sich in allen Nachbarländern angesiedelt haben, im Bugesera, dieser Dürreregion, ebenso wenig wie im Rest des Landes.

Dies nur, um die verhängnisvolle Abwesenheit von fremden Volksgruppen aus anderen Ländern Afrikas, von anderen Kulturen oder ethnischen Gruppen in Ruanda zu diesem Zeitpunkt zu erklären.

Während bereits zwei Tagen nach der Explosion der Präsidentenmaschine einige Städte durch Massaker verwüstet werden, ist es in Nyamata noch ruhig. Eine Abteilung von Blauhelmsoldaten trifft mit drei gepanzerten Fahrzeugen in dem Dorf ein und begibt sich zur Kirche, zum Pfarrhaus, zur Geburtsklinik *Sainte-Marthe* und zur Krankenstation. Bei jedem Halt lassen sie die Weißen einsteigen, insgesamt fünf Priester und drei Schwestern. Als sie alle an Bord haben, machen sie kehrt und verschwinden über die Hauptstraße, von der sie gekommen sind. Valérie Nyirarudodo, Krankenschwester und Hebamme in der Geburtsklinik, erinnert sich: »Sie hielten vor dem Gitterzaun an. Sie forderten die drei Schwestern auf, sofort das Notwendigste zusammenzupacken. Sie sagten: ›Vertut keine Zeit damit, euch zu verabschieden; wir fahren sofort.‹ Die Schweizerinnen baten darum, ihre ausgebildeten Tutsi-Kolleginnen mitzunehmen. Die Soldaten antworteten: ›Nein, sie sind Ruanderinnen; ihr Platz ist hier. Es ist besser, sie bei ihren Schwestern und Brüdern zu lassen.‹ Der Konvoi fuhr ab; ihm folgte ein Pick-up voll *interahamwe*, die laut gesungen haben. Es war voraussehbar, dass die Tutsi-Schwestern kurze Zeit darauf abgemessert werden würden wie alle anderen.«

Innocent war Zeuge, als die Panzerfahrzeuge vorbeifuhren, und ergänzt: »Sie haben unter den *interahamwe*, die schon auf den Straßen unterwegs waren, um sich mit kleinen verstohlenen Schießereien aufzuwärmen, riesige Panik ausgelöst. Einige haben gerufen: ›Die Weißen sind da, andere werden noch kommen. Sie haben schreckliche Waffen: Es ist schief gegangen, wir sind geliefert.‹ Als sie aber sahen, dass der Konvoi in einer Staubfahne davonbrauste, ohne auch nur zur Löschung der Neugier und des Durstes auf der *Grand-Rue* eine kurze Rast einzulegen, haben sie sich zur Feier des Tages mit ein paar *Primus* zugeprostet und zum Zeichen der Erleichterung aus ihren Gewehren Freudenschüsse abgegeben. Man sah ihnen an, dass sie sich geradezu erlöst fühlten. Sie waren die letzten Spielverderber los geworden, wenn ich das so sagen kann.«

Zur gleichen Zeit verlassenen in Kigali die Weißen ihre Botschaften, Büros, Klöster und Universitäten über eine eiligst vom Flughafen Kanombe aus errichteten Luftbrücke oder per Fahrzeugkonvois in die Nachbarländer. Nur ganz wenige Ausländer flüchten sich in gut bewachte Villen, doch in Nyamata blieb keiner.

Ob Priester, Entwicklungshelfer, Diplomat oder Vertreter humanitärer Hilfsorganisationen – keiner ihrer Verantwortlichen kann eine überzeugende Erklärung liefern, warum sie gleich in den ersten Stunden des Tötens die sofortige und übertriebene Flucht angeordnet haben. Sicher ist: Weder eine Gefahr noch die Panik konnten eine solche übereilte Maßnahme rechtfertigen.

Die zutreffendste Erklärung, die ich bis auf den heutigen Tag gehört habe, stammt von Claudine Kayitesi, einer Bäuerin auf dem Hügel von Ntarama. Ihre Worte sollten all jenen zu denken geben, die bei jeder humanitären Katastrophe die Nützlichkeit von Informationen und Aussagen Betroffener in Zweifel ziehen. Claudine, eine Überlebende der Massaker, kehrt die sprichwörtliche Redensart im Französischen um, wenn sie sagt: »Die Weißen wollen nicht sehen, was sie nicht glauben können, und sie konnten den Völkermord nicht glauben, weil er ein Gemetzel ist, das über das menschliche

Vorstellungsvermögen hinausgeht, über das ihre wie über das aller anderen.« Also reisten sie ab.

Die zum Zeitpunkt ihrer Äußerung einundzwanzigjährige Claudine bringt weiterhin die Ereignisse auf einen erstaunlichen Nenner: »Ich bin auch der Ansicht, dass niemand jemals systematisch die ganze Wahrheit über diese geheimnisumwitterte Tragödie aufschreiben wird, weder die Professoren in Kigali oder Europa noch irgendwelche Intellektuellen oder Politiker. Jede Erklärung dessen, was geschehen ist, wird zur einen Seite neigen oder zur anderen, genau wie ein wackeliger Tisch. Ein Völkermord ist kein Unkraut, das aus zwei oder drei Wurzeln aufschießt, sondern aus einem ganzen Bündel von Wurzeln, die sich in der Erde ausgebreitet haben, ohne dass jemand etwas bemerkt hat.«

In diesen drei Panzerfahrzeugen, herbeigeeilt zur Evakuierung der in Nyamata lebenden Ausländer, verlassen auch die letzten Augenzeugen den Ort, jene Weißen – Priester und Schwestern –, die in der frommen Bevölkerung so großen Einfluss genießen. Was vor einigen Stunden noch erste Morde waren, greift jetzt wie hinter geschlossenen Türen rasend um sich, in einer Art abgeschottetem Raum, in dem die Stimmen von *Radio Ruanda* und *Radio Mille Collines* umso lauter dröhnen. Diese Sender hetzen, was das Zeug hält, in Reden, mit praktischen Ratschlägen, durch Satiren, unterbrochen von höhnischen Liedern, unterlegt sogar mit Kirchengesängen, die sie von Kassetten einspielen.

In diesem Zusammenhang ist auf die beherrschende Rolle des Radios bei den Völkermorden in Deutschland und in Ruanda hinzuweisen, obwohl die beiden Länder von ihrer Kultur her doch so unterschiedlich sind. Manche werden einwenden, dass im Deutschland des Dritten Reichs wie auch in Habyarimanas Zweiter Republik in Ruanda das Zeitalter des Fernsehens noch nicht angebrochen war – ganz zu schweigen von der Ära des Internets – und von daher das Radio logischerweise einen bestimmenden Einfluss hatte.

Dieses Argument ist nicht schlüssig. Dazu zitiere ich im genauen Wortlaut einen Gedanken von Serge Daney – aus dem Gedächtnis, weil ich ihn auswendig kenne. Der Essayist und Kritiker hat ihn während des ersten Golfkriegs geäußert, als alle Medienspezialisten den übermäßigen Einfluss der Bilder auf das Geschehen erörterten. Gegen den Strom der damals herrschenden Meinung erklärte Serge Daney: »Dennoch ist das Radio das über alle Maßen gefährlichste aller Medien. Es verfügt über eine einzigartige, unvergleichliche und Entsetzen auslösende Macht, sobald der Staat oder sein institutioneller Apparat zusammenbrechen. Der Rundfunk wirft dann alles ab, was die Gewalt seiner Worte abschwächen oder ablenken könnte. Das Radio kann sich in einer Situation des Chaos als das wirkungsmächtigste Werkzeug sowohl der Demokratie, der Revolution als auch des Faschismus erweisen, weil es ungehindert in die persönlichsten Tiefen des Individuums eindringt, und zwar sofort, überall und jederzeit ohne den notwendigen kritischen Abstand, den man beim Lesen oder Betrachten eines Bildes hat.«

Noch an dem Tag, als die Panzerfahrzeuge abrücken, lässt der Bürgermeister durch seine Beauftragten die Kirchen beider Religionen räumen, außer denen in Nyamata und Ntarama, die von den Menschenmassen besetzt sind. Seine Männer schließen auch das Gericht und öffnen das kommunale Gefängnis. Nachdem sie die anklagenden Blicke der Ausländer los geworden sind, heben der Bürgermeister und seine Schergen mit dieser neuen Maßnahme für ihre Hutu-Schäfchen alle Orte der Moral und des Gewissens auf. Das Töten greift erst im Zentrum um sich, dann auf den Hügeln. Drei Tage später ereignen sich die Massaker in den beiden Kirchen: In jeder fordern sie fast fünftausend Tote im Laufe eines einzigen Tages.

Adalbert Munzigura berichtet von dieser Art Wir-Gefühl, das sich vor den Massakern ausbreitete: »Wir waren von den Offiziellen gut vorbereitet worden. Wir fühlten uns ungestört. Wir haben nicht einen Moment lang gedacht, dass uns noch jemand dazwischenfunken könnte oder dass wir bestraft werden würden. Seit das Flugzeug abgestürzt war, hämmerte uns das Radio ein: ›Die Ausländer ziehen ab. Sie hatten Beweismaterial über das, was wir vorhaben, in der Hand und sie verlassen Kigali. Diesmal ist ihnen das Schicksal der

Tutsi völlig gleichgültig …‹ Wir hatten die Flucht der Panzerfahrzeuge über die Staubpiste mit eigenen Augen gesehen. Unsere Ohren vernahmen aus ihrem Munde nicht mehr den leisesten Vorwurf. Zum ersten Mal in unserem Leben fühlten wir, dass wir nicht mehr unter der missbilligenden Überwachung der Weißen standen. Darauf folgten noch weitere ermutigende Hinweise, sodass wir uns einer grenzenlosen Freiheit sicher waren, um die Aufgabe zu erfüllen. Wir sagten uns: ›Eigentlich haben die Blauhelme in Nyamata nichts getan außer ihre Fahrzeuge zu wenden, um uns in Ruhe zu lassen. Warum sollten sie vor der Endlösung noch einmal wiederkommen?‹ Auf das Signal hin haben wir losgelegt. Wir waren uns sicher, dass wir sie alle töten konnten, ohne deswegen schief angesehen zu werden. Ohne dass wir bei einem Weißen oder Geistlichen auf Vorwürfe stoßen würden. Wir waren übermütig in der Stunde unseres Triumpfs, statt die Gelegenheit zu nutzen. Wir fühlten uns zu sicher bei der ungewohnten Arbeit, die so gut begonnen hatte. Aber die Zeit und unsere Faulheit haben uns einen bösen Streich gespielt. Im Grunde genommen waren wir zu selbstsicher geworden und haben unterwegs gebummelt. Diese allzu große Sorglosigkeit wurde uns dann zum Verhängnis.«

Im Dorf wird gefeiert

Alphonse: Als wir am ersten Abend von dem Massaker in der Kirche zurückkamen, hatten die Befehlshaber den Empfang für uns bestens organisiert. Wir haben uns alle wieder auf dem Fußballplatz eingefunden, von dem wir morgens losgezogen waren. Es wurde aus Gewehren in die Luft geschossen, Trillerpfeifen und verschiedene Musikinstrumente ertönten.

Die Kinder hatten alle Rinder, die sie tagsüber aufgespürt hatten, in die Mitte getrieben. Bürgermeister Bernard hat die vierzig fettesten zum Dank den *interahamwe* geschenkt; die anderen wurden an das Volk verteilt, um es bei Laune zu halten. Wir verbrachten den ganzen Abend damit, die Kühe zu schlachten, Gesänge anzustimmen und von der viel versprechenden Zeit zu reden, die jetzt angebrochen war. Es war das mitreißendste Fest, das man sich vorstellen kann.

Jean-Baptiste: Abends traf die Bande sich im Wirtshaus, in Nyamata oder in Kibungo, je nachdem. Es kam auch vor, dass wir erst in die eine Kneipe gingen, dann in die andere. Wir bestellten das *Primus* gleich kistenweise, wir soffen und wir scherzten, um uns von unserem Tagewerk zu erholen.

Manche leerten die ganze Nacht lang Flaschen und kamen gar nicht mehr zum Schlafen; das hat sie nur noch mehr in Hitze gebracht. Andere gingen bald nach Hause, um sich auszuruhen, nachdem sie sich einigermaßen abreagiert hatten. Es gab auch ganz Wildgewordene, die machten mit dem Töten weiter und schlachteten Kühe, weil sie die Machete nicht mehr aus der Hand legen konnten. Aus dem Grunde war es unmöglich, die Kühe in einer Herde zusammenzulassen, damit man etwas für die Zukunft hatte, sondern sie mussten auf der Stelle verzehrt werden.

Ich war bei diesem Freudenfest mit einem aufgesetzten Lächeln und besorgt gespitzten Ohren dabei. Ich hatte zwar einen jungen Wächter aufgestellt, der um mein Haus Streife ging, dennoch blieb ich auf der Hut. Mich quälten Sorgen um die Sicherheit meiner Tutsi-Ehefrau, vor allem bei diesen Trinkgelagen.

Fulgence: In der Kneipe veranstalteten wir Vergleiche und einen Wettstreit, wie viele jeder erledigt hatte. Viele setzten ihre Zahlen herauf, um einen größeren Anteil von der Beute zu bekommen. Andere gaben niedrigere Zahlen an, denn es war ihnen unangenehm zu bekennen, wie viel Blut sie vergossen hatten und sich damit sogar noch zu rühmen. So wurde nach oben wie nach unten geschummelt, doch Spott ernteten alle die, die zu offensichtlich übertrieben. Immerhin gibt es einen hier in dem Gefängnis, den wir alle kennen und der sich mit mehr als dreißig Opfern an einem Tag brüstet und dem niemand vorwirft zu lügen.

Pancrace: Abends herrschte immer eine fröhliche Stimmung. Allerdings gab es einige, die kamen mit geballten Fäusten oder noch besudelten Macheten in der Hand und suchten Streit, weil Parzellen zu ihren Ungunsten verteilt worden waren. Wurde um Parzellen gefeilscht, wurde die Sache ernst. Da viele die Flaschen *Primus*, die sie tranken, gar nicht mehr zählten, konnte die Lage richtig beängstigend werden.

Nachts waren die Chefs schon fort gegangen und hatten ihre Autorität mitgenommen; die Situation in der Ladenzeile stand nicht mehr unter Kontrolle wie tagsüber in den Sümpfen. Es ging heiß her; die Nächte waren berüchtigt. Aus dem Grund kamen die Frauen ihre Männer holen, wenn sie gehört hatten, dass sie in schlechter Gesellschaft waren; auf dem Nachhauseweg mussten sie sie stützen.

Adalbert: Es gab herumvagabundierende Kinder, Straßenkinder aus Nyamata, Kinder, die das Elend auf irgendeine Weise sich selbst überlassen hatte: Sie gingen mit in die Sümpfe. Kleine Taugenichtse, wenn ich das so sagen darf. Aber den wohlerzogenen Kindern der Bauern wurde nicht erlaubt mitzuziehen. Sie mussten sich mit Beschäftigungen wie Plündern und den Festlichkeiten auf den Hügeln zufrieden geben.

Alphonse: Während des Tötens wurde nur eine Hochzeit gefeiert, keine Taufe fand statt, kein Fußballspiel wurde ausgetragen, kein Gottesdienst etwa zu Ostern gehalten. An solchen Feierlichkeiten bestand kein Interesse mehr. Derartige sonntägliche Albernheiten war uns völlig gleichgültig geworden. Wir waren von der Arbeit erschöpft und wir waren gerade auf dem Weg, wohlhabend zu werden; wir feierten ohne besondere Anlässe; wir tranken alles, wonach es uns verlangte. Manche wurden zu Säufern.

Wer Traurigkeit empfand für jemanden, den er getötet hatte, musste seine Worte und sein Bedauern gut verbergen, um nicht als Verräter betrachtet und hart angefasst zu werden. Manche von den Säufern wurden bösartig, weil sie den ganzen Tag nichts zu töten gefunden hatten; andere wurden bösartig, weil sie zu viel getötet hatten. Du musstest den Eindruck erwecken, mit ihnen zu feiern, sonst konntest du was erleben.

Clementine: »Abends hörte man in den Familien Musik und Volkstänze. Ruandische oder burundische Musik. Dank der Riesenzahl der Radiokassettengeräte aus den Plünderungen konnten die Familien sich überall in den Häusern an Musik erfreuen. Alle fühlten sich gleichermaßen bereichert, Neid oder abfälliges Gerede kamen nicht auf: Man beglückwünschte sich vielmehr. Die Männer sangen, alle tranken reichlich, die Frauen zogen dreimal am Abend ein anderes Kleid an. Es ging lauter her als bei Hochzeiten; jeden Tag gab es Saufgelage.«

Elie: Man machte sich keine Gedanken mehr, Batterien zu sparen; alle Radioapparate wurden gleichzeitig eingeschaltet. Es war ein ständiges Musikgedröhne. Man hörte Tanzmusik und traditionelle Lieder aus Ruanda; man hörte lustige Sketche. Dagegen fanden Reden oder Nachrichten keine Zuhörer mehr.

Im Grunde genommen war uns völlig egal, was für Ränke in Kigali geschmiedet wurden. Wir kümmerten uns nicht mehr um Meldungen aus anderen Landesteilen, solange wir wussten, dass das Töten in den Regionen ohne Zwischenfälle weiterging. Die im Elend gelebt hatten, konnten sich jetzt in Wohlstand sonnen; die Reichen zeigten lachende Gesichter. Die Zukunft versprach uns alle möglichen Annehmlichkeiten. Wir begnügten uns damit, unter uns zu feiern, gut zu essen, gut zu trinken und uns gut zu amüsieren.

Es kam auch vor, dass junge Leute irgendwo ein Mädchen versteckten, das sie aus den Sümpfen mitgebracht hatten, um sie hinter einem Stall oder einem Busch flachzulegen. Wenn sie von ihr aber genug hatten oder wenn sie dadurch ins Gerede kamen, mussten sie sie töten lassen, um zu vermeiden, dass sie selbst erheblich bestraft wurden.

Clémentine: »Ich kannte die Bande gut. Die Jungs waren in Kibungo dafür bekannt, sich daneben zu benehmen, wenn sie zu tief ins Glas geschaut hatten. Schon vor dem Töten hatten sie es sich zur Gewohnheit gemacht, mit den Tutsi Streit zu suchen. Sie lauerten ihnen auf, um ihnen Spotttiraden an den Kopf zu werfen oder handgreiflich zu werden. Unter ihnen waren auch welche, die die Tutsi mit extremen Beleidigungen überschütteten, sie als ›Kakerlaken‹ bezeichneten oder ihnen ein böses Ende androhten. Vor allem die Alten waren es, und das brachte die Jungen besonders zum Lachen.

Danach beim Töten in den Sümpfen hat sich diese Bande immer in die erste Reihe gedrängelt. Mit großen Schritten gingen sie gemeinsam los, tagsüber halfen sie sich gegenseitig aus, und kamen unter der Last ihrer Beute laut lärmend zurück. Abends prahlten sie mit allen ihren Großtaten, um jene zu beschämen, die nicht so üppige Jagd gemacht hatten. Sie wurden nie müde zu töten, zu höhnen, zu trinken, zu lachen und zu feiern. Sie waren stets von gleich bleibender Ausgelassenheit.«

Léopord: Abends erzählten wir von Tutsi, die sich als widerspenstig erwiesen hatten, von denen, die sich hatten einfangen lassen und von denen, die uns entkommen waren. Manche veranstalteten einen Wettstreit um die meisten Opfer. Andere gaben Prognosen ab, oder schlossen Wetten, um noch eine Flasche *Primus* mehr zu gewinnen. An diesen Prahlereien hatten wir unseren Spaß: Selbst wenn du verlorst, warst du zufrieden.

Es kam auch vor, dass ein Mädchen vor aller Augen im Busch von mehreren nacheinander vergewaltigt wurde. Keiner wagte es, deswegen irgendwelche Vorhaltungen zu machen. Sogar die, die darüber empört waren, weil sie zum Beispiel kirchliche Weihen erhalten hatten, sagten sich, dass dies auch nichts ändern würde, denn das Mädchen müsste sowieso sterben.

Ich fand keinen Gefallen an solchen Sexspäßen, auch trinken war nicht so sehr mein Fall. Ich trank aus Solidarität ein paar Glas mit und ging früh nach Hause, so gegen acht Uhr, und legte mich schlafen, um am nächsten Tag wieder in Form zu sein. Schließlich war ich Chef einer Abteilung und musste mich allzeit bereit fühlen.

Adalbert: Es gab zwei Sorten von Vergewaltigern. Die, die sich junge Frauen nahmen und sie bis zum Ende als Frauen benutzten, manchmal auch noch auf der Flucht in den Kongo. Sie nutzten die Gunst der Stunde, um mit wohlgestalteten Tutsi-Frauen zu schlafen, doch im Austausch dafür bewiesen sie ihnen auch ein klein bisschen Achtung. Und es gab die, die sich welche fingen, bloß um beim Trinken ein bisschen Spaß mit Sex zu haben. Sie vergewaltigten sie nur eine kurze Zeit lang und reichten sie danach gleich weiter, damit sie getötet wurden. Von offizieller Seite gab es keine Vorschriften: Die Vertreter beider Typen von Vergewaltigern hatten die Freiheit zu tun, was sie wollten.

Es gab natürlich auch die große Zahl derer, die sich darum nicht kümmerten, weil sie daran keinen Geschmack fanden oder solches Fehlverhalten verachteten. Die überwiegende Mehrzahl fand, dass es nicht anginge, die Lustbefriedigung und das Töten miteinander zu vermischen.

Fulgence: Abends herrschte eine fröhliche Stimmung. Aber nachts, sobald ich nach Hause kam, war die Stimmung ganz anders. Meine Frau zeigte sich mir gegenüber zurückhaltend. Sie fühlte sich meiner nicht mehr sicher; sie wollte schlicht nicht mehr mit mir schlafen. Sie drehte sich auf die andere Seite. Beim Aufwachen und im Schlaf waren wir wie getrennte Menschen – unsere Gefühle lagen nicht mehr auf einer Wellenlänge. Zahlreiche Kollegen haben im Unterholz sexuelle Abenteuer gesucht, bloß wegen dieses Umschwungs des Klimas in ihren Betten.

Elie: Wir kamen mit vollem Bauch nach Hause, wir hatten anständig getrunken. Die Zeit hielt für uns großzügige abendliche Festlichkeiten bereit. Sie brachte bei uns Gut und Schlecht ganz durcheinander. Sie zeigte sich uns von ihrer wohlwollendsten Seite.

Mit meiner Frau lief alles wie normal; sie wusste, dass ich es ihr nach einem solchen Tag unbedingt machen musste.

Die Auflösung der ›Netzwerke‹

Früher fand jeden Sonntagnachmittag auf dem Sportplatz von Nyamata das Fest des runden Lederballs, der Fußballschuhe, der Stutzen und Trikots statt: es war der Tag von *Bugesera Sport*, der Fußballmannschaft Nyamatas. Sie spielten in der 2. Liga, trugen die Farben violett und weiß und zogen jeden Sonntag Tausende von Zuschauer und Zuschauerinnen an, die scharenweise und unter sengender Sonne von Kibungo, Kanzenze, Ntarama und allen anderen Hügeln in dreißig Kilometer Umkreis herunterkamen: Der ganze Wald war dabei von ihren lauten Gesängen erfüllt.

Der Fußballplatz liegt am Ende der Hauptstraße, nicht sehr weit entfernt vom Wochenmarkt und seinen angrenzenden Kneipen, in denen zahlreiche Händler und Stammgäste aus- und eingehen. Je nach Jahreszeit schlammig oder steinig und umgeben von Büschen, an denen Ziegen und Kühe knabbern, ist der Platz unter den Füßen der vielen Kinder, die sich ihn wochentags streitig machen, zu einer einigermaßen ebenen Fläche zertrampelt worden. Gusseiserne Stangen in den vorgeschriebenen Maßen bilden die Tore.

Nach der Gründung der Mannschaft haben die Spieler zuerst mit Kugeln aus Bananenblättern gekickt, barfuß mitten auf der Hauptstraße: die mit nacktem Oberkörper gegen die mit Turnhemden. Das war die Zeit der Pioniere. Später haben sie eine Schaumstoffkugel aus alten Matratzen über das grob gerodete Spielfeld getrieben, dann einen Gummiball. In dieser Mannschaft spielten Fußballer beider Bevölkerungsgruppen gemeinsam. Ihre Glanzzeit liegt schon weit zurück in den siebziger Jahren, der Zeit der ersten Lederbälle und Stollenschuhe.

Tite Rushita, der frühere Star der Mannschaft und Spielmacher mit der Rückennummer 10 in etwa fünfzehn Spielzeiten um die Meisterschaft, erinnert sich: »Es gab einen reichen Kaufmann namens François und einen wohlhabenden Transportunternehmer mit Namen Léonard. Sie waren wohlhabend und unterstützten uns mit kleinen Vergünstigungen. Wir bekamen Fleischspieße und süße Limonade, wir wurden mit dem Auto zu unseren Parzellen zurückgefahren. Wer weit weg wohnte, konnte leihweise ein Fahrrad für den Weg zum

Training bekommen.Wenn wir spektakuläre Siege errungen hatten, konnte es sogar vorkommen, dass wir aus den Händen der Kaufleute eine Ziege oder einen Sack Getreide bekamen und mit nach Hause nehmen durften. Das Fußballerleben war einträglich. So wurden wir stark genug, um zwei Spielzeiten in der ersten Liga zu spielen.«

Der Niedergang der Mannschaft begann Anfang der neunziger Jahre, als die Angriffe der *inkotanyi* heftiger wurden und die *interahamwe*-Milizen entstanden. In Nyamata wurde der damalige Trainer – ein Tutsi – von Bürgermeister Bernard entlassen, die Kaufleute ließen sich kaum noch auf dem Platz sehen und die Hutu-Spieler mussten wegen ihrer Popularität gleich bei den ersten Paraden und Kundgebungen der Hutu-Parteien mitmachen und versäumten daher Spiele und das Training.

Tite Rushita ist einer, der den Sümpfen entronnen ist. Seine Zeit verbringt er heutzutage zwischen der Jugendmannschaft, die er nachmittags betreut, und den Bieren der Marke *Mutzig* abends bei Chicago oder Marie-Louise. Die Stimmung unter den Spielern wenige Monate vor dem Völkermord fasst er so zusammen: »Vor dem Spiel lächelten sie einander an, auf dem Platz unterdrückten sie, was sie wirklich voneinander dachten, aber nach dem Spiel tranken sie nicht einmal ein Glas miteinander. Die Mannschaft lag am Boden und sie versagte selbst gegenüber unbedeutenden Gegnern.«

Der Star der letzten Mannschaft, die vor dem Morden auflief, war Evergiste Habihirwe, Tites Nachfolger. Auch er ist Tutsi, ebenfalls ein Überlebender der Massaker und schießt wie Tite mit links. Doch er will vom Fußball nichts mehr wissen, trotz der Aufforderungen seiner Freunde und der Händler, wieder zu spielen. Er verlässt – den Kopf immer mit einer Mütze bedeckt – seine Parzelle nur noch, um sich zu Maria zu begeben, die in Kanzenze die Kneipe *Zum Witweneck* betreibt. Er erzählt mehr über diese Zeit: »An manchen Tagen verließen die Hutu-Spieler das Training früher, um an den Kundgebungen teilzunehmen. Wenn sie zurückkamen, bekamen wir böse was auf die Knöchel. Auf dem Platz dann verdrängte das ruppige Spiel den schönen Fußball. Die Torschützen trafen das Tor überhaupt nicht mehr und bald verstummten auch die Gesänge auf den Rängen. Spott und Beschimpfungen gewannen die Oberhand.«

Damals hatte Evergiste eine Herde Watussi-Rinder auf den Weideflächen oberhalb von Kanzenze stehen. Am Morgen, als die Massaker begannen, fiel ihm spontan ein, zu Ndayisaba, dem linken Verteidiger, zu flüchten. Obwohl er Hutu war, war er in der Mannschaft sein Nebenspieler und bester Freund, der nur ungefähr hundert Meter entfernt wohnte. Evergiste berichtet: »Als ich auf seinen Hof kam, hatte er die Machete noch in der Hand, mit der er bereits zwei Kinder in Stücke gehauen hatte. Zum Glück hat mir die Zeit den kurzen Moment vergönnt zu flüchten. Als ich zu mir nach Hause kam, war es schon zu spät, ich habe dort niemanden mehr vorgefunden.«

Er erzählt weiter: »Ich bin in den Wald gelaufen, so schnell, wie meine trainierten Beine es mir erlaubten. Tagsüber habe ich mich in den Hirsefeldern eingegraben, nachts habe ich in der Erde gewühlt, um etwas Maniok zu stibitzen. Ich hörte, wie meine Mitspieler aus der Mannschaft um mein Haus herum Jagd auf mich machten. Es waren die, denen ich vorher die Bälle zugespielt hatte. Sie schrien: ›Evergiste, wir haben die Leichenhaufen durchgesehen! Dein Kakerlaken-Gesicht haben wir dort nicht entdeckt! Wir werden dich schon aufspüren! Und wenn wir nachts arbeiten müssen, wir werden dich schon kriegen!‹ Sie brüllten herum, zankten sich, weil sie mich nicht erwischen konnten. Die Fußballspieler waren die hartnäckigsten, wenn es darum ging, andere Fußballspieler zu zersäbeln. Sie trugen die Wildheit, mit der sie dem Ball nachjagten, im Herzen.«

In dem Kaufladen bei Marie-Louise, wo sich abends seine Freunde um Innocent versammeln, kann Tite nur den Kopf schütteln über das, was Evergiste heraufbeschwört. Er sagt: »Auch bei mir haben die Fußballspieler alles getan, um mich vor die Machete zu bekommen. Und dabei waren sie wirklich hartnäckig. Sie waren durch den Fußball bekannte *interahamwe* geworden. Von allen Seiten flogen ihnen dank des Fußballs Komplimente zu: So waren sie es sich einfach schuldig, bekannte Fußballer zu zerstückeln. Kein Mitspieler hat einem anderen Mitspieler aus der Mannschaft eine Hand zur Hilfe gereicht. Keiner hat mit stillschweigendem Einverständnis ein Auge zugedrückt. Wer es gewagt hätte, wäre anstelle seines Kollegens sofort niedergemetzelt worden.«

Innocent ergänzt: »Sie waren stark und berühmt geworden durch den Fußball und hatten dadurch viele Vergünstigungen, doch sie wollten nicht auf halbem Wege stehen bleiben. Ich weiß nicht, ob sie sich nicht irgendeine Unachtsamkeit zugunsten ihrer früheren Mitspieler hätten erlauben können, aber ich weiß, dass sie noch nicht einmal daran gedacht haben.«

Mit beißendem Humor fügt er hinzu: »Immerhin ist ein Fall von Einmütigkeit unter Fußballern bekannt, ein Fall von gegenseitiger Hilfe unter Hunderten von Spielern. Es betraf einen Tutsi namens Mbarushimana, genannt Mushimana. Er spielte in der Mannschaft mit der Rückennummer 6. Während des Tötens hat er seine Tutsi-Nachbarn denunziert, ihre Verstecke verraten und die Banden der Totmacher zu den richtigen Stellen geführt. Er hoffte, sein Leben zu retten, indem er ihnen half, seine Mannschaftskameraden abzustechen. Die *interahamwe* haben sich seiner bedient und ihn zu guter Letzt mitten auf einem Weg erschlagen. Noch nicht mal in den Straßengraben haben sie ihn geschubst.«

Die Mannschaft bestritt ihr letztes Spiel im Februar 1994 gegen *Gashora*. An jenem Sonntag setzte sie sich aus fünf Hutu, fünf Tutsi und einem Spieler aus einer Mischehe – Mutter Tutsi, Vater Hutu – mit Namen Célestin Mulindwa zusammen. Er ist einer von drei Überlebenden der Mannschaft und der einzige, der samstags und sonntags noch mit Lehrerkollegen oder Kindern aus seinem Dorf Fußball spielt.

Und er bemerkt: »Wir haben als Fußballspieler wie Brüder gelebt, als verfeindete Brüder sind wir auseinander gegangen. Aus der Liebe zum Ball ist mit dem ersten Machetenhieb die Luft entwichen. Sie sehen, nichts hat dem Völkermord widerstanden, der Fußball ist ihm völlig ahnungslos ins Messer gelaufen wie alles andere auch …«

Zweihundert Meter vom Fußballplatz entfernt liegt auf dem Gelände der Kirchengemeinde – zwischen dem Krankenhaus und der Kirche – die Geburtsklinik *Sainte-Marthe*. Dort waren drei Krankenschwestern, sieben mehr oder weniger examinierte Hebammen und ebenso viele Pflegehelferinnen beschäftigt: Hutu oder Tutsi, Unterschiede wurden nicht gemacht. In der Einrichtung gab es sieben

Betten für kranke Babys, vier für Frühgeburten, zwei Betten in Privatzimmern und den großen Saal für die Nachsorge.

Gleich in den ersten Stunden des Tötens, als eine riesige Menge in der Kirche Zuflucht suchte, wandten sich mehrere hundert Frauen mit Kindern, die zum größten Teil dort vor kurzem zur Welt gekommen waren, Hilfe suchend an die Entbindungsklinik, die sich bald in ein Frauen-Biwak verwandelte. Am zweiten Tag verließen, wie schon gesagt, die weißen Schwestern in den Panzerfahrzeugen der Blauhelmsoldaten den Ort.

»Sie haben uns gute Ratschläge zurückgelassen und ihre Vorräte an Babybrei. Da wir ihnen jedoch niemals beim Zubereiten zugeguckt hatten, wussten wir nicht, wie man das isst«, berichtet Valérie Nyirarudodo, eine der ruandischen Krankenschwestern. »Zurück blieben die Damen vom Personal, die Frauen mit den Säuglingen, die sie hier gerade zur Welt gebracht hatten, und Frauen, die mit ihren Kleinkindern bei uns Schutz gesucht hatten. Auch zwei Männer hielten sich hier auf: unser Lagerverwalter und der Mann einer Krankenpflegerin, der sich unter dem Fußboden ein Versteck eingerichtet hatte. In einem Gatter stand auch noch eine Kuh, die der junge Mann molk, damit wir Milch für die ganz Kleinen hatten.«

Valérie ist eine Hutu, geboren auf dem Hügel von Kanazi. Heute bewohnt sie aber ein hübsches Häuschen an einer baumbestandenen Straße in Nyamata; in diesem Ort kann sie ihre Kinder unbelasteter großziehen. Sie ist eine ausgesprochen würdevolle, zurückhaltende Erscheinung und spricht ein fehlerfreies Französisch. Ihre ganze Energie steckt sie in ihre Arbeit – wie früher.

Sie setzt ihren Bericht über jene ersten Tage des Massakers, während der sie in der Entbindungsklinik ausgeharrt hat, fort: »Als die Schweizerinnen uns verließen, haben sie mir ihren Schlüssel gegeben: Ich sollte während ihrer Abwesenheit niemandem öffnen. Doch schon gleich am ersten Tag kamen Soldaten der offiziellen Armee und haben von uns Geld erpresst, damit sie uns vor den *interahamwe* schützten; jeden Morgen kamen sie wieder. Eines Morgens kam eine Frau zu uns, um ihr Kind zur Welt zu bringen. Das war das erste glückliche Ereignis inmitten all dem Töten, aber sie wurde von bedrohlich auftretenden *interahamwe* begleitet und deswegen haben wir sie nicht eingelassen. Tag und Nacht zogen die jungen Männer mit den Macheten ihre Kreise immer enger um uns.

Eines Tages kreuzte eine der Krankenschwestern in einem Jeep mit *interahamwe* in der Klinik auf und gab an, welches die falschen Krankenschwestern waren. Sie wusste, dass wir sämtliche Kittel in den Spinden an junge Mädchen verteilt hatten, weil es hieß, dass sie das für die Geburtshilfe zuständige Personal nicht töten würden. Wir sahen ja, wie schlimm die Lage in Nyamata und auf den Hügeln geworden war, aber dass so etwas auch in einer Entbindungsklinik geschehen könnte, hätten wir nie gedacht. Ich brachte meine eigenen Kinder mit in den Dienst, weil mir das sicherer schien.

Am Tag des entsetzlichen Massakers in der Kirche kam ein Soldat, um bei uns seine Schwiegermama abzuholen. Er sagte mir hinter vorgehaltener Hand: ›Wir kommen nicht wieder. Damit ist es vorbei. Geht weg, flüchtet, wenn ihr es nur irgendwie könnt.‹ Am Tor schrien die *interahamwe*: ›Die, auf die wir es nicht abgesehen haben, sollen rauskommen. Später können wir für euch nichts mehr tun; alle wird ein und dasselbe Schicksal ereilen.‹ Wir hörten das Geschrei draußen, wir sahen ihre blutbesudelten Macheten und wir wussten, dass sie ihr Werk in der Kirche vollendet hatten: Alle Zeichen deuteten darauf hin, dass unser letztes Stündchen geschlagen hatte.

Ein Jugendlicher aus Kanazi kam völlig außer Atem angerannt und lief auf mich zu. Er keuchte: ›Ich komme aus Kanazi, um dich zu holen; dein Bruder hat mich auf schnellstem Weg hierher geschickt. Deine Chance wartet draußen auf dich und deine Kinder, und sie wird schon ungeduldig, du weißt warum. Lass' deine Chance nicht länger warten.‹ Ich schaute auf die Mama, die vor mir auf der Matratze gerade ihr Kind zur Welt gebracht hatte und mit ihren beiden Kindern da lag. Ich habe ein Stoßgebet zum Himmel gerichtet: Herr, sage mir, welches von den beiden ich nehmen soll! Dann habe ich überlegt: Wenn ich das Neugeborene nehme, weiß ich nicht, wie ich es stillen soll, denn ich habe keine Milch. Wenn ich das ältere Kind nehme, wäre das einfacher. Ich habe es mir auf den Rücken gebunden und den Soldaten gesagt: ›Das ist auch meines.‹«

Valérie musste draußen vom Garten aus mit ansehen, was dann passierte. »Sie umstellten die Entbindungsklinik. Sie haben den

Maschendraht des Zaunes zerfetzt; und dann einfach die Schlösser zerschossen. Sie hatten sich gut bestückte Patronengurte aus gewichstem Leder wie Hosenträger umgehängt, aber die Munition wollten sie nicht vergeuden. Sie töteten die Frauen mit der Machete oder der Keule. Wenn gelenkigere Mädchen es schafften, ihnen im Gewühl zu entkommen und durch ein Fenster zu flüchten, schnappten sie sie draußen im Garten. Wenn eine Mama sich schützend über ihr Kind warf, hoben sie die Mama hoch, zerschlitzten dann zuerst das Kind und am Ende die Mutter. Bei den Säuglingen gaben sie sich nicht einmal die Mühe, sie richtig mit dem Messer zu erledigen. Sie schlugen sie einfach gegen die Wände, damit es schneller ging, oder sie warfen sie lebendigen Leibes in hohem Bogen auf die Haufen mit den Toten ...«

Valérie ist beim Erzählen immer leiser geworden: »Morgens waren wir noch mehr als dreihundert Frauen und Kinder. Abends im Garten waren wir fünf Überlebende, denen der richtige, der Hutu-Status in ihre Papiere gestempelt worden war. Und ein Kind, das Honnête hieß und zu seiner Tante nach Kenia gebracht worden ist.«

Menschen, die einen Krieg erlebt haben, erzählen oft von wunderbaren Freundschaften und von Liebesgeschichten, die man kaum glauben mag. Sie erinnern sich an unerwartete Momente der Solidarität, an spaßige oder herzergreifende Begebenheiten zwischen Angehörigen der verfeindeten Lager, die irgendwie gemeinsame Sache machten, oder sie berichten von ganz schlichten und erhabenen Beweisen menschlicher Größe. All das ist Stoff für Romane, Chansons, Filme oder Erinnerungsabende und versöhnt einen mit der Menschheit:

So tauschten deutsche und französische Landser über die Schützengräben hinweg Dosen mit Leberwurst und gute Worte aus; algerische Fellagha versteckten einzelne Vertreter der Kolonialherren, mit denen sie früher gemeinsam Skat gespielt hatten; in Erinnerung an gemeinsame Studienzeiten verhinderte ein Vichy-Minister die Deportation eines Amtsbruders. Dasselbe geschah in Vietnam, in Irland, im Libanon, in Angola, in El Salvador, in Israel und in Tschetschenien – aus Leidenschaft, im Namen der gemeinsamen Kindheit, aus einem Gruppenzugehörigkeitsgefühl heraus oder aus ganz einfachen Motiven wie Zuneigung oder Treue.

In Bosnien-Herzegowina kannten wir selbst während der schlimmsten ethnischen Säuberungsaktionen, in den härtesten Stunden der Belagerung von Sarajevo oder Gorazde oder bei den Massakern von Foca oder Brcko die Schleichwege von Verliebten durch die Kampflinien hindurch. Wir wussten von Kaffee und Schafen, die herübergeschmuggelt wurden, von Neuigkeiten, die über die Front hinweg ausgetauscht wurden, um von den Kindern oder der Geliebten zu erfahren oder um Verstecke, Fluchtwege oder heimliche Begegnungen zu vereinbaren. Im belagerten, von Granaten platt gemachten Vukovar gab es einen schmalen Weg durch die Maisfelder, auf dem die Eingeschlossenen mit Wissen der serbischen Panzerbesatzungen nach draußen gelangen konnten.

Und am Ende des Krieges waren wir dann wirklich erstaunt, noch viel mehr solcher Anekdoten zu erfahren, von denen wir nicht das Geringste geahnt hatten.

In der Gemeinde Nyamata dagegen gab es keinerlei kameradschaftliche Reaktion auf Seiten der Fußballer und keine Geste des Mitleids mit den Säuglingen, die man nur hätte aufheben brauchen. Kein einziges Band der Freundschaft oder Liebe hatte Bestand, weder innerhalb des Kirchenchors noch in einer landwirtschaftlichen Genossenschaft. Kein Fall von Auflehnung in einem der Weiler, noch nicht einmal ein derartiger Versuch in den Freundeskreisen der Jugendlichen.

Es gab keinen organisierten Fluchtweg, der doch leicht zu bewerkstelligen gewesen wäre über die vierzig Kilometer durch riesige unbewohnte Wälder, die sich zwischen den Sümpfen und der Grenze Burundis erstrecken. Keine Schleuser, keine Verbindungswege zwischen den Ziegenpfaden, kein Netz von Verstecken, um Überlebende außer Landes zu bringen. Ist das eine der Besonderheiten eines Völkermords? Im Wesentlichen ja – auch die sehr wenigen Ausnahmen ändern daran nichts.

Man muss unterstreichen: Dieser Sondercharakter des Völkermords ist heute besonders wichtig, da der Begriff immer abgedroschener wird und von Politikern, Journalisten und Diplomaten mittlerweile auf alles Mögliche angewandt wird, sobald sie sich zu besonders grausamen Massakern oder Massenmorden äußern.

Sämtliche Kriege bringen Ausbrüche der Barbarei mit mehr oder weniger vielen Toten hervor.

Völkermordähnliche Verhaltensweisen und Handlungen werden durch den Blutrausch der Kämpfenden, durch Rachedurst, Verzweiflung und Angst, durch ein Gefühl völliger Verlassenheit, durch einen Siegesrausch oder durch die Furcht vor der drohenden Niederlage, durch Verfolgungswahn und vor allem durch das Gefühl absoluter Verdammnis nach den Verbrechen hervorgerufen.

Damit ist eine Jetzt-reicht's-Mentalität gemeint oder die aus Panik geborene Lust, mit etwas ein für allemal Schluss zu machen. Daraus ergeben sich Massaker an der Zivilbevölkerung oder an Gefangenen, wahre Kampagnen von Folter und Vergewaltigung, massenhaft todbringende Umsiedlungen und Zerstörungen, wohin man blickt. Es kann sich auch um nicht-militärische Aktionen handeln wie das Versprühen von Gift auf Reisfelder, Vernichtung ganzer Bisonherden, Zwangsbekehrungen zu anderen Religionen oder einer fremden Kultur.

Aber derartige Kriegsverbrechen – selbst wenn sie dazu tendieren, in ihrem Kollektivwahn Teile der Zivilbevölkerung zu vernichten – mit einer ausdrücklich als solche deklarierten und organisierten Massenvernichtung zu verwechseln, das ist doch eine intellektuelle und politische Verirrung, wie sie für unsere Kultur der Sensationsgier symptomatisch ist.

Ist diese Unterscheidung nur rhetorisches Gewäsch? Ist es überhaupt möglich, im Chaos eines Krieges zu unterscheiden, was ein Völkermord ist? Die Antwort ergibt sich aus einer einfachen, aber alles entscheidenden Gegenfrage: Gegen welche Opfer richtet sich das blindwütige Vorgehen in erster Linie?

Im Krieg tötet man zuerst die Männer, weil sie sich zum Kämpfen besonders eignen, dann die Frauen, die sie eventuell unterstützen könnten, danach die männlichen Jugendlichen, weil sie die Nachfolge antreten könnten, und zum Schluss die Alten, die den Jüngeren Ratschläge geben. Bei einem Völkermord wird gegen die gesamte Bevölkerung gewütet, besonders gegen die Kleinkinder, die jungen Mädchen und die Frauen, weil sie die Zukunft verkörpern.

Ich nenne ein Beispiel aus Sebrenica, weil ich es besser kenne, aber der Ort könnte auch Katyn, Grosny, My Lai, Basra oder Chatila heißen:

Am 11. Juli 1995 drangen die Armee und die serbischen Milizen Bosniens in die belagerte Stadt Sebrenica ein. Ein Teil der Bevölkerung versuchte, durch die Wälder zu fliehen, ein anderer, das *UNO*-Lager Potocari zu erreichen, um dort Zuflucht zu finden. Innerhalb von drei Tagen wurden ungefähr achtzigtausend Männer, zum größten Teil Zivilisten, in der Umgebung eingefangen, per LKW auf Äcker und Feldwege verfrachtet und mit Maschinengewehren oder Kalaschnikows niedergemacht. Hunderte von ihnen wurden vor ihrem Tod auf sadistische Weise gedemütigt und gefoltert. Sie vergewaltigten auch einige Frauen, derer sie auf den Straßen habhaft werden konnten. Andere Frauen, die über die Felder davonliefen, wurden mit ihren Kindern durch Minen oder Granatenfeuer getötet oder verstümmelt.

Zur gleichen Zeit wurden jedoch die meisten Frauen, jungen Mädchen und Kinder – ungefähr sechzehntausend Menschen – heil und gesund nach Tusla auf bosnisches Gebiet eskortiert. Das Massaker von Sebrenica beruhte demnach auf einer ungeheuren Planung. Den serbischen Nationalisten in Pale und Belgrad ist sicher auch der Gedanke an einen Völkermord durch den Kopf gegangen. Wenn sie sich aber dafür entschieden hätten, hätten sie mit ihren Automatikwaffen auch systematisch alle Frauen und Kinder, die ja den Fortbestand der Gemeinschaft sichern, niedergemäht – damals in Foca im April 1992, und dann im Juli 1995 in Sebrenica.

Aber macht es überhaupt einen Sinn, das eine Massaker von dem anderen zu unterscheiden, wenn beide derartige Ausmaße haben? Ist es nicht gewagt, die Merkmale des einen oder anderen Auftretens herauszuarbeiten, wenn die Geschichte der Völkermorde nie ein Ende hat? Ist der Schmerz der Opfer überhaupt mit Worten zu ermessen? Ist die Bestialität von Sebrenica oder Grosny nicht genauso unmenschlich wie die von Nyamata? Für die, die sie erlebt haben, ist das so. Wir anderen müssen die von Nyamata als beängstigender ansehen, weil sie so völlig absolut war.

»Krieg gibt es, wenn die eine Obrigkeit die andere stürzen will, um sich an deren Stelle zu bedienen. Ein Völkermord, das ist, wenn eine Volksgruppe die andere unter die Erde bringen will. Ein Völkermord ist mehr als ein Krieg, denn die Absicht bleibt für immer bestehen, selbst wenn sie das eine Mal nicht von Erfolg gekrönt war. Es ist eine endgültige Absicht«, sagt Christine Nyiransabimana, eine Bäuerin. Der Vergleich mit der »Endlösung« ist unübersehbar.

Die Frauen

Pancrace: Ich bin der Meinung, dass der Mann lenkt und die Ehefrau ihm folgt. Wenn der Mann morgens zum Töten aus dem Haus geht und abends mit etwas zum Essen zurückkommt, während seine Frau inzwischen unter dem Kochtopf das Feuer angefacht hat, dann heißt das, dass sie ihn in althergebrachter Weise unterstützt.

Meine Frau meckerte an mir nicht herum, sie entzog sich mir auch nicht im Bett. Sie machte mir nur an den Tagen Vorwürfe, an denen ich es zu toll getrieben hatte.

Fulgence: Die Frauen überschütteten uns manchmal mit Ratschlägen und manchmal mit Vorhaltungen. Manche Frauen zeigten Mitleid mit ihren Tutsi-Nachbarinnen und versuchten, sie ein paar Tage lang zu verstecken. Doch sie riskierten dabei nichts, wenn sie erwischt wurden. Sie hatten höchstens dafür gesorgt, dass ihre Männer eine Strafe bekamen. Meine Frau hat mehr als einmal mit mir geschimpft. Sie hat mich gewarnt, dass ich in den Sümpfen noch den Verstand verlieren könnte. Ich habe ihr geantwortet, dass man das Töten nicht mehr aufhalten könne. Daraufhin hat sie vor allem verlangt, dass ich nicht mehr darüber spreche.

Pio: In den Augen der Obrigkeit und der Nachbarn hat in Ruanda an erster Stelle der Mann die Verantwortung für Wohl und Weh der Familie. Wenn eine Frau Tutsi verstecken wollte, weil sie sie gut kannte, musste sie dafür die Zustimmung ihres Mannes einholen. Denn wenn sie dabei erwischt wurde, war nur er es, den seine Nachbarn dazu verurteilten, diese Bekannten eigenhändig und in aller Öffentlichkeit mit dem Messer zu erledigen. Das war eine harte Strafe. Es kostet einen schon etwas, einen Menschen, mit dem man gute und schlechte Zeiten geteilt hatte, vor seinem Haus zu zerhacken.

Die Frauen hatten nicht in dem Maße Entscheidungen zu treffen, sie waren in geringerem Umfang Strafen ausgesetzt und ihre typischen Aktivitäten waren auch nicht so sehr gefordert. Sie standen bei dieser Tätigkeit des Völkermords in der zweiten Reihe.

Im Lager der Tutsi war es allerdings, um ehrlich zu sein, das genaue Gegenteil. Die Tötungen waren für die Ehefrauen schlimmer als für die Männer, wenn sie kurz vor ihrem Ende auch noch vergewaltigt wurden und mit ansehen mussten, wie man vor ihren Augen ihre kleinen Kinder zerschnitt.

Jean-Baptiste: Das ist bei uns auf dem Land so Sitte, dass die Frauen sich um alle Kraft raubenden Arbeiten mit der Machete nicht zu kümmern brauchen. Das Schneiden mit dem Buschmesser ist Männerarbeit. Das gilt ebenso für die Feldarbeit wie für das Töten.

Während des Tötens bereiteten die Frauen also weiterhin das Morgenmahl zu und tagsüber gingen sie dann plündern. Das Beutegut stapelten sie dort, wo sonst die Ernte lagerte; sie hatten also durchaus Grund, zufrieden zu sein. Es gab nichts, wogegen sie protestierten, denn sie wussten, dass die Operation auf jeden Fall ein totaler Erfolg werden würde. Sie wagten auch nicht, nach außen sichtbar Zeichen der Missbilligung für die Grausamkeit der Männer zu zeigen, noch nicht mal eine schlichte Geste mütterlicher Güte hatten sie übrig.

In Ntarama kenne ich nicht eine einzige Hutu-Frau, die heimlich ein Kind versteckt hat, um es vor dem Massaker an seiner Familie zu retten. Noch nicht einmal ein Kleinkind, das in einen *pagne* gewickelt getragen wird, oder einen Säugling, den die Nachbarn gar nicht erkannt hätten, weil er so jung gewesen wäre. Auf dem ganzen Hügel hat keine Frau uns hintergangen und jemanden gerettet – noch nicht einmal versucht haben sie es.

Adalbert: Die Frauen führten mehr ihr übliches Leben wie sonst auch. Sie räumten die Asche aus den Herdstellen, sie kochten das Essen in ihren Kesseln, sie plünderten in der näheren Umgebung, sie schwatzten im Zentrum und feilschten auf dem Markt.

Es gab grausame Eheweiber, die bei unseren Expeditionen mitgingen und uns beim Töten zur Hand gehen wollten. Aber die Einsatzleiter hinderten sie daran; sie lasen ihnen die Leviten und erklärten, der Platz einer Frau wäre nicht in den Sümpfen. Ich kenne nur eine Frau, die sich dort die Hände schmutzig gemacht hat. Es war eine äußerst jähzornige Frau, die so zu Ruhm gelangen wollte.

Wenn sich den Frauen allerdings die Gelegenheit bot, in einem verlassenen Haus versteckte Tutsi aufzustöbern, war das eine andere Sache, die gern gesehen wurde.

Marie-Chantal: »Als mein Mann abends nach Hause kam, war mir das böse Gerücht schon zu Ohren gekommen; ich wusste, dass er der Chef war, aber ich habe ihn nicht weiter danach gefragt. Seine Messer ließ er stets draußen. Zu Hause zeigte er keine Bösartigkeit, sondern redete viel vom lieben Gott. Er war heiter im Umgang mit den Kindern, brachte kleine Geschenke mit und viele hoffnungsvolle Worte, so dass ich mich zufrieden gab.

Ich kenne keine Frau, die sich während der Massaker gegen ihren Mann gestellt hätte. Es gab neidische, höhnische und gefährliche Frauen: Selbst wenn sie nicht direkt töteten, bliesen sie noch in die Glut, die ihre Männer beseelte. Sie wogen das Beutegut nach und sie verglichen die Anteile am Geplünderten. Dabei brannten sie vor Missgunst.

Es gab auch Männer, die selbst mit einem Buschmesser in der Hand mehr Erbarmen mit den Tutsi hatten als ihre Ehefrauen. Die Gemeinheit einer Person hängt von ihrem Herz ab, nicht von ihrem Geschlecht.«

Jean-Baptiste: In der Zeit des Tötens kam viel neidisches Gezänk aus den Mündern der Hutu-Frauen. Das war eine Folge dieses hartnäckigen Geredes über die ranke Gestalt der Tutsi-Frauen, über ihre besonders glatte Haut, die sie dem reichlichen Genuss von Milch verdanken, und Ähnliches. Wenn diese neidischen Weiber eine Tutsi auftrieben, die auf der Suche nach etwas Essbarem durch die Hecken streunte, riefen sie ihre Nachbarinnen herbei und spotteten über sie: Sie kröche da wie eine Schlampe am Boden. Es sind auch Fälle bekannt, wo Frauen gewaltsam eine Nachbarin den Hügel hinab getrieben haben, um sie unten an allen Vieren zu packen und in den Nyabarongo zu werfen.

Alphonse: Meine Frau sagte zu mir: »Ehrlich, dass du jeden Tag losgehst, jeden Tag aufs Neue, das ist ja wohl übertrieben. Es muss langsam Schluss sein mit diesen Scheußlichkeiten«, und sie äußerte ähnliche Ermahnungen mehr, doch ich hielt mich nicht daran.

Eines Abends hat sie mir eine Standpauke gehalten: »Alphonse, trau' dem nicht. Alles, was ihr macht, wird böse Folgen haben, denn es ist eine Ungeheuerlichkeit und geht über jedes menschliche Maß hinaus. Dieses viele vergossene Blut ist eine Herausforderung an das Schicksal, und der Fluch wird uns noch über den Tod hinaus verfolgen. Uns erwartet die Verdammnis.« Am Ende hat sie sich geweigert, mit mir das Bett zu teilen; sie schlief auf dem Fußboden und sagte: »Du zerschlitzt so viele, dass du sie gar nicht mehr zählen kannst. Das ist eine Niederträchtigkeit, die mir Angst macht. Du wirst zum Tier, und mit einem Tier schlafe ich nicht.«

Ignace: Ich habe nicht viele Frauen dagegen protestieren hören, dass die Tutsi-Weiber vergewaltigt wurden. Sie wussten, dass diese Arbeit des Totmachens in den Sümpfen die Männer fürchterlich in Hitze geraten ließ. Sie fanden sich damit ab, es sei denn, verständlicherweise, die Männer begingen ihre Sex-Schweinereien in der Nähe der Wohnsiedlungen.

Wollte eine Ehefrau ihren Mann bei seinen Machenschaften begleiten, wurde sie von ihrem Mann zurückgeschickt. Er forderte sie auf, sich um den Hof zu kümmern und die Plünderungen zu überwachen.

Elie: Die Ehefrauen hatten überhaupt keine Möglichkeit, ihren Männern wegen des Tötens und der Sexgeschichten Vorwürfe zu machen. Denn sie mussten ja ebenfalls plündern gehen, um gegen den Hunger vorzusorgen, weil die Landwirtschaft völlig vernachlässigt wurde. So gab es während des Tötens zwischen den Männern und den Frauen keinerlei Reibereien. Die Männer gingen töten, die Frauen gingen plündern; die Frauen verkauften, die Männer tranken – es war genauso aufgeteilt wie zu Zeiten der Landwirtschaft.

Léopord: Die Frauen nahmen es in punkto Brutalität mit ihren Männern auf, wenn sie Tutsi-Kinder und -Mütter in einem verlassenen Haus aufstöberten. Aber am bemerkenswertesten war ihr Ehrgeiz, sich gegenseitig die Stoffe und die Hosen streitig zu machen. Sie zogen hinter den Suchtrupps her und entkleideten die Toten. Wenn der Gefledderte noch atmete, versetzten sie ihm mit irgendeinem Werkzeug, das sie zur Hand hatten, den tödlichen Schlag, oder sie wandten sich ab und ließen ihn mit seinem letzten Gemurmel auf den Lippen einfach liegen – ganz wie es ihnen gefiel.

Pancrace: In einem Krieg tötet man den, mit dem man im Streit liegt oder der einem Böses will. Dagegen erschlägt man in dieser Kategorie von Töten seine Tutsi-Nachbarin, mit der man sonst immer Radio hörte, oder die Frau, die dir Gutes tat, indem sie auf deine Wunden Heilkräuter gelegt hat. Du hast deine eigene Schwester erschlagen, wenn sie mit einem Tutsi verheiratet war. Einige Unglückliche mussten sogar auf allgemeines Verlangen ihre eigene Tutsi-Ehefrau und die gemeinsamen Kinder erschlagen. Man machte die Frauen genauso wie die Männer nieder. Darin liegt der alles entscheidende Unterschied.

Fulgence: Die in Rilima in Haft befindlichen Hutu-Frauen haben einen schwächeren Status als die Männer, denn sie erhalten weder Besuch, noch werden sie von ihren Ehemännern oder Brüdern mit Nahrungsmitteln versorgt. Viele wurden aus Neid von anderen denunziert, die sich den Besitz der verstorbenen Ehemänner der Einsitzenden aneignen wollen. Den Frauen ist klar bewusst, dass die Vergangenheit wie die Gegenwart sie verworfen hat. Aus dem Grund sträuben sie sich auch heftiger dagegen, ihre Taten einzugestehen: Über das, was sie getan haben, schweigen sie sich lieber aus.

Christine: »Heute habe ich vor den Hutu-Frauen sogar Angst, denn viele haben ihre Hände während des Völkermords in Blut getaucht. Die Männer neigen mehr als die Frauen dazu, sich gegenseitig totzuschlagen und sich dann bald wieder zu versöhnen. Sie vergessen schneller. Sie beteiligen sich zwar an den Kämpfen auf Leben und Tod, aber dann auch wieder an gemeinsamen Trinkrunden. Die Frauen lassen sich nicht so leicht umstimmen, sie sind nachtragender.

Aber ich kenne auch anständige Hutu-Frauen, die sich nicht trauen, den Opfern ihr Mitgefühl zu zeigen, weil sie fürchten, dann selbst angeklagt zu werden.«

Clémentine: »Die Männer behielten ihren wilden Charakter bei, wenn sie aus den Sümpfen zurückkamen. Beim kleinsten häuslichen Zwischenfall reagierten sie heftig und aufbrausend. Die Frauen beobachteten das brutale Verhalten der Männer mit Angst. Einige Frauen reagierten beim Anblick der Kerle auch wütend und beschimpften sie wegen ihrer Bluttaten; das waren aber vor allem solche wie ich, also Frauen, die mit einem Tutsi, der ebenfalls getötet worden war, verheiratet gewesen waren.

Die meisten äußerten sich jedoch zufrieden, vor allem wegen der Beute, die vom Töten mitgebracht wurde: Säcke voll Bohnen, Kleidung und Geld. Die Frauen zogen auch selbst los und sammelten Wellbleche und Haushaltsgeräte ein, die ihre Männer hatten liegen lassen.

Die Nachbarinnen kamen und fragten, wie ich es fertig gebracht hätte, mich von einer Kakerlake schwängern zu lassen. Sie wären gekommen, mich zu warnen, dass ich mir für meinen Gatten keinerlei Hoffnung machen sollte, denn ihre Männer wären fest entschlossen, alle zu töten. Sie gaben mir den Rat, meinem Sohn beizubringen, dass er nie einen Tutsi zum Vater gehabt hätte, dass er durch und durch Hutu sei, denn wenn er sich später mal verplappern sollte, wäre das für ihn verhängnisvoll.

In Nyamata haben die Hebammen nach den Metzeleien ihre Arbeit in der Entbindungsklinik wieder aufgenommen, als ob sie das Blut an den Wänden nicht gesehen hätten. Sie haben sich sogar nach ihrer Rückkehr noch ihr letztes Gehalt vor der Fluchr in den Kongo auszahlen lassen.

Auf dem Hügel von Kibungo hat keine Frau das Kind einer Tutsi-Nachbarin, die getötet worden war, zu sich genommen. Keine Frau hat einen fremden Säugling unter ihre Kinder gemischt, noch nicht einmal für eine Stange Geld. Selbst in einem Versteck im Wald wollten sie es nicht haben. Denn sie wollten nicht von ihren Männern gescholten werden, wenn diese wegen solcher Vergehen ihrer Frau mit einer Bußgeldstrafe nach Hause kamen.«

Auf der Suche nach den Gerechten

Es ist der 11. April, der erste Tag der Jagd auf die Tutsi auf dem Hügel von Ntarama. Gegen Mittag ruht sich Isidore Mahandago auf einem Stuhl vor seinem Lehm-Wellblech-Haus aus, nachdem er den ganzen Vormittag auf seinem Feld Unkraut gehackt hat. Isidore Mahandago ist Bauer, ein Hutu von fünfundsechzig Jahren; er hat sich vor zwanzig Jahren in Rugunga auf dem Hügel von Ntarama niedergelassen.

Ein paar mit Macheten bewaffnete junge Burschen kommen singend den Weg bei seinem Haus herauf. Mit der Würde des alten Mannes in der Stimme herrscht er sie an und liest ihnen vor allen Nachbarn die Leviten: »Ihr jungen Männer kommt, um Böses zu tun. Macht bloß auf den Hacken kehrt. Eure Messerklingen stürzen uns alle in schreckliches Unglück. Verbreitet hier nicht Zank und Streit, für uns Bauern hätte das die schlimmsten Folgen. Kehrt auf eure Parzellen zurück und quält nicht länger eure Nachbarn.« Zwei Totmacher gehen lachend auf ihn zu und erschlagen ihn wortlos mit der Machete. Unter den Tätern befindet sich sein eigener Sohn, der nach Aussagen von Augenzeugen weder protestiert noch stehen bleibt, um sich über die Leiche seines Vaters zu beugen. Die jungen Männer gehen einfach singend weiter. Isidore Mahandago ist der Gerechte von Ntarama.

Am nächsten Tag hütet drei Kilometer weiter im Busch bei Kibungo Marcel Sengali eine Herde gefleckter Watussi-Rinder mit ihren wie eine Lyra geschwungenen Hörnern. Die Hutu-Familie Sengali wohnt in Kigabo. Bis auf drei Hutu-Familien leben hier nur Tutsi und die Hutu haben es im Laufe der Zeit ihren Nachbarn nachgetan und sind auf Viehwirtschaft umgestiegen. Der Gemeinschaftsgeist zwischen den Familien beiderlei Abstammung ist so groß, dass sie ihre Tiere in einer einzigen Herde weiden lassen.

Andere, mit Macheten bewaffnete Burschen kommen den Weg hinauf und entdecken Marcel Sengali unterhalb im Schatten eines *umunzenze* bei seinen Kühen. Sie rennen den Abhang zu ihm hinab, stellen ihm noch nicht einmal eine Frage, sondern töten ihn mit der

Machete. Als sie die Jacke des Toten durchsuchen, finden sie seinen Personalausweis mit der Eintragung »Hutu« und begreifen ihren blutigen Irrtum.

Zwei Tage später beschließt seine Witwe Martienne Niyiragashoki, ihren langjährigen Nachbarn zu folgen, die sich als Tutsi in die Sümpfe geflüchtet haben, um den Mörderbanden zu entgehen. Denen aber hat sich ihr Sohn Gahutu angeschlossen. Als er von der Flucht seiner Mutter in die Papyrus-Sümpfe erfährt, kommt er mehrmals an deren Rand hinunter, gibt ihr lauthals schreiend den Befehl herauszukommen und verspricht ihr seinen Schutz. Andere Hutu, die in den ersten Tagen – meist ihren Partnern folgend – in die Sümpfe gegangen waren, nutzten solche Situationen. Sie überließen ihre Nächsten ihrem Schicksal und retteten sich selbst ans sichere Ufer, um so mit dem Leben davonzukommen. Doch Martienne Niyiragashoki weigert sich jedes Mal. Erst sehr viel später findet man Martiennes von Messern durchfurchte Leiche. Marcel Sengali und Martienne Niyiragashoki sind die Gerechten von Kibungo.

François Kalinganire ist in Kanzenze eine offizielle Persönlichkeit mit großem Einfluss. In den achtziger Jahren war er sogar der Bürgermeister der ganzen Gemeinde Nyamata, aber er wurde 1991 abgesetzt, weil er sich zur Zeit der Einführung des Mehrparteiensystems einer gemäßigten Gruppierung angeschlossen hatte. Er leitet ohne Probleme das Ausbildungszentrum für Jugendliche in Myange, aber die Rachsucht seiner Gegner hat ihn nicht vergessen.

Am 12. April, dem zweiten Tag der Massaker, stehen einige von ihnen in Begleitung von *interahamwe* an seiner Tür. Sie wissen, dass er mit einer Tutsi verheiratet ist und befehlen ihm, sie zu töten, um damit zu beweisen, dass er sich zum Völkermord bekennt. Mit stoischer Ruhe weigert er sich und verbietet ihnen, sein Haus zu betreten. Seine Nachbarn versetzt das Geschehen in helle Aufregung und sie drängen ihn, zu gehorchen und seine Ehefrau zu opfern. Er bleibt bei seiner Haltung und versucht, seine Besucher vor die Tür zu setzen. Sie töten ihn in seinem Hof; er liegt auf seiner Parzelle begraben. Er ist der Gerechte von Kanzenze.

Diesen Menschen, die aus der Region stammen und namentlich bekannt sind, muss man noch anonym gebliebene Gerechte hinzufügen:

Im Wald von Kayumba, der oberhalb von Nyamata liegt, haben ungefähr fünftausend Personen versucht, dem Massaker zu entgehen, darunter Innocent, Benoît, der Viehhalter mit dem Filzhut, Théoneste der Damenschneider und ihre Freunde, die den Kirchen und den Sümpfen nicht trauten. Im Gegensatz zu ihren Leidensgenossen, die im Schlamm unter den Papyrusstauden jede Bewegung vermeiden mussten, sind die von Kayumba den ganzen Tag zwischen den Eukalyptusbäumen Slalom gelaufen und gespurtet, um den auf ihrer Spur hinterher hetzenden Jägern zu entkommen und wenigstens bis zur Abenddämmerung am Leben zu bleiben.

Eines Nachts traf Innocent drei ihm unbekannte Männer. Sie saßen an Bäume gelehnt, ruhten sich aus und warteten auf das Morgengrauen. Innocent erzählt: »Es waren Hutu, die aber nicht aus dieser Gegend stammten. Aus Ruhengeri, glaube ich. Man nennt sie *abapagasi*, Männer, die sich auf intensiv bewirtschafteten Parzellen als Tagelöhner verdingen und ihrer Hände Arbeit gegen ihr täglich Brot eintauschen. Sie hatten sich keinesfalls in der Richtung geirrt. Wir haben sie freundlich ausgefragt. Sie sagten, sie gehörten zur Glaubensrichtung der Pfingstkirchler, und die *Heilige Schrift* verbiete es ihnen, Menschen zu töten, die Gott nach seinem Ebenbild geschaffen hat. Und weil die Behörden ihnen verboten haben, die Gemeinde Nyamata zu verlassen, hätten sie sich durch den Wald auf den Weg gemacht. Im Chaos der überstürzten Flucht vor den Verfolgern haben wir sie aus den Augen verloren. Später habe ich versucht, mich über ihr weiteres Schicksal zu informieren, aber ich habe nie wieder etwas von ihnen gehört. Sind sie im Getümmel den Messern zum Opfer gefallen? Haben sie es geschafft, zu entkommen und in ihre angestammte Gegend zurückzukehren? Niemand weiß es. Auf jeden Fall waren wir zwanzig, die noch lebten, als alles zu Ende war, und zu denen haben sie nicht gehört.« Diese drei Landarbeiter sind unbekannte Gerechte, und gewiss stehen sie für viele andere, die anonym geblieben sind.

Und Gerechte, die noch am Leben sind, wer sind sie? Und wo? Um ehrlich zu sein, nach zahlreichen Gesprächen und Recherchen an Ort und Stelle haben wir auf den drei Hügeln von Kibungo, Ntarama und Kanzenze bislang noch keinen getroffen. So will ich stattdessen Personen nennen, die besondere menschliche Größe gezeigt haben. Ibrahim Nsengiyumua, ein reicher Händler aus Kibungo, hat Bußgeld auf Bußgeld gezahlt, um nicht töten oder plündern zu müssen, sodass er am Ende ruiniert war: »denn er habe genug Reichtümer in seinem Leben zusammengebracht, um es jetzt mit Blut zu beflecken«, gibt Innocent seine Worte wieder. Valérie Nyirarudodo verließ die Entbindungsklinik mit einem Kind mehr. Eine Mutter, die in einem Haus am Fuß des Waldes von Kayumba wohnte, ohrfeigte ihre Kinder, weil sie in einem Gebüsch versteckte Tutsi verrieten. Zahlreiche weitere Personen konnten, wie Christine Nyiransabimana, eine junge Bäuerin, es ausdrückte, »zwar vortäuschen mitzumachen, sich jedoch untätig weit hinter ihre Gruppe zurückfallen lassen und abends zurückkehren, ohne ihr Buschmesser besudelt zu haben, … aber sie mussten immer in Sichtweite der anderen bleiben.«

Erwähnt seien schließlich noch die Sonderfälle von Ehemännern in Mischehen, die ihre Frau oder einige von deren Verwandten retteten, trotz der gnadenlosen Sanktionen, die dies zur Folge hatte. Im Gegensatz zu der NS-Administration, die einheitlich jüdische Ehepartner in gemischten Ehen nach ihrer Religionszugehörigkeit und ihrer Erziehung – jüdisch oder christlich – einordnete und nach diesen Kriterien über ihr Schicksal entschied, legten Habyarimanas Behörden eine sehr viel schlichtere und zugleich sexistischere Regelung zugrunde. Ehemänner, die Tutsi sind, waren zu erschlagen, und das geschah auch ausnahmslos so. Sind die Ehefrauen Tutsi, konnten sie verschont werden, und mit ihnen manchmal auch ihre Kinder, wenn ihre Hutu-Ehemänner sich Bedingungen unterwarfen, die Jean-Baptiste Murangira folgendermaßen zusammenfasst: »… Tutsifrauen, die Hutus in ärmlichen Verhältnissen gehörten, musste man töten, aber ihre Kinder konnten noch gerettet werden. Tutsi-Frauen, die einwandfreien, gut betuchten Hutu gehörten, konnten verschont werden, wenn ihre Männer öffentlich sichtbar beim ›Arbeitseinsatz des Totmachens‹ mitmachten …«

So rettete der Steuereintreiber Jean-Baptiste Murangira seine Ehefrau Spéciose Mukandahunga; der Richter Jean-Baptiste Ntarwandya rettete ebenso seine Ehefrau Drocelle Umupfasoni, der pensionierte Oberfeldwebel Marc Nsabimana rettete seine Ehefrau Annonciata Mukaligo; so konnten der Direktor des Postamts und einige weitere Höhergestellte oder wohlhabende Bauern ihre Ehefrauen schützen. Jean-Baptiste Murangira wurde nach seinem freiwilligen Geständnis über seinen ›Arbeitseinsatz‹ beim Töten zu einer Gefängnisstrafe verurteilt. Der Richter wurde aufgrund von Zeugenaussagen aus dem Kreis seiner Freunde nach zwei Jahren aus dem Gefängnis entlassen, seine Akte wurde geschlossen, aber man ließ ihn nicht mehr in sein Büro im Gericht zurückkehren. Der Oberfeldwebel wurde zwar mehrmals vom Gericht vorgeladen und in anderen Prozessen namentlich genannt, bis heute wurde er aber nicht angeklagt. Egal ob sie gestehen oder eine Beteiligung leugnen, sind alle drei nicht sehr auskunftsfreudig über ihr Verhalten zur Zeit des Völkermords und rühmen sich nicht ihrer Rettungstat.

Begegnungen mit Bekannten

Adalbert: Es war schon möglich, einen Nachbarn nicht zu töten, oder einen, den man wiedererkannte oder mit dem man Mitleid hatte, aber es war unmöglich, ihn dadurch zu retten. Man konnte vereinbaren, dass man selbst sich abwandte, oder eine ähnliche Schummelei verabreden. Doch für den Getöteten war das von keinem Nutzen. Wer zum Beispiel auf jemanden stieß, mit dem er in bester Freundschaft manche Flasche *Primus* geleert hatte, der trat auf die Seite und drehte sich weg. Hinter ihm war schon ein anderer, der das übernahm. Doch in unserer Gruppe ist selbst das nie vorgekommen.

Fulgence: Du konntest jemanden verschonen, weil du ihm von früher einen Dienst schuldig warst, oder weil er dir eine Kuh geschenkt hatte, aber hinter dir kam immer noch ein anderer, der ihn tötete. Keinem Tutsi in den Sümpfen blieb dieses Schicksal erspart. Was getan werden musste, wurde getan, unter allen Umständen. Du wusstest es, und letzten Endes hast du auch nicht gewagt, gegen dieses Gesetz zu verstoßen.

Pio: Wir rückten in einer Mannschaft vor, und wenn man auf ein Knäuel Flüchtlinge stieß, das sich unter dem Papyrus im Schlamm vergraben hatte, war es nicht leicht, darunter vielleicht seine Nachbarn zu entdecken. Wenn ich unglücklicherweise einen Bekannten erblickte – zum Beispiel einen Fußballkameraden –, dann versetzte mir das einen Stich ins Herz und ich überließ ihn einem Kollegen an meiner Seite, der ihn erschlug. Aber ich musste das verheimlichen, ich durfte mein mitfühlendes Herz nicht offen zeigen.

Wer aus Mitleid zögerte zu töten, musste unter allen Umständen seine Zunge hüten. Er durfte nicht über die Gründe seines Zögerns reden, sonst wäre er der Komplizenschaft bezichtigt worden. Doch derartige Gefühle hielten auch nicht lange an – sie waren bald vergessen.

Alphonse: Wir töteten alles, was wir zwischen den Papyrusstauden aufstöberten. Da hatte man als Einzelner nichts auszuwählen, nichts zu hoffen und nichts zu fürchten. Wir waren die Schlächter unserer Bekannten, wir waren die Schlächter unserer Nachbarn, wir waren ganz einfach Schlächter.

Heutzutage gibt es welche, die Bekannte beim Namen nennen, die sie am Leben gelassen haben, wie sie behaupten, doch sie wissen, dass diese nicht mehr leben und widersprechen können. Sie setzen diese Geschichten in die Welt, um im Ansehen der leidgeprüften Familien zu steigen: Sie erfinden solche Rettungstaten, um bald entlassen zu werden und heimkehren zu können. Wir lachen uns kaputt, wenn wir von solchen zwielichtigen Winkelzügen hören.

Elie: Wir hatten nicht zu wählen zwischen Männern oder Frauen, Säuglingen oder Alten: Alle sollten erschlagen werden, bevor das Ende da war. Die Zeit hielt uns so auf Trab, die Arbeit zerrte an unseren Armen, die Einschüchterer wiederholten ständig: »Wer wegen eines Bekannten die Machete sinken lässt, der untergräbt den guten Willen seiner Kollegen.«

Auf jeden Fall war es so, dass einer, der vor einem Bekannten stand und den tödlichen Schlag bewusst daneben setzte, nur sich selbst eine Freundlichkeit damit erwies, nicht dem Bekannten, denn er wusste, dass das für den keine Begnadigung bedeutete. Erschlagen würde er auf jeden Fall. Ganz im Gegenteil konnte er sogar auf sehr viel grausamere Weise unter den Messern enden, bloß weil man selbst diese Arbeit um einen kurzen Moment hinausgeschoben hatte.

Fulgence: Wenn man einem Bekannten von Angesicht zu Angesicht gegenüberstand, war es zwar möglich, die eigenen Hände nicht mit Blut zu beflecken, doch das rettete ihm auch nicht das Leben. Der Bekannte würde sowieso unter den Messern der Nachfolgenden enden. Wenn du jemanden absichtlich verfehltest, weil er dein Nachbar war, konnte es ihm passieren, dass die Messer der anderen ihm einen sehr viel langsameren Tod bereiteten. Und du konntest sogar noch ein Bußgeld auferlegt bekommen, wenn man dich dabei gesehen hatte. Am Ende hatte keiner dabei etwas gewonnen. Der Versuch, das Leben eines Nachbarn zu verschonen, lohnte kaum. Nur ein einziges Mal habe ich gesehen, wie jemand gerettet wurde:

ein hoch aufgewachsenes Mädchen, das ein Kollege zur Belustigung aller mitnahm. Kurze Zeit darauf – höchstens ein paar Tage – war sie geliefert und endete in einem Graben.

Pancrace: Da die Tutsi über ein großes Gebiet verteilt in den hintersten Winkeln des Dickichts oder der Sümpfe saßen, war es schwierig zu wissen, wem du gegenüberstehen würdest, wenn du morgens loszogst. Du nahmst dir den, den die Papyrusstauden dir zufällig lieferten.

Es gab jedoch auch Leute, die suchten nach einer bestimmten Person, um sie zu töten. Man konnte genau sehen, dass sie darauf aus waren, die Ersten zu sein, die sie aufspürten. Sie schnüffelten förmlich überall nach ihr, und der Gedanke, sie könnten diese Person verfehlen, ließ sie geradezu in Hitze geraten. Dabei ging es entweder um einen alten Streit, oder darum, sich mit der Person ein besonderes Vergnügen zu bereiten. Meistens ging es ihnen jedoch darum, sich noch am selben Abend ein gut platziertes Feld unter den Nagel zu reißen, auf das sie es schon lange abgesehen hatten: Wer den Beweis erbringen konnte, eine angesehene Persönlichkeit oder einen, der beim Entkommen besonderes Geschick bewies, zerstückelt zu haben, der konnte dafür mit dem ersten Zugriffsrecht auf die Parzelle seines Opfers belohnt werden. Gewöhnlich gingen wir aber ohne solche Hintergedanken auf die Jagd.

Ignace: Auf jeden Fall hat es nie von Seiten der Offiziellen die Anweisung gegeben, mit Vorrang nach einer bekannten Person zu suchen. In dem Papyrusdickicht mussten wir auf alles einschlagen, was wir fanden, denn wir wussten ja nie im Voraus, auf wen wir stoßen würden. Niemand durfte die Zeit der anderen dafür beanspruchen, seine persönlichen Feinde zu verfolgen. Bei jeder Gelegenheit, die sich dir bot, hast du getötet.

Léopord: Wir wussten, dass unsere Tutsi-Nachbarn sich keine Verfehlungen hatten zuschulden kommen lassen, aber wir waren davon überzeugt, dass alle Tutsi an unseren Schwierigkeiten von alters her schuld waren. Wir sahen sie nicht mehr jeden für sich, wir hielten uns auch nicht mehr mit Betrachtungen auf, was sie uns bedeutet hatten, etwa auch als Kollegen. Sie waren zu einer Bedrohung geworden, die über alles hinausging, was wir selbst mit ihnen gemeinsam erlebt hatten, zu einer Gefahr, die überstieg, was wir uns im Rahmen der Gemeinde vorstellen konnten. Das waren unsere damaligen Überlegungen, aus denen heraus wir töteten.

Alphonse: Der Chef wiederholte ständig: »Tötet alle außer Tutsi-Frauen, die in aller Form Hutu-Männern gehören, wenn diese beim Töten ein beispielhaftes Verhalten an den Tag legen.« Aus dem Grund sind Tutsi-Frauen, wie zum Beispiel die Ehefrau von Jean-Baptiste, verschont worden, obwohl alle ihre Nachbarn Bescheid wussten. Im Gegensatz dazu musste der Tutsi-Ehemann einer Hutu-Frau an allererster Stelle getötet werden, und wenn sich zeigte, dass seine Ehefrau dagegen protestierte, wurde auch sie mitsamt ihren Kindern ermordet.

Elie: Wenn du eine Tutsi zur Ehefrau hattest, konntest du versuchen, sie vor dem Schicksal der anderen Tutsi zu bewahren. Du schenktest dem Chef eine Kuh, den Einsatzleitern ein Radio oder ähnliche Dinge, und du stecktest denen, die schon um dein Haus herumstrichen, kleine Summen Geld zu. Aber wenn du nicht in der Weise kooperieren wolltest, brauchtest du an das Überleben deiner Frau nicht einmal zu denken.

Bei einem Tutsi-Ehemann gab es nichts zu verhandeln, er stand auf der Liste der dringenden Fälle. Wenn seine Frau anfing zu diskutieren, wurde sie sofort verprügelt, und man metzelte ihren Ehemann vor ihren Augen nieder, um ihr den Schneid zu nehmen. Wenn sie unbeirrt weitermachte, konnten auch sie und ihre Kinder getötet werden.

Adalbert: Wer seine Tutsi-Ehefrau retten wollte, der musste beim Töten erheblichen Einsatz zeigen. Wer dabei schwächlich und schüchtern vorging, der wusste, dass es um seine Frau geschehen war. Sein Klagen und seine Zurückhaltung bedeuteten ihre Verurteilung.

Jean-Baptiste: Ich kenne den Fall eines Hutu-Jungen, der mit den Tutsi in die Sümpfe geflüchtet war. Nach zwei oder drei Wochen haben sie ihn darauf aufmerksam gemacht, dass er Hutu sei und von daher gerettet werden könnte. Er hat die Sümpfe verlassen und ist auch nicht mit dem Messer traktiert worden. Er hatte seit seiner frühesten Kindheit so eng mit Tutsi zusammengelebt, dass er dadurch im Kopf jetzt etwas durcheinander war. Er konnte in seinem Verstand die ethnischen Gruppen nicht mehr richtig unterscheiden. Später hat er sich in das Töten auch nicht eingemischt. Er war die einzige Ausnahme, die einzige körperlich kräftige Person, die nicht gezwungen wurde, die Machete zu heben, noch nicht einmal im Hinterland. Man sah ihm an, dass sein Verstand überfordert war und er ist nicht bestraft worden.

Fulgence: Es war vorzuziehen, Unbekannte zu töten, als Leute aus seinem Bekanntenkreis, denn deine Bekannten hatten noch die Zeit dich mit einem letzten Blick zu durchbohren, bevor deine Hiebe sie trafen. Der Blick eines Unbekannten traf einen nicht so leicht in der Seele und im Gedächtnis.

Marie-Chantal: »Für eine Frau war es undenkbar, eine Bekannte zu verstecken, selbst wenn du seit Kindheitstagen mit ihr befreundet warst, oder selbst wenn sie dir dafür kleine Geldbeträge gab. Wenn erst einmal das Gerücht kursierte, dass eine Überlebende versteckt wurde, musstest du sie schleunigst deinen Nachbarn ausliefern, und dann konntest du sogar noch gezwungen werden, sie mit deinen eigenen Händen zu töten. Ihr half es also nichts, außer dass sie noch ein paar Tage den Tod hinausschob, und du selbst wurdest gezwungen, die total widerwärtige Männerarbeit zu verrichten.«

Innocent: »Ich hatte einen sehr engen Freund, dem ich eine Kuh geschenkt hatte. Er war ein äußerst wohlhabender Händler, hilfsbereit und jederzeit freundlich. Er hatte mich gebeten, seinem Sohn Nachhilfe zu geben, damit er die zentrale Reifeprüfung schaffen konnte. Ich ging zu ihm ins Haus, gab meinen Unterricht und fühlte mich bei ihm genauso wohl wie bei mir zu Hause. Seine Frau und er luden meine Frau und mich zum Essen oder auf ein Glas ein oder hatten kleine Geschenke für uns.

Am Tag, als das Töten begann, habe ich selbstverständlich an ihn gedacht. Ich habe an seine Tür geklopft und fragen lassen, ob er mein Kind verstecken könne. Persönlich ist er gar nicht an die Tür gekommen. Er hat mir durch seinen Hausdiener ausrichten lassen, dass niemand auch nur einen Schritt in seinen Hof setzen werde und dass in seinem Inneren kein Platz mehr sei für auch nur die geringste Erinnerung an eine Freundschaft.

In den letzten Tagen habe ich ihn mehrmals im Gefängnis wieder gesehen, als ich dich begleitete. Wir haben uns zur Begrüßung umarmt, wie es bei uns Sitte ist. Er ist mir freundlich begegnet wie früher und hat zu mir gesagt: ›Innocent, für mich bist du wie ein kleiner Bruder. Du bist mit dem Leben davongekommen, und darüber bin ich glücklich. Aber wenn die Situation noch einmal käme, würde ich genauso handeln. Es ist das Schicksal, und das lässt einem keine andere Wahl.‹«

Francine: »Es gab Totmacher, die flüsterten die Namen von Bekannten und versprachen ihnen Schutz, wenn sie das Grün des Papyrus anhoben. Aber das war nichts anderes als eine List, um die Versteckten zu veranlassen, sich aus dem Wasser zu erheben, damit ihre Verfolger sie ohne anstrengende, weitere Suche massakrieren konnten. Es war äußerst gefährlich, von einem Bekannten aufgespürt zu werden, denn er konnte dich leiden lassen, um sich vor den anderen zu beweisen.«

Berthe: »Früher wusste ich, dass ein Mensch einen anderen umbringen kann, denn dauernd wurde jemand umgebracht. Jetzt weiß ich, dass derselbe Mensch, mit dem du aus einer Schüssel gegessen hast oder mit dem du geschlafen hast, dich kaltblütig töten kann. Dein nächster Nachbar kann sich als der Schlimmste erweisen. Jemand, der bösartig ist, kann sogar mit den Zähnen töten, das habe ich durch den Völkermord dazugelernt, und meine Augen blicken nicht mehr in gleicher Weise auf diese Welt.«

Hinter Zuchthausmauern

Wenn man Kriegsberichte liest oder in Kriegszeiten lebt, ist man immer wieder darüber erstaunt, wie sehr die Leute bereit sind, ihre Angst auszuhalten, wie sehr sie trotz dieser Angst der Versuchung widerstehen zu fliehen, solange ihnen das noch möglich ist. Ihr Widerstand gegen eine solche Flucht wird genährt von Mut, Illusionen und Hoffnungen, Naivität und Blindheit und auch von Fatalismus.

Es verwundert zum Beispiel bis heute, wie im Zweiten Weltkrieg zahlreiche jüdische Gruppen sich weigerten, die drohende und von Tag zu Tag konkreter werdende Gefahr der Vernichtung bewusst zu begreifen und darauf zu reagieren – bevor sich endgültig die Grenzen vor ihnen und die Ghettotore hinter ihnen schlossen.

Die Engstirnigkeit, mit der Muslime in Bosnien-Herzegowina erst jüngst die Menschenverluste um sich herum durch Überfälle und ethnische Säuberungen nicht wahrhaben wollten, ist ebenso unverständlich wie bewunderungswürdig. Sogar wenn sie den Flammenschein der Häuser ihrer Nachbardörfer sahen und die Salven herüberdröhnten, hielten sie stur daran fest, bis zur unausweichlichen Ankunft der LKWs mit den Milizionären zu bleiben. Ebenso war es im Libanon, in Sierra Leone oder in Tschetschenien, wo die Menschen sich in wahren Ruinenlandschaften so lange an ihr Zuhause klammerten, bis sie den Zeitpunkt, noch ins Exil zu gehen, verpasst hatten.

Als in den ersten Tagen des Sommers 1994 – am Ende des Völkermords – zwei Millionen Hutu urplötzlich und wie ein Mann binnen weniger Tage aufbrachen und das Land verließen, verstanden wir daher sofort, dass die Angst vor den Waffen und der Rache der *RPF* nicht das einzige Motiv dieses Exodus sein konnte. Wir ahnten, dass es einen ungewöhnlich ausgeprägten psychischen Antrieb geben musste, einen Überlebensinstinkt, der diese riesige Menschenmenge ohne ein Zögern Haus und Parzelle, Beruf und Gewohnheiten aufgeben ließ und – ohne einen Blick zurück – mit derartiger Macht in den Kongo trieb. Allerdings kam uns nicht in den Sinn, diesen Eindruck genauer zu ergründen.

Zwei Jahre später kehrten diese Familien auf ihre Parzellen zurück, doch das Gefühl von Kollektivschuld und tiefer Scham hatten sie in den Lagern nicht abgelegt. Heute ist es ein Gefühl der Angst davor, verdächtigt, bestraft oder zum Ziel von Racheakten zu werden. Zusammen mit den traumatischen Ängsten der Tutsi ergibt das eine bleierne Atmosphäre, wie Sylvie Umubyeyi sie mit wenigen Sätzen beschreibt: »Die einen haben Angst vor dem Hügelland, obwohl sie dort eigentlich ihre Felder bestellen müssten. Andere haben Angst, auf den Wegen Hutu zu treffen. Es gibt Hutu, die Tutsi gerettet haben, aber jetzt nicht mehr wagen, in ihre Dörfer zurückzukehren, aus Furcht, man würde ihnen keinen Glauben schenken. Andere Leute ängstigen sich vor der Nacht, oder dass Besuch kommt. Es gibt unschuldige Gesichter, die manchem Angst einjagen oder ihren Träger fürchten lassen, er könne bei anderen Angst auslösen, genau wie es die Gesichter von Verbrechern tun. Es gibt die Angst vor Drohungen und die Panik, die bei Überlebenden von der Erinnerung ausgelöst wird.«

Nach einem Völkermord sind die Ängste so nachhaltig, dass einem schon schwindelig werden kann. Ein Schweigen hat sich über Ruandas Hügel gelegt, wie es durch uns, die heutigen Zeugen, gar nicht angemessen ausgedrückt werden kann und wie es in keinem Vergleich zu dem steht, was üblicherweise nach Kriegen unausgesprochen bleibt. Lediglich in Kambodscha war es genau dasselbe. Nur unter sich schaffen es die Überlebenden, das Schweigen zu überwinden. Aber inmitten einer Gemeinschaft von Mördern, ob sie sich nun schuldig gemacht haben oder nicht, legt sich jeder die Rolle eines Stummen oder mit Gedächtnisverlust Geschlagenen zu.

In Nyamata habe ich herzliche, manchmal auch freundschaftliche Beziehungen zu Hutu-Familien. Ich unterhalte mich mit Leuten, die über jeden Verdacht erhaben sind, mit Frauen, denen nicht der geringste Vorwurf zu machen ist. Ich rede hinter den Häusern, wo keiner uns sieht, mit den Angehörigen von Mördern. Ich hatte vorher auch schon mit ehemaligen Würdenträgern des Habyarimana-Regimes gesprochen, die in Afrika oder Europa im Exil leben und ungenannt bleiben wollen. Alle diese Gespräche haben nicht viel ergeben; manchmal waren sie sogar absurd. Unaufrichtigkeit, Lügen und schlichtes Leugnen der Massaker wetteiferten mit Befangenheit und Furcht, sobald man auf die Ereignisse des Völkermords zu sprechen kam.

Auch darin liegt eine der eigenartigen Folgen eines Völkermords: in der Aussagebereitschaft der Täter. Es war nicht besonders schwer, ehrliche und präzise Berichte von Soldaten des Vietnamkriegs, von den Folterern des Algerienkriegs oder der argentinischen Diktatur zu erhalten, von den Milizionären der ethnischen Säuberung in Bosnien-Herzegowina oder von den Gorillas der Internierungslager im Irak oder Iran. Manchmal galt es, die Maxime Oscar Wildes anzuwenden: »Geben Sie einem Menschen eine Maske, und er wird Ihnen die Wahrheit sagen.«

Aber unmittelbar nach einem Völkermord lavieren die Durchschnittstäter und ihre Familien in ihren Aussagen hin und her – jenseits aller Nachvollziehbarkeit. Dieses Verhalten kann man nicht allein mit der Furcht vor Repressalien erklären.

Nachdem ich meine Gespräche mit denen, die noch davongekommen waren, abgeschlossen hatte, machte ich mich also auf zum Zuchthaus von Rilima, in dem die Häftlinge aus der Region einsitzen, um die von den Überlebenden genannten Mörder mit einem Gesicht und einer Stimme zu verbinden. Eine der Besonderheiten in den Berichten der dem Tod Entronnenen war nämlich, dass sie aus ihren Verstecken unter den Papyrus im Schlamm bei der Menschenjagd die Mörder fast nie zu Gesicht bekamen, sondern sie nur nach dem beschreiben konnten, was Bewegungen und Geschrei über sie verrieten.

Allerdings begab ich mich mit dem Gefühl zum Gefängnis, dass meine Gespräche dort ebenso mühselig und fruchtlos sein würden wie die im Kreise der Hutu-Familien auf den Hügeln. Eine Erwartung, die sich als falsch erwies: Schon bei den ersten Begegnungen stellte sich heraus, dass die Diskussion mit den Häftlingen von ganz anderer Art war, sehr viel direkter und konkreter. Im Laufe der weiteren Besuche bestätigte sich mein Eindruck, dass nur ein eingesperrter Täter zum Reden in der Lage ist, dass nur ein Täter, der noch nicht wieder in Freiheit gelebt hat, etwas sagen wird. Es ist unverkennbar, dass je freier die Hutu auf ihrer Parzelle sind, desto weniger frei sind sie in ihren Worten. Und umgekehrt: Je dicker die Gefängnismauern sind, umso mehr ermuntern sie ihre Insassen zum Sprechen, denn sie schützen die Erzählenden vor der Rachsucht der Opfer, die vielleicht einen Namen erfahren könnten, sie schützen sie auch vor Kollegen und Nachbarn, die ihnen Verrat vorwerfen könnten, oder vor ihren Kindern, die sich ihrer Väter schämen würden.

Zum Beweis: Als Ignace, der aufgrund seines hohen Alters als Erster aus der Bande im Januar 2003, also nach unseren Gesprächen, aus dem Zuchthaus entlassen wurde und auf seine Parzelle in Nganwa zurückkehrte, beklagte er murrend seine Teilnahme an dem Buch und lehnte es ab, die im Garten von Rilima erörterten und per Tonband festgehaltenen Themen noch einmal anzusprechen.

Doch sehr schnell zeigte sich, dass die Mauern allein nicht genügten, um einen erfolgreichen Dialog mit einem Täter aufzunehmen. Wichtig war auch der Zeitpunkt: nämlich kurz nach dem Abschluss seines Prozesses, also nachdem der Täter zu einer kürzeren oder längeren Haftstrafe verurteilt worden war. In dem Moment weiß er, dass sein Bericht keinen Einfluss mehr auf die Entscheidung der Justiz hat, und er weiß, dass er für absehbar lange Zeit nicht mit der Außenwelt konfrontiert werden wird.

Es muss auch der Moment sein, an dem er seinen Widerstand gegen ein Geständnis – und mag dieses auch noch so dürftig ausgefallen sein – überwunden hat, das heißt, er muss bereit sein, einige seiner Taten wiederzugeben und seine freiwillige Beteiligung an den Massakern mehr oder weniger einzugestehen. Dass der Täter seine Verstrickung in das Geschehen zugibt – was auch immer er sich dabei ausrechnet oder Arglistiges damit beabsichtigt –, ist in der Tat unabdingbar. Wenn er alles leugnet oder sich automatisch von jeder Schuld entlastet, wenn er jede Eigeninitiative – mag sie auch noch so gering gewesen sein – beim Töten zurückweist, auch nur eine geistige Anhängerschaft des Planes abstreitet und jegliches materielle Interesse, jegliches Vergnügen bei seiner Umsetzung verleugnet, erhalten Sie wieder nur die Litaneien, wie sie in allen Familien auf den Hügeln heruntergebetet werden: »… das war nicht ich, das waren die anderen«, »… ich war nicht dabei, ich habe nichts gesehen …«, »… wenn die Tutsi nicht geflohen wären, wäre das alles nicht passiert …«, »… ich wollte das gar nicht, aber ich wurde gezwungen …«, »… wenn nicht ich das getan hätte, hätte ein anderer das auf viel grausamere Art getan …«, »… ich kann nichts dafür, was ja dadurch bewiesen ist, dass ich immer Tutsi zu Freunden hatte …«.

Es sollte sich auch zeigen, wie wichtig es gewesen war, sich an eine fest gefügte Gruppe zu wenden, in diesem Fall eine Clique von Freunden aus Kibungo, die von Anfang an zusammenstanden, die untereinander die Bedingungen der Gespräche diskutiert und akzeptiert haben, die sich jeweils zwischen den Gesprächen berieten, um sich gemeinsam ihren Erinnerungen als Mörder zu stellen.

Die Leiden

Adalbert: Es gab welche, die haben die Leute übel misshandelt, weil sie zu viele töteten. Sie hatten am Töten Geschmack gefunden. Sie brauchten es wie einen Rausch, waren davon abhängig wie einer, den es immer mehr zur Flasche zieht.

Es konnte sie nicht mehr hinreichend befriedigen, ihre Opfer wie Schlachttiere zu töten. Sie fühlten sich frustriert, wenn sie einen Tutsi einfach nur erschlugen. Sie wollten den besonderen Kitzel. Sie hatten das Gefühl, man hätte sie um etwas gebracht, wenn der Tutsi ohne ein Wort der Klage starb. Aus dem Grund richteten sie ihre Messerhiebe nicht mehr auf jene Stellen am Körper, wo es tödlich war, sondern genossen es, wenn ihre Schläge die Opfer so richtig zum Schreien brachten.

Fulgence: Das Leiden der Opfer offenbarte so richtig, ob einer von Natur aus bösartig oder milde war. Es gab brutale Kerle, die uns dazu anhielten, die Opfer leiden zu lassen. Aber ihre Zahl war sehr gering, das waren wenige. Die meisten waren bedrückt über die schrecklichen Qualen der Opfer.

Wir erledigten die Arbeit so, wie man es halt macht, außer selbstverständlich bei denen, die davonliefen und uns mit diesem Gerenne unnötig ins Schwitzen brachten. Mir ist auch aufgefallen, dass die Träger von Gewehren nie auf Fliehende schossen, wenn sie sie für die Verfolger auseinander scheuchen wollten: Sie schossen in die Luft, um den Gejagten nicht einen zu schnellen Tod zu bereiten.

Pancrace: Die Quälereien waren Zugaben und beruhten auf Entscheidungen Einzelner oder kleiner Gruppen. Sie geschahen nur zum Zeitvertreib, wie eine Ruhepause während der Arbeit auf dem Feld. Aber die Anweisungen lauteten, einfach nur zu töten.

Manche bereiteten den Opfern einen langsamen Tod, weil sie sich nicht richtig trauten, andere, weil sie Schwächlinge waren, wieder andere, weil es ihnen völlig gleichgültig war, noch andere aus Bestialität. Ich kümmerte mich nicht um das alles, sondern schlug einfach nur schnell zu. Ich dachte nicht an derartige Teufeleien, sondern beeilte mich, das Tagesprogramm zu erledigen.

Alphonse: Es gab welche, die trieben mit den Tutsi ihre Späßchen, um den Umstehenden zu zeigen, wie geschickt sie dabei vorgingen. Sie taten sich hervor, um später am Abend überall damit prahlen zu können. Manche machten auch mit der Machete extra langsam, um die Opfer besonders zu strafen. Wenn ein Tutsi einem dieser Bösewichte durch eine lange Verfolgungsjagd viel Kraft geraubt hatte, konnte es passieren, dass der ihn mit der Machetenspitze neckte und ihm ein grausames Ende bereitete. Es war, als ob er zur Abschreckung ein Exempel statuieren wollte, bloß waren keine Lebenden mehr da, denen es eine Lehre hätte sein können.

Jean-Baptiste: Es kam schon vor, dass bekannten Persönlichkeiten oder angesehenen Kaufleuten extreme Qualen zugefügt wurden, um sie für vergangene Untaten zu strafen, oder damit sie ausspuckten, wo sie ihre Ersparnisse versteckt hatten. Es kam auch vor, dass man Leute besonders leiden ließ, mit denen man schon lange wegen eines missglückten Geschäfts oder eines von Rindern zertrampelten Ackers im Streit lag. Doch das waren nur wenige Fälle; es gab keine Anweisungen in dieser Richtung. Die Anführer sagten immer nur: »Tötet, und zwar schnell, und das war's dann auch. Es hat keinen Wert herumzutrödeln.«

Auf dem Rückweg aus dem Kongo habe ich gesehen, wie einige, von denen ich wusste, dass sie besonders grausam getötet hatten, vom Wahnsinn in den Kivu-See getrieben wurden. Aus Angst vor ihrer Rückkehr stürzten sie sich in die Tiefen des Sees. Sie dachten, dass der Tod sie im Wasser milder empfangen würde als auf ihren Hügeln. An allen Ecken und Enden wurde von den wüstesten Drohungen geredet, als die Heimkehr näher rückte. Sie fürchteten mit panischem Entsetzen einen grausamen Tod, da sie selbst so viele mit ihren Buschmessern brutal ermordet hatten. Doch solche Männer waren die Ausnahme.

Pio: Es gab – wenn ich das so sagen kann – absichtliche und unabsichtliche Qualen. Denn viele Tutsi endeten schreiend unter den

Schnittwunden einfach nur aufgrund technischer Fehler. Es waren Verletzte, die man sich am Boden windend zurückließ, weil man überstürzt weiter musste oder unachtsam war oder angewidert war von dem, was man vollbracht hatte: Das spielte eine größere Rolle als die absichtliche Bösartigkeit. Es waren aus Nachlässigkeit verursachte Qualen.

Léopord: Ich habe Kollegen vor Augen, die sich mit den Opfern in ihrer Gewalt Zeit nahmen, um sie lange leiden zu lassen.

Oft aber ließen sie die Person auch nur deswegen halbtot zurück, weil sie es eilig hatten, ans Plündern zu kommen: Zum Beispiel setzten sie den ersten Hieb mit der Machete, dann sahen sie ein Fahrrad, und – Hop! – stiegen sie lieber aufs Rad, statt ihre Arbeit zu Ende zu bringen. Das Gleiche taten sie für ein Dach aus makellosen Wellblechen. Das war mehr Gier als Bösartigkeit. Ich aber sagte mir voller Vertrauen: alles zu seiner Zeit. Ich setzte meine Schläge kurz und genau, mir ging es nur darum zu treffen.

Elie: Wie sehr man die Opfer leiden ließ, war jedem selbst überlassen, solange er seine übrige Arbeit machte. Die Einschüchterer gaben keine besonderen Anweisungen, dass man die Qualen verlängern oder das Leiden kurz machen sollte. Sie wiederholten nur ständig: »Hauptsache töten, dann stimmt's.« Uns war es egal. Wenn ein Kollege unbedingt mit einem Opfer sein Spielchen treiben musste, setzten wir unseren Weg fort. Ich muss aber sagen, dass es sehr vernachlässigt wurde, die Verletzten ganz zu erledigen. Auch wenn das nicht aus bösem Willen geschah, so war es doch auch nicht besonders freundlich.

Alphonse: Säuglinge zu retten, das ließ sich nicht machen. Sie wurden gegen die Wände oder die Bäume geklatscht oder auf der Stelle zerstückelt. Aber sie wurden schneller getötet, weil sie noch so klein waren und weil es keinen Sinn machte, sie leiden zu lassen. Es wurde erzählt, dass wir in der Kirche von Nyamata Kinder bei lebendigem Leib mit Benzin verbrannt haben. Das stimmt vielleicht, aber das waren nur wenige und es geschah im Durcheinander des ersten Tages.

Hinterher ist das nicht mehr gemacht worden. Zumindest habe ich danach so etwas nicht wieder erlebt. Die Säuglinge hätten den Grund für die Qualen nicht verstanden; es lohnte also nicht, sich mit ihnen lange aufzuhalten.

Fulgence: Wenn wir Tutsi sahen, die wie Schlangen durch die Sümpfe krochen, mussten die Jungs darüber lachen. Einige zogen dieses Schauspiel in die Länge, um sich noch mehr zu amüsieren. Aber das war nicht bei allen der Fall. Manchen war das auch egal und sie hielten sich nicht mit solchen Scherzen auf. Wenn es leichter war, sie zu erwischen, wenn sie sich im Schlamm fortschlängelten, umso besser, und das war's.

Adalbert: Wenn wir auf eine Schar von Fliehenden stießen, die verzweifelt versuchten davonzukriechen, so bezeichneten wir sie als ›Nattern‹. Bevor das mit dem Töten losging, hießen sie bei uns üblicherweise ›Kakerlaken‹, aber während des Tötens passte es besser, sie wegen ihres Verhaltens ›Nattern‹ zu nennen, oder ›Taugenichtse‹ oder ›Hunde‹, weil Hunde bei uns nichts wert sind – auf jeden Fall waren sie in unseren Augen weniger als nichts.

Für manche von uns waren das amüsante Späße ohne größere Bedeutung. Wichtig war nur, sie nicht entkommen zu lassen. Für andere waren es erfrischende Beschimpfungen, die ihnen die Arbeit erleichterten. Diese Übereifrigen empfanden weniger Hemmungen, wenn sie in Lumpen gehüllte Wesen verhöhnten und auf ›Kriechtiere‹ einschlugen, als wenn sie es mit ordentlich aufrecht stehenden Personen zu tun gehabt hätten. Denn so waren ihnen die Opfer weniger ähnlich.

Clémentine: »Manchmal kamen die Männer von einer Expedition zurück und trieben einen Gefangenen vor sich her. Sie stellten ihn auf den Platz vor der Ladenzeile und nahmen ihm seine Uhr sowie die Schuhe ab. Manchmal ließen sie ihn auch die Kleidung ausziehen. Auf jeden Fall, bevor es ans Töten ging, denn hinterher waren diese eingefangenen Flüchtlinge derartig zerfetzt, dass ihnen nichts Brauchbares mehr abzunehmen war.

Diese Todeskandidaten waren in erster Linie Bekannte von Tätern und hatten versucht zu schummeln, indem sie sich zum Beispiel als Hutu ausgegeben hatten. Oder es waren Leute, die vorher reich und angesehen gewesen waren, oder Bekannte, die sie einfach wegen vergangener Streitereien nicht mochten.

Die Totmacher riefen alle Leute zum Zuschauen herbei. Sämtliche Frauen und Kinder versammelten sich am Ort des Schauspiels. Manche hatten noch ein Getränk in der Hand, andere trugen einen Säugling auf dem Rücken. Die Totmacher schnitten dem Gefangenen zuerst die Gliedmaße ab, dann zertrümmerten sie die Knochen mit einem Knüppel, ohne allerdings ihre Opfer ganz zu töten. Sie wollten sie lange leiden lassen. Sie wollten, dass die Zuschauer dieses Folterschauspiel als Exempel begriffen. Von allen Seiten erschallten Zurufe. Es waren lärmende Volksfeste, sehr selten zwar, aber sehr gut besucht.«

Jean: »Es fand keine Schule mehr statt, es gab nichts mehr, was man in der Freizeit tun konnte wie etwa Fußballspielen oder so etwas. Wenn eine öffentliche Hinrichtung mit dem Buschmesser veranstaltet wurde, etwa an der Kirche oder bei den Läden, dann versammelten sich dort sämtliche Kinder freiwillig ohne dass man uns hätte zwingen müssen. Wem nicht Bescheid gesagt worden war, der wurde durch die Schreie angelockt. Wir schauten uns das Blutvergießen in allen Einzelheiten an. Man konnte sich nach vorne durchzwängen oder nach hinten wegdrängeln, je nachdem, wie neugierig man war. Das waren die einzigen Ablenkungen, die uns geboten wurden.«

Sylvie: »Auch die kleinen Kinder haben alles von den öffentlichen Tötungen gesehen. Selbst wenn sie sich heute weigern, darüber zu reden, rutschen ihnen manchmal Worte heraus, die belegen, dass sie bei solchen Folter-Schauspielen anwesend gewesen waren. Sie haben sich das wohl als Vorbild oder zum Zeitvertreib angeschaut. Die Größeren durften, wenn sie älter als zwölf oder dreizehn waren, manchmal sogar mitmachen. Selbst wenn sie nicht mit eigenen Händen töteten, zogen sie doch mit den Hunden los, um die Fliehenden in ihren Verstecken im Busch aufzustöbern. Das war ihre Beschäftigung in all den Wochen ohne Schule, ohne die Möglichkeit zu spielen und ohne in die Kirche zu gehen. Dazu kamen dann noch die Plünderungen.

Es ist unmöglich, eine genaue Zahl anzugeben, aber viele Kinder haben getötet. Manche erzählen, dass es sie anwiderte, dass sie davor Angst hatten, aber sie wurden von ihrem Papa und ihrer Mama gezwungen, selbst mit dem Buschmesser zuzuhauen. Die meisten versinken in völliger Sprachlosigkeit, wenn sie andere über die Massaker reden hören, sogar noch Jahre danach. Doch stumm bleiben ist weder ein Weg, damit abzuschließen, noch sich zu ändern.

Léopord: Eines Tages hat unser Vertreter im Gemeinderat verkündet: »Eine flachgelegte Frau hat keine ethnische Zugehörigkeit mehr.« Nachdem das so gesagt war, fingen manche Männer sich Mädchen und nahmen sie als Frau mit nach Hause auf ihre Parzelle. Viele fürchteten jedoch auch Vorwürfe ihrer Ehefrauen und taten den Mädchen gleich in den Sümpfen Gewalt an, mitten bei der Arbeit des Totmachens. Sie verbargen sich dabei noch nicht einmal hinter Papyrusstauden vor den Blicken ihrer Kameraden.

Manche Mädchen konnten dadurch ihr Leben retten oder zumindest für eine gewisse Zeit verlängern – vor allem dann, wenn sie Soldaten in die Hände fielen, die zu Hause niemanden hatten. Gerieten sie aber in die Hände von Bauern, war es mit ihrem Leben selbstverständlich schnell zu Ende.

Clémentine: »Mein Ehemann, ein Tutsi, war in die Sümpfe geflohen. Ich brachte in der ersten Woche des Tötens ein Kind zur Welt – in einem verlassenen Haus, denn sie hatten unser Haus abgebrannt. Vorbeiziehende Männer aus unserem Dorf verfluchten das Neugeborene. Sie machten vor der Tür Sprüche wie: ›Die gehört zwar zu den Unseren, aber ihr Sohn ist ein Tutsi. Er hat keinen Platz mehr unter den Lebenden.‹ Wenn ihre Drohungen zu heftig wurden, musste ich die Beine breit machen, um das Leben des Kleinen zu retten. Da sie sich das untereinander weitererzählten, wiederholte sich das oft.«

Pancrace: Wenn man früher abends oder in den Nächten zusammensaß, hieß es oft: »Schaut euch diese Tutsi an, wie sie ihre hohe schlanke

Gestalt betonen. Sie sind so stolz und betrachten uns als Menschen niedereren Ranges. Deswegen sind auch ihre Töchter so heftig begehrt.« Als dann die Zeit des Tötens kam und ein bösartiger Totmacher ein etwas größer gewachsenes Opfer im Schilf fing, konnte es passieren, dass er ihm die Beine abschlug, etwa auf der Höhe der Knöchel, und die Arme ebenso, und es so gestutzt liegen ließ, ohne ihm den Gnadenstoß zu versetzen. Bei Frauen geschah das sogar, wenn sie nicht einmal besonders groß waren.

Kerle, die gut drauf sind

Zwei Wege führen zum Zuchthaus von Rilima. Der eine ist eine sandige Piste und verbindet die sich unter der Hitze duckenden Weiler miteinander. Der andere, ein Fußpfad, ist eine Abkürzung quer durch die Savanne und ermöglicht es den Familien der drei Hügel, in sieben bis zehn Stunden an ihr Ziel zu gelangen – je nach Gewicht der zu Bündeln zusammengeschnürten Sachen, die sie zum Besuchstag mitbringen.

Das aus ockerfarbenen Backsteinen gebaute Zuchthaus erhebt sich wie eine Festung auf einer Anhöhe. Von dort überblickt man direkt unter sich den Kidogo-See und etwas weiter die Sümpfe des Nyabarongo-Flusses, der selbst nach einer Schleife in der Landschaft sichtbar wird. In allen anderen Richtungen dehnt sich, so weit das Auge reicht, ödes wüstenartiges mit Gestrüpp bestandenes Land, nur hier und da unterbrochen von grünen Mais- und Bohnenfeldern, die sich Oasen gleich von der Einöde abheben. Rilima herrscht über die trockenste Zone des Bugesera.

In *Nur das nackte Leben* schrieb ich dies: »Die Mauer um die Gefängnisgebäude – weder mit Wachtürmen noch mit Stacheldrahtrollen bewehrt – steht oben auf einer Anhöhe. Ein orange gestrichenes Eisentor sperrt ein wenig auf und gibt Häftlingen mit Sondergenehmigung Durchlass. Fünfzig Meter hinter dem Tor schlägt einem gleichzeitig ein erstickender Gestank von Schweiß, Küchen- und Kloakengerüchen entgegen und das Getöse von Orchestern, die mit Rhythmen und Gesang um die Wette lärmen. Schon ein Blick durch das Tor verrät, welch unbeschreibliches Durcheinander unter denen herrscht, die hinter den Mauern zusammengepfercht sind.«

Zwei Jahre später ist an dieser Beschreibung kein Wort zu ändern. 7.500 Sträflinge sind in Gebäuden untergebracht, die eigentlich für zwei Drittel weniger Insassen errichtet wurden. Sie sind in Blocks zu 500 aufgeteilt und schlafen in zweistöckigen Metallbetten, deren Matratzen zumeist Pappen oder Decken sind. Ungefähr 500 übernachten im Hof unter Plastikplanen.

Trotz dieser Überbelegung haben sich jedoch die hygienischen Bedingungen, unter denen die Strafgefangenen leben, erheblich verbessert.

Dies ist auf die Politik der nationalen Versöhnung, gezielte internationale Finanzhilfen für die Gefängnisse und auf die täglichen Kontrollen des *Roten Kreuzes* zurückzuführen. Inzwischen übertreffen die hygienischen Verhältnisse deutlich die der Dorfbewohner auf der wüstenähnlichen Hochfläche im Umland des Zuchthauses, besonders bei Malariaepidemien und großer Dürre. Die Gefängnisverwaltung stellt Mais- und Hirsemehl, Bohnen, Brennholz zum Kochen und täglich zwei Stunden Strom zu Verfügung. Das *Rote Kreuz* versorgt die Häftlinge zusätzlich mit Öl, Reinigungsmitteln, Bettzeug und Arzneimitteln und verteilt diese perfekt geschnittene, gleichwohl seltsame rosa Sträflingskleidung.

Das allgemeine Wecken der Strafgefangenen ist auf halb sechs festgesetzt. Diejenigen, die den Tag mit einem Gebet beginnen, wecken sich gegenseitig eine halbe Stunde früher. Um sechs Uhr beginnt der Dienst des Wasserholens: Er besteht darin, etwa vierzigtausend Liter Wasser zum Trinken und Waschen im See zu schöpfen und in Kanistern auf dem Rücken in einem pausenlosen Pendelverkehr heranzuschaffen. Die einzige Mahlzeit am Tag wird – Block für Block – von neun bis fünfzehn Uhr ausgeteilt. Extras kommen, soweit sie die Familien mitgebracht haben oder der Schwarzmarkt sie hergibt, hinzu.

Zur gleichen Stunde ziehen Trupps los, um auf den siebzig Hektar großen Ländereien des Zuchthauses oder den Baustellen im Umland, in den Werkstätten der Mechaniker, Schmiede, Uhrmacher oder auch in den Frisiersalons zu arbeiten. Die Arbeit ist freiwillig, unbezahlt und bringt – bis auf die Arbeit in der Gefängnisküche – nur bescheidene Vergünstigungen ein. Die glücklichen Auserwählten, die dort beschäftigt sind, werden davon fett, ebenso wie die Rechtsberater, Clanchefs und Prediger, die sich ihre Dienste direkt aus den Kesseln bezahlen lassen. Die Geistlichen der vielen Religionsgemeinschaften teilen sich mit ihren Gottesdiensten den Nachmittag und – im Zweistundentakt – den Sonntag.

Besuch ist für alle Sträflinge zweimal in der Woche genehmigt. Doch nach dem stundenlangen Fußmarsch und dem stundenlangen Warten außerhalb der Gefängnismauern können die Angehörigen höchstens ein paar Sekunden mit den Häftlingen sprechen – in einem

Durcheinander von Rufen, Befehlen und der Übergabe von Lebensmittelpaketen –, was sehr ermüdend ist. Die meisten Sträflinge sind, seitdem sie eingesperrt wurden, nur ein- oder zweimal besucht worden. Diese fehlende Verbindung zur Außenwelt verschärft noch ihr isoliertes Dasein.

Die Männer der Bande aus Kibungo sind in guter physischer und psychischer Verfassung, ihr Ernährungszustand ist gut und sie machen einen normal gepflegten Eindruck. Das Zusammengepferchtsein macht ihnen zu schaffen, doch darüber hinaus bestehen keine weiteren Probleme oder unhaltbare Mängel, die ihr Verhalten uns gegenüber beeinflussen könnten.

Auf Anraten Innocents trete ich zunächst mit den beiden Personen in Kontakt, die auf die Gruppe großen Einfluss haben: Jean-Baptiste Murangira, früher Gemeindebeamter in Ntarama, jetzt Leiter einer Vereinigung Reumütiger, und Adalbert Munzigura, vormals *interahamwe*-Führer in Kibungo, heute für die Sicherheit unter den Gefangenen verantwortlich und nach wie vor Chef der Bande. Nachdem diese beiden zugestimmt haben, rufen wir die ganze Clique zusammen, um ihnen unser Projekt vorzustellen und seine Regeln zu besprechen.

Wir verpflichten uns, von den Gesprächen weder etwas an Richter, Rechtsanwälte oder Gefängnisdirektoren weiterzugeben, noch an Kneipenbekanntschaften in Nyamata, noch an die Angehörigen der Opfer oder ihre eigenen Familien. Außerdem werden wir nichts vor Ende ihrer Prozesse und der endgültigen Verkündung des Strafmaßes veröffentlichen, damit ihre Berichte ihnen weder schaden noch nützen können.

Ihre gemeinschaftliche Mitarbeit wird vergütet durch die Lieferung von Zucker, Salz, Seife, Limonade und Medikamenten nach einer von ihnen aufgestellten Liste. Hochwillkommen ist ihnen weiterhin auch der Austausch von Nachrichten: Wir bringen sie den Inhaftierten von ihren Familien mit und gehen bei diesen dann nachmittags vorbei, um die Botschaften aus dem Zuchthaus zu überbringen.

Ihrerseits haben sie die volle Freiheit, sich jederzeit endgültig oder für einen gewissen Zeitraum zurückzuziehen, ohne dass das nachteilige Folgen für ihre Kollegen hätte. Tatsächlich wird keiner davon Gebrauch machen.

Sie müssen, wenn sie auf gewisse Fragen nicht antworten wollen, zu einer gemeinsamen Haltung finden. Wenn sie derartige Fragen für verkehrt oder verfänglich halten, bekunden sie ihre Weigerung zu antworten mit ein paar Worten oder einfach nur durch Schweigen. Nach Möglichkeit erläutern sie ihre Weigerung. Andererseits verpflichten sie sich aber, nicht zu lügen oder irgend etwas Beliebiges zu erzählen.

Diese anscheinend einfache und von vornherein akzeptierte Regel erweist sich während der ersten Zeit als Gegenstand harter und manchmal auch spannungsgeladener Diskussionen, denn die Kerle können zunächst nicht anders, als Innocent und mir gegenüber ihr gewohntes Verteidigungsmuster zu reproduzieren, das sie sich für die Justiz, für ihre Familien und für ihr Gewissen zurechtgelegt hatten. So lassen sie – mehr oder weniger spontan oder aus Berechnung – jede Menge Lügen in ihre Berichte einfließen. Das veranlasst mich dann auch, die Gespräche mit zwei von ihnen abzubrechen und sie aus der Gruppe auszuschließen, denn ihr Starrsinn, mit dem sie auf völlig unwahrscheinlichen Schilderungen beharren, Offensichtliches bestreiten und sich selbstgefällig in dämlichem Nihilismus ergehen, führt zu nichts.

Doch am Ende dieser schwierigen Verständigungsphase und einer vorsichtigen Annäherung lassen die anderen sich nach und nach darauf ein, dass sie nur durch Schweigen »im Umgang mit der Wahrheit Haken schlagen« können. Bald geben sie sogar immer mehr dieses »Hakenschlagen« auf. Jeder weicht sowieso auf seine Weise aus, die einen holen zu weiten Kurven aus, die nie zu enden scheinen, und andere begnügen sich mit gelegentlichen kurzen Winkelzügen, wie wir später noch sehen werden.

Pio und Alphonse zum Beispiel, die innerhalb der Bande sehr leicht dem Einfluss der anderen erliegen, halten sich buchstabengenau an die Vereinbarung, wenn wir allein mit ihnen reden. Léopord verzichtet ganz und gar auf den Schweige-Joker und beantwortet alle Fragen. Adalbert sollte sich als unberechenbar erweisen: An einem Tag erzählt er nur Unwichtiges, am nächsten spricht er mit vorbehaltloser Offenheit. Elie hat an manchen Tagen das Bedürfnis, alles offen auf den Tisch zu legen, an anderen nicht. Ignace und Jean-Baptiste wagen sich nie weit weg vom sicheren Ufer ....

Trotz dieser Regel enthalten die Berichte bestimmt mehrere Lügen; ein oder zwei kenne ich, die anderen noch nicht. Jean-Baptistes erster Mord an seinem Nachbarn und dessen nähere Umstände weichen zum Beispiel von dem ab, was er selbst angibt. Eine Hutu-Bäuerin, die der Szene damals beiwohnte, bezeugt, dass Jean-Baptiste nicht – wie er es wiedergibt – zu dem Mord aufgefordert oder gezwungen wurde, sondern dass er ganz im Gegenteil freiwillig handelte und sogar gleich im Anschluss noch ein altes Ehepaar in der Nähe der Kneipe umbrachte. Nach einigem Zögern habe ich mich dann aber doch dazu entschieden, Jean-Baptistes Version unverändert zu lassen, weil sie, obwohl bewusst falsch, sehr wichtige Aussagen über die erregte Atmosphäre, die kollektive Geisteshaltung der Leute damals und die Erpressung, die auf Ehemänner von Tutsi-Frauen ausgeübt wurde, enthält. Und es gibt eben keine Regel ohne Ausnahme.

Ruandas Regierung und Verwaltung war kooperativ. Der Innenminister erteilte uns vorbehaltlos die Besuchserlaubnis und die Genehmigung für die Gespräche.

Der Gefängnisdirektor stellte allerdings drei Bedingungen. *Erstens*: Die Gespräche mussten außerhalb der inneren Zuchthausmauer, außerhalb der Schlaftrakte und des Innenhofes stattfinden, damit sie nicht zu Aufläufen unter den Häftlingen führten. *Zweitens*: Die Gespräche mit Joseph-Désiré Bitero mussten wegen der gegen ihn verhängten Todesstrafe unter Aufsicht eines bewaffneten Wärters stattfinden, der in zehn Meter Entfernung Posten bezog. Seine Anwesenheit hatte jedoch keine Auswirkungen, denn auf diese Entfernung konnte der Wärter die Gespräche nicht mithören, und er interessierte sich auch überhaupt nicht dafür – vor allem wohl deswegen, weil der ehemalige Volksschullehrer Joseph-Désiré in fließendem Französisch sprach, was der Aufpasser nicht verstand. *Drittens*: Die Gespräche wurden sonntags, am Ruhetag, unterbrochen.

Und wo bleibt bei all dem Gott?

Adalbert: Der Tag nach dem Flugzeugabsturz war ein Samstag, der normale Übungstag des Chors in der Kirche von Kibungo. Wir sangen die Choräle in bestem Einvernehmen mit unseren Tutsi-Mitbürgern; unsere Stimmen mischten sich im Chorgesang. Sonntagvormittag haben wir uns für die Messe zur vereinbarten Stunde dort wieder eingefunden, aber sie sind nicht gekommen. Aus Angst vor Vergeltungsmaßnahmen waren sie schon in den Busch geflüchtet und hatten ihre Kühe und Ziegen mitgenommen. Da waren wir mächtig sauer, ausgerechnet an einem Sonntag. Die Wut hat uns aus der Kirche getrieben. Wir ließen Gott und unsere Gebete drinnen zurück und eilten statt dessen mit großen Schritten zu unseren Häusern. Dort haben wir unseren Sonntagsstaat gegen unsere Arbeitskleidung getauscht und uns Macheten und Keulen gegriffen. Auf dem kürzesten Weg sind wir zum Töten losgezogen.

In den Sümpfen wurde ich zum Befehlshaber über die Tötungen ernannt, weil ich mit Nachdruck Befehle erteilen konnte. In den Lagern im Kongo war es dasselbe. Im Gefängnis wurde ich zum charismatischen Anführer ernannt, weil ich besonders kräftig sang. Vor allem die Hallelujas brachten mich in Verzückung. Ich fühlte mich während dieses Lobpreises von unendlicher Herzensgüte gewiegt. Ich ließ nicht nach in meiner Verehrung für die Liebe Gottes.

Eines Tages, als ich aus vollem Herzen die Kirchenlieder sang, erfasste mich eine gewisse Beklemmung darüber, dass die frommen Worte mich so selig machten, ich aber verschwieg, was ich den Getöteten angetan hatte. Mein Blick wanderte über alle meine betenden Kollegen in ihrer Gefängniskluft. Ich dachte bei mir: Man gewährt denen, die einem Übles angetan haben, Vergebung auf Erden wie im Himmel, und dabei wird man auch sorgfältig prüfen, was wir in den Sümpfen begangen haben. Ich dachte bei mir: Unsere Gesänge steigen so inbrünstig gen Himmel, dass sie mit Sicherheit außerhalb des Gefängnisses erhört werden. Dennoch quält mich der Segen Gottes, der in der *Heiligen Schrift* den Gutwilligen verheißen wird, wegen meines bösen Willens. Deswegen habe ich mich bereit gefunden und damit begonnen, ein klein wenig zu gestehen, erst vor Gott, dann vor den Richtern; und deswegen habe ich mich auch bereit gefunden, Ihnen das zu erzählen.

Alphonse: An dem Donnerstag, an dem wir die Kirche von Ntarama betraten, lagen die Menschen im Halbdunkel auf dem Boden, die Verletzten sichtbar zwischen den Bankreihen, die Unverletzten versteckt unter den Bänken, die Toten in den Gängen bis unmittelbar vor dem Altar. Wir waren die einzigen, die Lärm machten.

Sie warteten in der Stille der Kirche auf den Tod. Für uns hatte es keinerlei Bedeutung mehr, dass wir uns im Haus Gottes befanden. Wir haben laut geredet, unsere Scherze gemacht, Befehle erteilt und die Menschen verhöhnt. Person um Person haben wir sie uns vorgenommen und ihnen genau ins Gesicht geschaut, um sicher zu gehen, dass auch jeder erledigt sei. Wenn man sich nicht im Klaren war, ob einer schon im Sterben lag, schleiften wir den Körper nach draußen, um ihn bei Tageslicht zu überprüfen.

Ich bin getauft und bin ein überzeugter Katholik, aber ich hatte das Gefühl, es wäre besser, wenn ich während des Tötens nicht wie üblich betete. Was diese Drecksarbeit anging, konnte man von Gott nichts dafür erbitten. Manche Nacht überkamen mich allerdings dunkle Ängste, und um doch noch etwas Schlaf zu finden, warf ich mich zu Boden und bat kleinlaut um Vergebung.

Pancrace: Gott hat die Menschen nicht alle gleich geschaffen. Es gibt Totmacher, die haben ein gutes Herz und gehen zur Beichte. Und es gibt hartherzige Totmacher, die nach außen schweigend den Hass in ihrem Inneren aufstauen. Die sind sehr gefährlich, denn der Glaube erweicht nicht ihren Charakter. Sie versäumen keinen religiösen Feiertag. Sie sprechen laut die Gebete, singen inbrünstig die Kirchenlieder und lassen keine religiöse Verrichtung wie das Bekreuzigen und das Hinknien aus. Sie demonstrieren nach außen hin ihre Religiosität, aber tief in ihrem Herzen wissen sie, dass sie mit dem Töten wieder beginnen werden. Sie gedulden sich nur bis zur nächsten günstigen Gelegenheit.

Fulgence: Ich war der Hilfsgeistliche, der die Versammlungen der Christen auf dem Hügel von Kibungo ausgestaltete. War der Pfarrer abwesend, hielt ich die normalen Gottesdienste ab.

Ich hatte mich entschieden, nicht zu Gott zu beten, solange das Töten vor sich ging. Ich spürte, dass es nicht richtig war, den Herrn da hineinzuziehen. Diese Entscheidung ergab sich wie von selbst. Wenn ich allerdings am Tag zu viel vollbracht hatte und mir nachts deswegen die Furcht sehr zusetzte, dann erflehte ich von Gott die persönliche Gefälligkeit, er möge es mir vergönnen, nur an ein paar der darauf folgenden Tage nicht mitmachen zu müssen.

Gott hatte uns bis zum Absturz des Flugzeugs von einem Völkermord verschont. Danach hat er es zugelassen, dass Satan die Partie gewinnt. So sehe ich es. Da es Satan war, der uns in diese Situation getrieben hat, kann auch nur Gott allein über uns richten und uns strafen. Die Menschen können es nicht, denn die Allmächtigkeit der beiden übertrifft alle Menschenmacht, jedenfalls bei diesem übernatürlichen Geschehen.

Ich weiß, dass allein Gott zu verstehen vermag, was wir getan haben. Er allein hat alles in allen Einzelheiten gesehen, er allein weiß, wer sich die Hände schmutzig gemacht hat und wer nicht. Und die Letzteren sind vor seinem Richterstuhl schnell gezählt.

Ignace: Die Priester, soweit sie Weiße waren, hatten bei den ersten Gefechten das Weite gesucht. Die Priester schwarzer Hautfarbe waren entweder auch Mörder geworden oder selber getötet worden. Gott hüllte sich in Schweigen und die Kirchen stanken nach Kadavern, die man dort hatte liegen lassen. Für die Religion war bei unserer Arbeit kein Platz mehr. Für eine kurze Zeit waren wir keine normalen Christen mehr: Wir mussten unsere Christenpflichten, wie wir sie im Kommunionsunterricht gelernt hatten, vergessen. Wir hatten nämlich zuerst den Vorgesetzten Gehorsam zu leisten und danach erst Gott – sehr lange danach, um zu beichten und Buße zu tun, nachdem die Arbeit getan war.

Pancrace: In den Sümpfen haben sich fromme Christenmenschen in wild wütende Totmacher verwandelt. Im Gefängnis haben wild wütende Totmacher sich in äußerst fromme Christen verwandelt. Aber es gibt auch fromme Christen, die sich in zaghafte Totmacher verwandelt haben, und zaghafte Totmacher, die sich in sehr fromme Christenmenschen verwandelt haben.

Das Ganze hat sich ohne erkennbaren Grund so ergeben. Jeder hat seinen Glauben auf seine Weise ausgeübt, ohne besondere Regeln, denn die Geistlichen hatten das Weite gesucht oder waren selbst beim Mitmachen erwischt worden. Auf jeden Fall hat die Religion sich den neuen Glaubensverhältnissen angepasst.

Elie: Gott und Satan treten in der *Bibel* und in den Predigten der Priester deutlich als Gegensatz auf. Der eine strahlt nur so in Weiß und Gold, der andere in Schwarz und Rot. Aber in den Sümpfen gab es nur die Farben der Schlammtümpel und vor sich hinfaulender Blätter. Es war, als ob Gott und Satan übereingekommen wären, uns den klaren Blick zu verwirren. Ich will damit sagen, dass wir uns weder um den einen noch um den anderen scherten.

Einmal haben wir eine kleine Schar Tutsi in den Sümpfen aufgestöbert. Sie erwarteten die Machetenhiebe mit Gebeten. Sie flehten uns nicht an, sie baten uns nicht um Gnade oder auch nur darum, ihnen ein langes Leiden zu ersparen. Sie wandten sich gar nicht an uns. Sie schienen sich noch nicht einmal an den Himmel zu wenden. Sie beteten und sangen die Psalme gemeinsam für sich. Wir haben darüber gespottet, wir haben uns über ihr *Amen* lustig gemacht, wir haben sie, was die Güte des Herrn angeht, verhöhnt und über das Paradies, das sie erwartete, unsere Witze gemacht. Das hat uns noch mehr aufgeputscht. Jetzt zerreißt die Erinnerung an diese Gebete mir das Herz.

Pio: In den Sümpfen hörte man kein Kind schreien, noch nicht einmal vor sich hin plappern. Sie harrten völlig still im Schlamm aus. Das war schon extrem. Wenn man eine Frau aufstöberte, die einen Säugling bei sich trug, zeigt der keinerlei Anzeichen von Angst. Das war schon ein Wunder, wenn ich das so sagen darf.

Zahlreiche Tutsi baten gar nicht mehr um Gnade; sie ließen den Tod einfach so auf sich zukommen, gemeinsam mit den anderen. Sie hofften auf nichts mehr. Sie wussten, dass jegliche Hoffnung auf Errettung vergeblich war, und sie gingen dahin ohne ein Gebet. Ihnen war bewusst, dass alle sie aufgegeben hatten, sogar Gott. An ihn richteten sie kein letztes Wort mehr. Sie würden auf einem Leidensweg aus dem Leben scheiden, sie waren schon zu ihm unterwegs und hatten an ihn keine Bitten mehr, weder um Stärkung noch um seinen Segen noch um einen Willkommensgruß. Sie beteten nicht einmal dafür, dass ihnen das Grauen eines entsetzlichen Todes erspart bliebe.

Das war mehr als überraschend, es war schon jenseits der menschlichen Natur. Sogar die Tiere, die von Erbarmen, vom Leiden und vom Bösen keinen Begriff haben, brechen im Augenblick des Todesstoßes in einen entsetzlichen Schrei aus.

Dieses Geheimnis gab uns Anlass zu vielen Diskussionen. Wir suchten nach Erklärungen für diese Tutsi, die schweigend in den Tod gingen. Das machte uns bei mancher Gelegenheit Angst, besonders nachts, denn es hieß, dass die äußerliche Ruhe dieser Leute ein böses Zeichen Gottes sei.

Joseph-Désiré: Ich bin als Hutu geboren, ich habe mir das nicht ausgesucht: Es war die Wahl Gottes. Ich habe Tutsi massakriert, dann haben die Tutsi Hutu getötet. Ich habe alles verloren – bis auf das Leben zum gegenwärtigen Zeitpunkt. Ich erkenne in diesem Chaos mein eigenes Leben nicht mehr. Gott allein vermag es zu erblicken, zu behüten und zu leiten.

Wie ist es im Grunde darum eigentlich bestellt? Es gibt Leute, die getötet haben und jetzt auf ihren Hügeln oder in einer Villa im Ausland sitzen und das Leben genießen. Und andere, die ebenfalls getötet haben und jetzt im Zellentrakt der Todeskandidaten ihr Dasein fristen. Warum hat Gott die einen auf einen glücklichen Weg geführt und die anderen mit Leiden hart geprüft? Ich weiß es nicht. Ich befinde mich hier im Fegefeuer des Gefängnisses, aber dank der Allmacht Gottes atme ich immer noch. Ich habe vor nichts so sehr Angst wie vor meiner Hinrichtung. Wir alle haben Angst, vorzeitig zu sterben, denn in jeder Situation bleiben wir Menschen. Deswegen habe ich beschlossen, mein Schicksal in Gottes Hände zu legen. Er allein verfügte über die Macht, den Völkermord zu beenden, er allein kann mich verstehen, von nun an kann er allein mein Leben retten. Kein menschliches Wesen kann sich zwischen ihn und mich drängen. Das ist es, woran ich von nun an glaube.

Léopord: Wir betrachteten die Tutsi nicht mehr als menschliche Wesen – noch nicht einmal als Kreaturen Gottes. Wir hatten aufgehört, die Welt als das anzusehen, was sie ist, ich meine als eine Schöpfung Gottes.

Aus dem Grund fiel es uns auch leicht, sie zu vernichten. Aus dem Grunde beteten jene unter uns, die insgeheim noch beteten, für sich selbst und niemals für ihre Opfer. In ihren Gebeten flehten sie, man möge ihre Verbrechen nur ein wenig vergessen, man möge ihnen ein klein wenig Verzeihung gewähren, und am nächsten Morgen zogen sie wieder in den Sumpf.

Grundsätzlich war es mehr als verboten, ein wohlwollendes Wort über die Tutsi zu äußern, ob nun in Gottes Ohr oder einem anderen gegenüber. Selbst nach ihrem Tod, selbst wenn es ein Neugeborenes gewesen war. Sogar ein Priester durfte seine größere Nähe zu Gott nicht dafür verwenden, für die Seele eines Tutsi zu beten. Er hätte sich in große Gefahr begeben, wenn andere ihn dabei gehört hätten.

Jean-Baptiste: Allein die Hunde und die wilden Tiere wagten sich in die Kirche und begaben sich in diesen Schlachthausgestank. Wenn wir auf dem Weg hinab in die Sümpfe oder nach Kanzenze an der Einfriedung der Kirche entlang kamen, verscheuchte uns dieser Gestank noch mehr als die Lesungen des Evangeliums.

Es war wirklich die Zeit, die von uns verlangte, dass man sich um Gott nicht mehr kümmerte, und wir haben ihr Verlangen erfüllt. Im Grunde genommen wussten wir, dass Christus bei diesem Unternehmen nicht auf unserer Seite war, aber weil er aus dem Munde der Priester nichts zu uns sagte, waren wir zufrieden.

Elie: Alle wichtigen Personen haben bei unserem Töten weggeguckt: die Blauhelmsoldaten, die Belgier, die weißen Direktoren in den Behörden, die schwarzen Staatspräsidenten, die Vertreter der internationalen Hilfsorganisationen und die Kameraleute aus aller Welt, die Bischöfe und die Geistlichen, und schließlich sogar auch Gott.

Hat er das, was sich in den Sümpfen abspielte, überhaupt wahrgenommen? Warum hat er seinen Zorn nicht vor unseren mordgierigen Blicken offenbart? Oder ein kleines Signal der Missbilligung herabgesandt, um ein paar Menschen mehr zur glücklichen Rettung zu verhelfen? Wer hat sein Schweigen in diesen schrecklichen Augenblicken überhaupt mitbekommen können? Wir waren allein gelassen; mahnende Worte des Tadels erreichten uns nicht.

Sonntagvormittags wurde im Radio nicht mehr wie vorher die Messe übertragen. Aber es gab ermutigende Gerüchte, dass bald renommierte Würdenträger der Kirche aus Kigali kommen würden. Manchmal brachten sie im Radio Kirchenlieder und Choräle. Sie kamen von Kassetten, und gepredigt wurde dabei nicht. Aber die Kirchenmusik wiegte die in Sicherheit, die besorgt waren. Sie erinnerte sie an die Sonntage, wie sie einmal waren, und das tat ihnen gut.

Jean-Baptiste: Wir erhielten keine genaueren zeitlichen Angaben zum Programm, obwohl es so lang angelegt war. Die Zeit schien die Angelegenheit zu unterstützen und sie verlangte auch nur, dass man sich um Gott nicht mehr kümmerte. Man gehorchte also und machte mit dem Töten weiter, bis man beim Letzten angekommen sein würde. Selbst wenn die Arbeit sich wegen der Plünderungen und der Saufgelage hinzog, kam keinerlei Zweifel an unserem Tun auf, denn niemand wäre in der Lage gewesen, es noch aufzuhalten. Aber Gott hat sich in gewisser Weise doch in das Töten eingemischt, indem er das Vorrücken der *inkotanyi* beschleunigt hat. Letztlich war es Gott, der die endgültige Vernichtung nicht akzeptiert hat, das ist die Lehre, die man daraus ziehen muss.

Marie-Chantal: »Jetzt ist es so, dass, je schuldiger sich ein Totmacher fühlt, desto häufiger geht er zur Kirche. Und gleichermaßen ist es bei den Überlebenden: Je traumatisierter sie sich fühlen, desto häufiger gehen sie zur Kirche. Schuldige und Opfer drängen sich also Schulter an Schulter in der ersten Reihe der Betenden, so als ob sie vergessen hätten. Im Vergleich zu heute war das mit der Religion vor dem Krieg eher lau. Heutzutage klammern sich die Menschen in großer Zahl an Gebete und Gesänge, um mit diesem Halt besser durch das aus den Fugen geratene Leben zu gehen. Zahlreiche Prediger sind mit dieser Situation sehr zufrieden. Auch wenn es zwischen den Betenden nicht das Gefühl gibt, einander helfen zu wollen, so besteht in den Kirchen zwischen ihnen wenigstens keine Missstimmung. Es herrscht nicht diese Angst wie auf den Hügeln.

Je weniger die Leute füreinander wohlwollende und sorgende Blicke haben, desto liebevoller betrachten sie die Heiligenbilder an den Wänden.

Was Joseph-Désiré angeht, so habe ich schon oft gedacht, dass er früher oder später im Zusammenhang mit seinen Aktivitäten getötet werden könnte. Aber für immer im Gefängnis, das habe ich nicht erwartet. Jetzt schicken wir uns über Familien mit Besuchserlaubnis Bibelsprüche hin und her, die wir auf kleine Zettel abgeschrieben haben, denn sonst haben wir uns über die neue Lage, in der wir uns befinden, nicht viel zu sagen.«

Clémentine: »Auf ihrem Weg in den Kongo trugen die Hutu auf ihren Schultern die Last der Besiegten und Verdammten und nahmen sie mit in ihr Exil.

Viele sagten, dieses Exil wäre für sie die gerechte Strafe des Himmels. Viele sagten auch, dass diese Strafe sehr viel härter hätte ausfallen müssen. Auf den Landstraßen liefen sie in einem Zustand zwischen Scham und Angst vor der Gefahr davon. In den Lagern im Kongo fühlten sie sich von allen Seiten bedroht – auch von Gott. Sie fürchteten die üblichen Strafen und weitere Strafaktionen für das, was sie begangen hatten. Sie sagten sich, dass aus den übernatürlichen Dingen, die sie mit ihren Macheten angerichtet hatten, eine ebenso übernatürliche Bestrafung erwachsen würde.«

Léopord: Aufgrund des vielen Tötens, des vielen Essens und der vielen Plünderungen platzten wir förmlich vor Wichtigkeit, so sehr, dass wir auf die Existenz Gottes pfiffen. Die, die das Gegenteil behaupten, sind Lügner und hinter der Zeit zurück. Manche geben heute vor, sie hätten während des Tötens Gebete gen Himmel geschickt. Sie lügen; niemand hat irgendwann auch nur ein *Ave Maria* oder so etwas Ähnliches vernommen. Sie versuchen bloß, sich zu Lasten ihrer Kollegen in die Schlange der reuigen Sünder zu schmuggeln.

In Wahrheit dachten wir, wir könnten künftig ohne Gott zurecht kommen. Der Beweis: Wir töteten sogar sonntags und merkten es gar nicht. So war's eben.

Eine Bank unter einem Akazienbaum

In Rilima kommen wir immer am frühen Vormittag an, wenn der Pflichtdienst des Wasserholens erledigt ist. Oft nehmen wir Angehörige der Sträflinge mit, die das Auto säckeweise mit Mehl beladen. Wir stellen den Wagen an der Gefängnismauer ab, direkt an einem Weg, auf dem die zu Unterhaltungsarbeiten oder als Lagerverwalter eingeteilten Sträflinge ihrer Arbeit nachgehen. Den Weg säumen Gärten und Einzelgebäude, in denen Büros oder Wohnungen des Gefängnispersonals untergebracht sind, oder eben auch die Vorratslager. Das letzte Haus beherbergt eine Kinderkrippe für den Nachwuchs der weiblichen Häftlinge, der in Gefangenschaft allein aufgrund des engen Zusammenlebens oder in einer mehr oder weniger glücklichen Partnerschaft entstanden ist.

Ein Gefängniswärter erwartet uns, immer derselbe. Er notiert die Namen der beiden Personen, mit denen wir an dem Tag die Unterredung führen wollen. Während er sie aus dem befestigten Teil der Anlage herbeiholt, begrüßen wir kurz den Direktor, seine Mitarbeiter, weitere Gefängniswärter und die höheren Chargen unter den Häftlingen. Von meiner Seite vermeide ich allerdings jeden Kontakt zu den Staatsanwälten und Rechtsanwälten, die die Gefangenen besuchen, um bei den Inhaftierten kein Misstrauen aufkommen zu lassen. Innocent, der ein leidenschaftlicher und spontaner Mensch ist, kann seinem Hang nie widerstehen, die zahllosen Bekannten – Sträflinge, Besucher oder Personal – denen er jeden Augenblick begegnet, in endlose Gespräche zu verwickeln.

Die Gespräche mit den Gefangenen sind Einzelgespräche unter dem Siegel der Vertraulichkeit, und das nicht nur als Fassade gegenüber der Außenwelt. Nichts, was der eine gesagt hat, wird jemals an einen anderen aus der Bande weitergegeben, und sei es auch nur, um über ein Ereignis genaueres zu erfahren. Dieses Versprechen ist die unverzichtbare Voraussetzung dafür, dass sie frei erzählen, ohne sich vorher abgesprochen zu haben; es ist unabdingbar, um Antwortstrategien wie die zu ihrer Verteidigung vor den Richtern zu vermeiden. Tauchen größere Verständigungsschwierigkeiten oder Blockaden im Gespräch auf, wird die ganze Bande zusammengerufen und wir diskutieren darüber.

Wenn dann die beiden Sträflinge in ihrer rosa Kluft – Bermuda-Shorts und ein je nach Geschmack mehr wie eine Schlafanzugjacke oder mehr wie ein Jackett geschnittenes Oberteil – eintreffen, übergeben wir ihnen die mitgebrachten Pakete. Wir tauschen ein paar persönliche Mitteilungen, Anekdoten und Gerüchte aus, vom Leben im Gefängnis, von den Hügeln, aus Nyamata und was man aus dem Radio so aus dem ganzen Land hört. Dann lassen wir uns mit einem der beiden Häftlinge in dem Garten eines der Häuser nieder, während der andere im Nachbargarten wartet, die frische Luft und die Ruhe genießt, sich dabei ausruht vom Gedränge im Gefängnishof oder mit Freunden ein Schwätzchen hält.

Wir setzen uns auf zwei einander gegenüberliegende Bänke an einer Hecke. Die Zweige der Akazie, die uns Schatten spendet, biegen sich unter dem Gewicht der Nester schwarz-gelber Webervögel, deren schrilles Gezeter jeden indiskreten Zuhörer zur Verzweiflung treiben würde. Wenn das Tonbandgerät eingeschaltet wird, ist das das Zeichen, dass das Gespräch beginnt, auf Französisch oder auf Kinyarwanda, das Innocent übersetzt.

In dem Zusammenhang sei noch etwas angesprochen. Leser des ersten Buches haben den Einfluss des Übersetzers auf die so besonders eigene Sprache der Davongekommenen angesprochen. Meine beiden Übersetzer, Sylvie und Innocent, teilten meine Meinung, dass der erste, notwendige Schritt der Übertragung des Mündlichen ins Schriftliche zuerst die vollständige Niederschrift der Interviews sei. Diese haben sie dann so feinfühlig und wortgetreu übersetzt, dass es sogar einem Französisch sprechenden Ruander unmöglich war, die übersetzten Berichte von denen zu unterscheiden, die Überlebende gleich auf Französisch abgegeben hatten. Dasselbe gilt für die vorliegenden Berichte, auch wenn die Ausdrucksweise der Mörder und die Beweggründe, die sie zu ihren Aussagen veranlasst haben, ganz andere sind als im ersten Buch.

Um welche Person es sich auch handelte, wie auch immer das Gesprächsklima an dem Tag war, um welches Thema es auch ging, ein Gespräch dauerte etwa zwei Stunden. Ging es darüber hinaus, zeigten sich entweder bei Innocent verständliche Anzeichen von Verärgerung, oder ich war völlig am Verzweifeln. Meistens war unsere Fähigkeit zum Zuhören durch Ekel, Überdruss und Unlust restlos aufgebraucht. Kurz, wir waren es leid. Das Bedürfnis, die Welt, in die uns unsere Gesprächspartner mit durch nichts zu erschütternder Stimme eingetaucht hielten, zu verlassen, gewann manchmal urplötzlich in uns die Oberhand.

Ganz im Gegensatz zu diesem Unwillen, der sich bei uns einstellte, redeten unsere Gesprächspartner mit ein- und derselben Bereitwilligkeit, egal welches Thema angesprochen wurde oder welche Wendung das Gespräch nahm, und oft schienen sie enttäuscht oder zutiefst betrübt zu sein, wenn man das Gespräch abbrach. Bereitwilligkeit bedeutete nicht Auskunftsfreude. Selbst wenn der Häftling sich manchmal hinter einem ewig langem Schweigen verschanzte oder sich in eine absurde Lüge verbiss, bedeutete das noch lange nicht, dass er des Ganzen überdrüssig oder damit unzufrieden war. Seine ruhige Art, mit fast eintöniger Stimme zu erzählen, unterschied sich als solche schon völlig von der Erzählweise überlebender Opfer.

Es wäre unanständig, die Berichte der Überlebenden mit den Erzählungen derjenigen zu vergleichen, die ihnen nach dem Leben trachteten. Aber es ist etwas anderes, in aller Kürze die Art wie sie erzählten zu vergleichen.

Wenn ein zur Aufzeichnung bestimmtes Gespräch mit einem Überlebenden begann, fing für mich jedes Mal etwas völlig Unvorhersehbares an. Der Dialog konnte über fünf Minuten oder fünf Stunden gehen. Er wurde oft von Tränen und von unübersetzbaren Momenten des Schweigens unterbrochen. Manchmal schweiften meine Gesprächspartner ab und erzählten sogar Lustiges oder völlig Unbedeutendes über ihr alltägliches Leben als Verfolgte oder sie stellten Betrachtungen über den Krieg oder die Landwirtschaft an. Mal platzte Besuch hinein, das Gespräch wurde durch quengelnde Kinder, ein *Primus*, einem gemeinsamen Spaziergang oder einer Fahrt mit dem Auto unterbrochen.

Es kam auch vor, dass der Überlebende, ob Mann oder Frau, von ein- und demselben Ereignis an verschiedenen Tagen gleich mehrere Versionen lieferte.

Meistens gab es dafür einen Grund, den Angélique Mukamanzi, eine junge Frau aus Kanzenze, mit feinem Gespür benannte: »Es gibt Leute, die ändern bei der Darstellung eines für sie verhängnisvollen Tages ständig die Einzelheiten, denn sie glauben, dass sie an dem Tag durch Zufall die Chance zu überleben erhalten haben, die eigentlich einem anderen bestimmt war, der es genauso gut verdient hätte. Aber trotz dieses Zickzackkurses sind diese persönlichen Erinnerungen in ihrem Gedächtnis nicht verloren gegangen. … Die Leute wählen die eine oder andere Erinnerung aus, je nachdem, was geschah, und durchleben sie, als ob es erst letztes Jahr gewesen wäre, und das wird noch hundert Jahre so weitergehen.«

Einen anderen Grund gab Janvier Munyaneza, ein Hirte und Oberschüler aus Kibungo, an: »Ich merke jedoch, dass, indem die Zeit vergeht, mein Gedächtnis die Erinnerungen willkürlich neu sortiert, ohne dass ich dagegen halten kann. Meinen Kameraden geht es genau so. Manches Geschehen ist so oft erzählt worden, dass es an Bedeutung zunimmt, indem der eine dies, der andere das hinzufügt. Es gewinnt an Transparenz, wenn ich das so sagen kann. … Andere Geschehnisse werden vernachlässigt und verblassen wie in einem Traum. ... Aber ich bin mir sicher, wir haben kein Interesse mehr, etwas dazu zu erfinden, zu übertreiben oder etwas zu kaschieren, wie das bei der Befreiung geschehen konnte, denn die Angst vor den Macheten verwirrt uns nicht mehr die Köpfe ...«

In allen Fällen fiel es leicht, offen über diesen »Zickzackkurs« zu reden. Manchmal hielt der Gesprächspartner jedoch urplötzlich inne, weil – wie Marie-Louise Kagoyire, eine Geschäftsfrau aus Nyamata, es ausdrückte – »unser Herz einem Fremden zeigen, über das reden, was wir in uns verspüren, unser Gefühl des Davongekommenseins nackt ausbreiten, das ist für uns ein Schock weit über das Maß des Erträglichen. Wenn die Worte, die man sich sagt, zu viele Ecken bekommen, wie jetzt zwischen uns, dann soll man Schluss machen«.

Es konnte aber auch genau das Gegenteil sein: Es bedurfte mehrerer freundlicher und höflicher Gespräche, so dass mir der Mut schon gesunken war, bis Francine Niyitegeka, eine Bäuerin und Geschäftsfrau in Kibungo, schließlich erklärte: »Gut, wenn du morgen kommst, dann reden wir …« Sie hatte endlich eine Blockade überwinden können, nämlich die, über ihre in den Sümpfen nicht existente Beziehung zu ihrem Verlobten zu reden. Nun auf einmal gelang ihr das mit den Worten: »... jeder lebte nur noch vor sich hin, ohne die vertraute Zweisamkeit. Jeder fühlte sich innerlich viel zu zerrissen, um noch Worte der Wahrheit für den anderen zu haben, oder ihn liebevoll zu berühren. Ich will damit sagen, wenn wir uns begegneten, hatte das keine große Bedeutung mehr, weder für den einen noch für den anderen, denn jeder trachtete vor allem danach, sich selbst zu retten. ...«

Es war schon erschütternd zu sehen, welchen inneren Anfechtungen sich die Überlebenden bei ihren Erzählungen aussetzten. Sie schreckten nicht davor zurück, dass ihre Erinnerung, ihre Zweifel und ihr Schmerz sie überwältigten. Sie akzeptierten es, Tabus zu durchbrechen und Alpträume wieder aufleben zu lassen. Oft gaben sie Erinnerungen und Gedanken preis, die sie noch nie geäußert hatten. Sie waren selbst erstaunt über das, was sie gesagt oder was andere gesagt hatten. Sie flüsterten miteinander, gerieten in helle Aufregung, versteinerten oder waren gerührt. Von einem Tag zum anderen war ihre Stimme nie die gleiche. Auch wenn ihre Geschichte sich im Laufe der Erzählung veränderte, konnte man nicht anders, als ihnen aufrichtig zuzuhören.

Die Totmacher dagegen waren nie von etwas überwältigt. Aufgrund normaler Veränderungen im Laufe der Zeit, die seither vergangen war, mochte ihre Erinnerung sie täuschen – das war jedoch nichts im Vergleich zu den Schockzuständen oder Blockaden ihrer Opfer.

Jeder von ihnen hatte seine Art, Herr seiner Aussagen zu bleiben. Elie zum Beispiel unternahm rührende Anstrengungen, möglichst genau seine heutigen Gefühle über die Zeit des Tötens wiederzugeben. Im Gegensatz dazu antwortete Ignace erst einmal mit faustdicken Lügen, um anschließend seine Antworten zurechtzufeilen. Im Laufe der Gespräche wurden alle von Mal zu Mal gesprächiger und unternahmen öfter einen Versuch, sich zu offenbaren. Trotzdem überschritten sie fast nie die »weiße Linie«. Sie sprachen mit einer derart eintönigen Stimme, dass sich unser Unwohlsein noch verstärkte. Ihr Ton sollte sich übrigens als komplexer herausstellen, als es zunächst den Anschein hatte. Der monotone Klang war zu mehrdeutig, als dass man hätte schließen können, das Ganze sei den Sprechern völlig gleichgültig.

Wahrscheinlich beruhte ihre Zurückhaltung darauf, dass sie auf der Hut waren oder verlegen. Oft steckte hinter ihrem Verhalten eine bestürzende Gefühlskälte, vielleicht auch ein Rest von Anstand. Erinnern wir uns, dass sie seit ihrer Rückkehr noch keine Gelegenheit hatten, den Überlebenden Auge in Auge gegenüberzusitzen. Wir werden darauf später noch zurückkommen.

Des Weiteren muss man noch einen Unterschied in der Wortwahl festhalten. Die den Massakern Entkommenen verwendeten ein ungeschminktes, sowohl bilderreiches als auch präzises Vokabular. Sie umschrieben dabei den tödlichen Hieb mit der Machete ständig mit Begriffen, die von »hacken« und »schneiden« abgeleitet sind und bezeichneten sie als »Arbeit«, wie sie ihnen von ihren täglichen Verrichtungen in den Bananenpflanzungen vertraut waren. Jeannette Ayinkamiye etwa sagt: »Ich weiß, wenn man mit eigenen Augen gesehen hat, wie seine Mama auf so gemeine Art zerschnitten wurde ..., dann verliert man für immer einen Teil des Vertrauens zu anderen. Ich will damit sagen, dass man nie mehr wieder wie vorher mit Menschen zusammenleben kann ...« Oder Berthe Mwanankabandi: » ... Wie jene andere, die – wie man durch die Zweige sah – die letzte schützende Armbewegung über den Kopf nicht unterdrükken konnten, wenn die Machete niedersauste, die sie mit einem Schnitt getötet hätte. So aber wurde ihr Leiden nur verlängert. Tief in unserem Inneren sitzt ein kleiner Funken Überlebenswille, der in unserer Natur liegt ...«

Vom Völkermord sprachen sie alle und verwendeten dabei das Wort *itfembabwoko*, das es in ihrer Sprache bisher nicht gab. Es sei denn, sie redeten von »dem Töten« – *ubwicanyi* – waren sich aber völlig im Klaren darüber, was damit gemeint war.

So Jeannette: »Hat es einen Völkermord gegeben, so kann noch ein weiterer folgen, irgendwann in der Zukunft, irgendwo, solange der Grund dafür weiterhin besteht und man ihn nicht genau kennt.«

Edith Uwanyiligira: »Während des Völkermords hat einer, der diesem Schicksal entronnen ist, mit allem anderen auch das Vertrauen in andere Menschen verloren, und das hat ihn in größere Verwirrung gebracht, als er sich selbst eingesteht. Er möchte an allem und jedem zweifeln, an Fremden, an Kollegen, sogar an seinen Nachbarn, die selbst davongekommen sind. ... Verstehen Sie mich richtig, der Völkermord wird sich in den Köpfen nicht verflüchtigen. Auch die Zeit wird die Erinnerung nicht bannen: Sie wird immer nur einen kleinen Winkel einräumen, in dem die Seele Unbeschwertheit findet.«

Innocent: »Völkermord ist in Wahrheit keine Angelegenheit von Armut oder geringer Bildung. Ich will das näher erklären. ... 1959 hatten die Hutu pausenlos Tutsi getötet, verjagt und erbarmungslos ausgeplündert, aber nicht einen Moment wäre ihnen der Gedanke gekommen, sie auszurotten. Es sind Intellektuelle, die sie dahingehend emanzipiert haben, indem sie ihnen den Gedanken des Völkermords in den Kopf gesetzt und sie von jeglichen Skrupeln befreit haben.«

Berthe: »Der Völkermord drängt die in die Isolierung, die er nicht in den Tod hat drängen können.«

Sylvie: »Eine Beobachtung scheint mir noch wichtig: Der Völkermord hat in der Sprache der Überlebenden manchen Wörtern einen anderen Sinn gegeben; anderen Wörtern hat er jeglichen Sinn genommen, und wer zuhört, muss auf diese Umdeutung der Wortbedeutung gefasst sein ....«

Umgekehrt verwendeten die Mörder nur in Ausnahmen den Begriff »Völkermord« – ausschließlich, wenn sie von der Verantwortlichkeit der führenden Persönlichkeiten, den Anweisungen aus der Hauptstadt oder von den intellektuellen Anführern sprachen, von den anderen also, nie aber im Zusammenhang mit Ereignissen, bei denen sie die Hauptrollen gespielt hatten. Sie ersetzten den Begriff lieber durch Wörter wie »Massaker« – *itsembatsemba* – oder am häufigsten durch »Krieg« – *intambara*. So setzten sie ihre Handlungen mit den Kriegen gleich, wie sie frühere Generationen oder andere afrikanische Länder geführt haben.

»Wenn sie«, merkt Innocent an, »manchmal das Wort ›Völkermord‹ in ihren Antworten benutzen, so tun sie es letzten Endes bloß aus Unaufmerksamkeit, weil du es in deiner Frage verwendet hast und ihnen in der Kürze der Zeit kein anderes Wort einfällt. Sonst meiden sie es als ein Wort, das ihnen nur Scherereien beschert. Sie verschanzen sich mit ihren Erinnerungen hinter dem üblichen Totschlag. In ihren Herzen bewegt das Wort nichts weiter; für sie zählt allein das Maß der Strafe, die es dafür geben kann.« In gleicher Weise sprachen sie so gut wie nie von »dem mit dem Leben Davongekommenen« oder »dem, der dem Tod entronnenen ist«; sie ersetzten die Formulierung lieber durch Wendungen wie »die hart geprüfte Person« oder »der Überlebende«.

Es liegt auf derselben gedanklichen Schiene, dass sich die Mörder bei unseren ersten Unterredungen möglichst einer militärischen Sprache bedienten, um ihre Taten zu beschreiben. »Dann begann die schreckliche Schlacht in den Sümpfen«, wagte Pancrace Hakizamungili zu sagen, der sich oft als der Zynischste von allen gab oder als derjenige, den das alles ungerührt lässt. Oder: »... wir führten den Krieg meistens mit der Machete, denn andere Waffen hatten wir nicht ...« gab der frömmelnde Fulgence Bunani an. Angesichts unserer verärgerten Reaktion, ihnen das nicht abzunehmen, ließen sie das allerdings sehr schnell sein und kehrten zu einem realitätsnäheren Vokabular zurück. Sie sprachen davon, dass sie »töteten«, »zuschlugen«, wen »umlegten«, aber sie mieden die begriffliche Nähe zu »schneiden« und »hacken«.

Zum Abschluss dieser lexikologischen Bemerkungen sei eine Anekdote wiedergegeben, die die Geisteshaltung der Täter beleuchtet und die weiter oben genannte Notwendigkeit unterstreicht, die Gespräche mit einer Gruppe zu führen und nicht mit Einzelpersonen.

Im Laufe der ersten Gespräche stritten die Kerle mit unerschütterlicher Gelassenheit alles ab, sobald man sie nach ihrer eigenen Beteiligung fragte. Persönlich haben sie nichts gesehen, nichts getan, und weiter nichts. Innocent und ich waren über diese Unverfrorenheit verblüfft. Vor allem verstanden wir nicht den Widerspruch, dass sie nach heftigen Debatten gemeinschaftlich akzeptiert hatten auszupacken und andererseits wider alle Wahrscheinlichkeit alles abstritten, sobald sie tatsächlich zu reden begannen. Immer neue Gespräche endeten in Enttäuschungen, und ich kam schon zum Schluss, dass diese Interviews tatsächlich nicht möglich seien. Gleichzeitig konnte ich mir dabei aber ihre immer wieder beteuerte Bereitschaft nicht erklären, dass sie reden wollten. Denn auf den ersten Blick brachte ihnen das nicht viel, außer ein paar ruhige Augenblicke in einem schattigen Garten.

Des Rätsels Lösung ergab sich zufällig, als ich – ohne es selbst zu merken – manchmal von der Anrede »tu (du)« zu einem »vous (ihr)« überging, nicht etwa aus Höflichkeit, sondern als Plural. Wie durch Zauberei wurden die Antworten dann jedes Mal äußerst präzise, und schließlich begriff ich den Zusammenhang von Ursache und Wirkung.

Auf meine Frage »Kannst du in allen Einzelheiten angeben, womit du zu Beginn des Vormittags beschäftigt warst?« antworteten sie zum Beispiel: »Ich stand auf, ich ging raus auf meine Parzelle, schnitt Hirse und zählte die Ziegen.«

Aber auf die Frage »Kannst du genau angeben, womit ihr zu Beginn des Vormittags beschäftigt wart ...?« antworteten sie: »Wir standen im Morgengrauen auf, versammelten uns um neun Uhr auf dem Fußballplatz ..., dann gingen wir in die Sümpfe hinunter und durchsuchten das Papyrusdickicht mit der Machete ...«

Auch wenn tatsächlich jeder für sich es akzeptiert haben mag, seine persönliche Beteiligung am Völkermord zu erzählen, so verspürten sie doch alle eine Notwendigkeit, sich hinter Abschwächungen im Satzbau zu verstecken und das »ich« durch ein kollektives »wir« zu ersetzen. Um einige besonders persönliche Themen anzusprechen wie »das erste Mal« oder »Wo bleibt bei all dem Gott?«, wartete ich den Moment ab, wo wir uns schon aneinander gewöhnt hatten und miteinander vertrauter umgingen – meistens gegen Ende der Gespräche.

Gewissensbisse und Schuldgefühle

Adalbert: Oft habe ich immer denselben Traum. Ich sehe die Felder, die Wege zwischen den Eukalyptusbäumen, die Bananenpflanzungen vor meinem Haus. Ich träume voller Sehnsucht von den grünen Weiten der Pflanzungen, die ich seit dem Völkermord nicht mehr gesehen habe. Ich träume von meinem Zuhause in Kibungo. Von den Wäldern, den Bananenhainen und dem Fluss dort, und vom kühlen Schatten, und niemand ist da, der mich herumkommandiert und mit dem ich mich herumärgern muss.

Aber bei Tag haben mir Träume oder hartnäckige Erinnerungen nur die ersten Tage zugesetzt, als das Tutsi-Töten für mich noch neu war. Die weiteren Erinnerungen, die darauf folgenden tagtäglichen Expeditionen zum Beispiel, sind unter der Decke der Gewohnheit wie ausgelöscht.

Fulgence: Von dem, was während des Tötens geschehen ist, geht einem nichts aus dem Kopf. Sämtliche Einzelheiten sind sofort da, wenn man auf sie zurückgreifen will. Manche Kollegen neigen dazu, sich nur die unseligen und schlimmen Momente in Erinnerung zu rufen, andere dagegen die guten Zeiten von Überfluss und Wohlstand. Ich werde die Erinnerung an die schlimmen Momente nicht los; es reut mich, dass ich die Ereignisse und die Menschen, die getötet worden sind, falsch beurteilt habe. Ich habe von anderen Schlechtes gedacht, ich bin auf die Bahn des Schlechten geraten und habe Böses getan. Dieses böse Tun zehrt an meinen Tagen und taucht mein Dasein in tiefes Elend.

Die Toten selbst und die Hiebe, die ihnen den Tod gebracht haben, suchen mich allerdings nicht in meinen Träumen heim – zumindest habe ich beim Aufwachen nicht die grauenvollen Bilder davon vor Augen. Nachts im Schlaf überfallen mich keine Vorwürfe, bloß wenn ich im Dunklen aufwache. In solchen Augenblicken spüre ich förmlich, wie ich zittere. Warum, kann ich nicht sagen: ob es eine Folge des qualvollen Einschlafens ist oder der Gedanke an mein weiteres Leben in Gefangenschaft.

Ignace: Ich denke, die Zeit wird es mir möglich machen, die qualvollen Erinnerungen in Rilima zurückzulassen, wenn ich von hier wegkomme. Wenn ich meine Gefängniskluft zusammenfalte, werde ich meine üblen Gedanken zwischen die Kleidungsstücke legen. So denke ich, dass ich mit wohl bestelltem Gedächtnis nach Hause zurückkehren und mit Schwung in ein neues Leben starten werde.

Aber die Erinnerung an den Bergwerksschacht, in dem wir die Tutsi bei lebendigem Leibe ausgeräuchert haben, wird mich nie loslassen. Ich spüre, wie sie hinten im Kopf gut versteckt auf der Lauer liegt. Auf meinem Hügel wird sie mich zerfressen, und das ist eine schlimme Sache. Sie wird mich überfallen, wenn ich es am wenigsten erwarte, denn ich wohne nicht weit von dem Bergwerk entfernt.

Das hatte ich so nicht vorausgesehen, dass diese Erinnerung mich derart böse quälen würde. Ich glaube, das ist wegen des Geruchs von den Verbrannten: Es ist wider die Natur, dass Menschen andere Menschen durch das Feuer töten.

Alphonse: Ich sehe in meinen Träumen immer wieder die Szenen der blutigen Menschenjagden und der Plünderungen vor mir. Manchmal bin ich es jedoch, den der Machetenhieb trifft, und zitternd wache ich davon auf. Das Buschmesser will in meinen Körper eindringen und mich ausbluten lassen. Ich versuche herauszubekommen, wer da auf mich einhaut, aber vor lauter Angst kann ich das Gesicht dessen, der mir ans Leder will, nicht erkennen. Ich kann nicht sagen, ob er ein Hutu ist oder ein Tutsi, ein Nachbar oder ein *inkotanyi*. Ich wüsste gerne, ob er eines meiner Opfer ist, damit ich seine Familie um Verzeihung bitten und dann hoffen könnte, vielleicht in Ruhe gelassen zu werden; doch der Mann in meinem Schlaf gibt seine Identität nicht preis.

Meine Frau hat gesagt, das wären die Gewissensqualen eines Säufers, ich hätte so viel getötet und so viel getrunken, ich würde nie in Erfahrung bringen, wie viele es waren und um welche Personen es sich gehandelt hätte. Aber ich möchte zunächst mal den in meinen Alpträumen kennen lernen. Ihm muss ich mein Friedensangebot unterbreiten.

Der Traum peinigt mich, aber er kommt mir nicht oft, eher im Gegenteil. Es ist vor allem das entsetzliche Zuchthausleben, das mich ständig aus dem Schlaf reißt.

Ich glaube, nachts sind wir alle gleich. Es ist unser eigenes Unglück, das sich unserer Träume bemächtigt, sehr viel leichter als das Unglück anderer. Die Leiden unseres eigenen Gefangenendaseins lassen das Leid anderer Menschen nicht an uns herankommen, tagsüber wie auch nachts: Darin sehe ich überhaupt nichts Geheimnisvolles. Ich glaube, dass mein Schlaf erst einigermaßen zur Ruhe kommt, wenn ich meine Freiheit wiedererlangt habe und mein früheres Leben aufnehme.

Jean-Baptiste: Ich träume oft, dass ich als freier Mann auf dem Weg nach Ntarama gehe und zwischen den vertrauten Bäumen munter voranschreite. Ich fühle mich dabei frisch und unbeschwert, und ich bin rundum zufrieden. Doch dann wache ich auf und nichts als Heimweh umhüllt meine Lagerstätte.

In anderen Nächten schlägt der Traum in einen Alptraum um. Mir erscheinen in dem Traum Menschen, die ich eigenhändig getötet habe. Wenn das über mich kommt, wird keine noch so grauenvolle Einzelheit ausgelassen: ob nun das Blut oder die Angst der Opfer, weder der Schlamm noch die hitzigen Verfolgungsjagden noch die Kollegen. Nur die Schreie fehlen. Es läuft vor mir ein lautloses, verlangsamtes Töten ab, doch genau so grauenhaft wie es wirklich war. Meine Träume im Gefängnis wechseln sich ab, mal sind sie böse, mal friedlich und süß. Das kommt wohl von den unterschiedlichen Situationen meines Lebens hier, ob ich krank bin oder gut beieinander. Wer kann mir sagen, ob ich bessere Träume habe, wenn ich hier raus bin? Ich hoffe, die Träume werden sich dann überhaupt nicht mehr an mich erinnern.

Alle Häftlinge führen seit dem Völkermord ein elendes Leben. Viele klagen über ihr Schicksal, aber doch nicht so heftig, dass der Tod für sie ein Ausweg wäre. Mir ist kein Fall bekannt, dass Gewissensqualen und Alpträume jemandem so sehr zugesetzt hätten, dass er zu diesem Extrem gegriffen hätte. Ich habe keinen Fall von Selbstmord in diesen sieben Jahren erlebt, die ich im Gefängnis sitze. In etwa zehn

Fällen fraßen Leute Abfälle, zerrissen ihre Kleider, wanden sich am Boden oder schrien bei ihren Tagträumen. Aber so weit den Verstand zu verlieren, dass sich jemand selbst den Tod gab, niemals.

Pio: Die Dunkelheit der Nacht lässt mich manchmal auf den Fußballplatz zurückkehren, wo Wehmut mich empfängt. Manchmal begegne ich im Traum den anderen Spielern der Mannschaft, jenen, die tot sind, und jenen, die es in alle Winde zerstreut hat. Was mich angeht, so spielte ich mit der Rückennummer 9 und war ein sehr torgefährlicher Stürmer. Wenn ich dann aufwache, denke ich zunächst noch einen Moment lang, das Spiel ginge weiter. Wenn ich aus dem Gefängnis komme, werde ich hoffentlich dabei sein, wenn wir wieder anfangen, Fußball zu spielen – unter Lebenden – um einander näher zu kommen. Die anderen Träume geraten leicht in Vergessenheit, und da können sie mich nicht mehr belästigen.

Viel qualvoller als die Träume sind die Erinnerungen. In Rilima sind Männer, die so tun, als ob sie sich an nichts mehr erinnern, weil sie Angst vor der irdischen und der himmlischen Strafe haben. Sie erzählen Einzelheiten aus ihrem Leben nach und sogar vor dem Töten, aber nichts von der Zeit während des Tötens, oder sie reihen nur Belangloses aneinander.

Sie mogeln, sie bemogeln sich selbst, um das Spiel vielleicht doch zu gewinnen. Sie machen sich was vor, sie spielen Komödie auf eine Art von Wahnsinn. Sie vergessen ihr eigenes Unglück, und diese Selbsttäuschung ist ihnen nur recht. Aber mir ist noch keiner über den Weg gelaufen, der wirklich so tief in geistige Umnachtung gefallen wäre, dass er wirklich nicht mehr weiß, dass er getötet hat.

Im Lager der Tutsi dürfte das ganz anders sein. Ich kenne ihre augenblickliche Verfassung nicht wirklich, aber ich könnte mir denken, dass bei denen, die dem Töten entronnen sind, ein solcher Wahnsinn bestehen könnte. Wer seine Existenz mit zahlreichen Toten teilt, ich meine, wer um sich herum dem todbringenden Handgemenge hat zuschauen müssen und gewartet hat, dass er selbst an die Reihe kommt, wer förmlich erwartet hat, blutüberströmt in der ewigen Dunkelheit zu versinken, den kann das schon um den Verstand bringen. Schlimme Verletzung abzubekommen und die damit einhergehenden Schmerzen zu erleiden, das treibt einen eher in den Wahnsinn, als wenn man dieses anderen zufügt.

Ich werde nie vergessen, welche fürchterlichen Dinge ich begangen habe. Ich vergesse die Namen, den genauen Tag, die näheren Umstände, ich unternehme alle Anstrengungen, die schmerzlichen Momente zu vergessen und nur die Momente relativer Ruhe festzuhalten. Aber es wäre völlig hoffnungslos zu glauben, dass mir das dauerhaft gelingt, wenn es um die Jagdzüge in den Sümpfe geht. Ich spüre, wie das Schuldgefühl darüber wacht, dass mir die Erinnerung nicht leichter wird.

Joseph-Désiré: Ich habe keine besonderen Träume, weder von den Massakern noch den Lagern im Kongo. Ich will damit sagen, es gibt keinen Traum, der sich wiederholt. In meinem Schlaf bleibt kaum ein Platz, mein zurückliegendes Leben noch einmal abspulen zu lassen.

An meine Verurteilung zum Tode muss ich natürlich jeden Tag denken. Untereinander sprechen wir tagtäglich darüber, denn alle mit einem Todesurteil sind in demselben Block zusammengepfercht. Trotz allem erscheint diese Verurteilung mir nie in meinen Träumen. Auch die Angst nicht; sie wartet erst beim Aufwachen auf mich.

Mein Schlaf ist in Rilima nicht anders geworden als sonst, und auch die Träume, die mich darin aufsuchen, sind noch dieselben. Ich träume wie zuvor von mir unbekannten Sachen, von Dingen, die ich mir vorstellen kann, die mir aber unerreichbar sind und auf die ich große Lust habe. Zum Beispiel werde ich nach Ihren Besuchen womöglich davon träumen, nach Frankreich zu reisen oder nach Paris, das ich nicht kenne.

Pancrace: Unter den Totmachern haben im Gefängnis die Malaria oder die Cholera viele dahingerafft. Andere hat die schiere Angst vor Rache umgebracht. Auch das Leben im Elend hat manchen das Leben gekostet; weitere sind bei Schlägereien zu Tode gekommen, aber durch Reue niemals. Das Leben erweist sich als viel zu widerstandsfähig gegen Reue und so etwas.

Wer in den Sümpfen zu viel getötet hat, der neigt dazu, die Erinnerung an seine Bluttaten abzuschütteln, indem er sie inmitten der

Leichen an Ort und Stelle zurücklässt. Er will nur das Wenige im Gedächtnis behalten, was er in den Sümpfen vor den Augen anderer begangen hat und später nicht abstreiten kann, ohne als Lügner dazustehen. Den Rest verschweigt er. Er hat die quälenden Gewissensbisse einfach irgendwo verlegt. Sein Erinnerungsvermögen zeigt sich mit dem solidarisch, was in seinem Interesse ist; es schlägt alle möglichen Haken, damit er ungeschoren einer Bestrafung entgeht.

Clémentine: »Ich bemerke, dass die überlebenden Opfer und die Totmacher sich auf höchst unterschiedliche Weise erinnern.

Wenn die Totmacher sich überhaupt bereit finden, darüber laut zu reden, so kann es durchaus sein, dass sie die Wahrheit über das, was sie begangen haben, in allen Einzelheiten berichten. Sie haben sich eine unverfälschtere Erinnerung an alles, was auf ihrem Hügel geschehen ist, bewahrt. Ihr Gedächtnis kollidiert nicht allenthalben mit ihren Erlebnissen, es wird nicht von grauenvollen Ereignissen überlagert. Es verheddert sich nie in einem Gewirr der Gefühle. Die Erinnerungen der Totmacher treiben in klaren Gewässern. Aber sie tauschen sie nur mit ihresgleichen aus, weil die Erinnerungen zu viele Gefahren in sich bergen.

Bei den Überlebenden ist es um das Einvernehmen mit ihrem Gedächtnis nicht so gut bestellt. Denn dieses fährt mit der Wahrheit ständig einen Zickzackkurs, wegen der Angst und der Erniedrigungen, die sie durchgemacht haben. Sie haben auf eine andere Art Schuldgefühle. Sie fühlen in gewisser Weise eine viel größere Schuld für einen Fehler, den sie nicht mehr gutmachen können. Für sie sind die Toten ganz nah, sie können sie sogar berühren. Sie müssen sich einem inneren Zwang folgend zu kleinen Runden zusammenfinden, um in ganz vorsichtigen Schritten die Bruchstücke ihrer Erinnerung zusammenzufügen und zu vergleichen und dabei ja keinen Fehler zu machen. Erst danach können sie sich die grauenhaften Ereignisse ins Gedächtnis zurückrufen, ohne Angst vor irgendwelchen Fallstricken zu haben.

Die Überlebenden suchen mit einem Teil ihrer Erinnerung inneren Frieden. Die Totmacher suchen danach in einem anderen Teil. Untereinander können sie sich nicht austauschen, weder über ihre Trauer noch ihre Angst. Auch von Lügen erwarten sie nicht dieselbe

Entlastung. Ich glaube, dass sie niemals einen wichtigen Teil der Wahrheit miteinander teilen werden.«

Elie: Wenn ich von den damaligen Zeiten träume, so sehe ich meine Frau und die Parzelle und das Haus, aber fast nie die getöteten Personen. Bis auf die Sozialarbeiterin natürlich, denn sie war die erste Person, die ich umgebracht habe. Im Grunde genommen versuchen meine Träume, diese Szenen, wo getötet wird, auszublenden.

In meinen Erinnerungen nehmen sie dagegen breiten Raum ein; sie setzen sich auf meine Spur und überwältigen mich oft.

Ich kenne Kollegen, die hofften, ihren Verbrechen zu entkommen, indem sie sie einfach vergaßen. In Rilima gibt es welche, die behaupten, man schaffe es, sie zu vergessen, wenn man sich nur gehörig anstrenge, sie sich nicht ins Gedächtnis zurückzurufen. Ich glaube das nicht, zumindest was mich angeht. Die Erinnerung an eine solche Tötung kann man vielleicht arrangieren oder durch Lügen etwas ändern, sie kommt und geht, doch sie lässt sich nicht wegwischen.

Kein Häftling hat für die Reue sein Leben gegeben. Noch nicht einmal versucht hat es einer oder es auch nur vorgetäuscht, um von anderen ein bisschen Mitleid zu erheischen. Im Zuchthaus hat der Tod durch Epidemien und das Höllenelend reiche Ernte gehalten, aber nie durch Schuldgefühle und so etwas.

Ignace: Die Wahrheit auszusprechen ist für die Gerechtigkeit, für die Bevölkerung und auch für einen selbst gleichermaßen nachteilig.

Sogar für das eigene innere Gleichgewicht ist es ein größeres Risiko, sich zu erinnern als zu vergessen. Aus dem Grund versuche ich, mich mir selbst gegenüber auszuschweigen. Die Zeit wird sich gedulden müssen, bis sie die Wahrheit über diese Dinge erfährt, die weit über normale Verbrechen hinausgehen.

Im Gefängnis gibt es eine ganze Zahl von Männern, die nur auf eine Veränderung der Lage warten, um wieder loszulegen. Sie sind der Ansicht, dass sie unter den gegenwärtigen Umständen zu tief gesunken sind, um Bedauern erkennen zu lassen. Sie sagen, dass nach all dem, was sie verloren haben, Bedauern unwichtig sei. Sie seien zu lange mit der Machete in der Faust in eine Richtung marschiert, um jetzt dorthin zurückzukehren, wo sie nichts Gutes erwartet. Sie sagen, dass die Erinnerung ihnen nur persönliche Niederlagen einflüstert. Die einzige Chance, da als Gewinner herauszukommen, sehen sie darin, das nächste Mal auf der ganzen Linie erfolgreich zu sein.

Adalbert: Ich wusste, dass bei meiner Rückkehr aus dem Kongo meine Missetaten aufgedeckt werden würden. Aber ich zog es vor, meine Vergehen in ein Zuchthaus meiner Heimat mit zurückzunehmen, als sie in den Wäldern des Kongo zu verbergen, wo kein Bekannter da war, mit dem ich sie teilen konnte. Ich weiß nicht, ob meine Reue anerkannt wird und mir das Schlimmste erspart bleibt. Aber mit dem Büßen ist es wie mit dem Tod, man geht damit am besten in die unmittelbare Nähe seines Hügels zurück.

Gaspard, einer, der die Massaker überlebt hat: »Selbst wenn einzelne Totmacher in der Kirche auf Knien zu Gott beten, um uns ihre Reue zu zeigen, kann ich nicht mit ihnen beten und auch nicht gegen sie. Wahre Reue bekundet man von Angesicht zu Angesicht, nicht vor Heiligenbildern. Wie sie sich den Verhältnissen anpassen, ist nicht das, was mich kümmert.«

Elie: Im Gefängnis und auf den Hügeln bereuen alle selbstverständlich. Aber die große Überzahl der Totmacher bedauert vor allem, die Arbeit nicht abgeschlossen zu haben. Sie werfen sich Nachlässigkeit vor, sehr viel mehr als Bösartigkeit. Die, die jetzt ständig beteuern, dass sie in dem entscheidenden Moment gerade nicht dort waren, dass sie sich an nichts erinnern, dass sie just zu dem Zeitpunkt ihre Macheten verlegt hatten oder ähnliches dummes Zeug, die ziehen den Kopf in der Hoffnung ein, an einer Strafe vorbeizukommen. Gleichzeitig warten sie auf den Zeitpunkt, an dem sie von neuem damit beginnen können. Reue zeigt sich mit vielen Gesichtern. Aber sie taugt nichts, wenn sie nicht ehrlich ist.

Léopord: Es gibt welche, die versuchen, Bedauern zu zeigen, aber vor der Wahrheit zittern sie. Sie drücken sich aus zu vielen gegensätzlichen Interessen an ihr vorbei, und so wird ihnen die Reue verweigert.

Für mich kann ich sagen, ich habe zum ersten Mal in einem Lager im Kongo gespürt, wie mir das am Herzen frisst. Ich habe gebetet in der Hoffnung, dass mir das Erleichterung verschafft, aber vergeblich. Jedes Mal erwartete mich nach den Gebeten und frommen Gesängen unverändert dieses Schuldgefühl aufs Neue. Daraufhin habe ich damit begonnen, meine Reue lauthals herauszuschreien. Um das Gespött, das sich aus dem Munde meiner Kameraden über mich ergoss, habe ich mich nicht geschert. Im Gefängnis habe ich die ganze Wahrheit über mein Handeln erzählt. Ohne jegliche Hemmung ist sie mir über die Lippen gekommen. Von da an strömte sie jedes Mal, wenn jemand mich danach fragte, in gleicher Weise aus mir heraus.

Von diesem elenden Gefängnisleben abgesehen fühle ich einen inneren Frieden, seitdem ich geredet habe. Ich warte in aller Ruhe darauf, auf meine Parzelle zurückzukehren. Ich befürchte keinerlei Schwierigkeiten, wenn ich an der Seite meiner Nachbarn den Ackerbau auf meinem Hügel wieder aufnehme. Im Gegenteil, das Leben, das auf mich zukommt, sehne ich mit Ungeduld herbei.

Marie-Chantal: »Der Schuldige und das Opfer werden das Vergessen um ein klein wenig Nachhilfe bitten. Dafür haben sie nicht dieselben Gründe. Sie werden auch nicht gemeinsam darum bitten. Aber sie werden sich an ein und dasselbe Vergessen wenden.«

Joseph-Désiré Bitero

An diesem Morgen erdrückt die Trockenheit das Zuchthaus. Brennende Hitze und Staub zeichnen die Gesichter, und das Kommen und Gehen in der Allee mit den Einzelhäusern auf der einen und der Gefängnismauer auf der anderen Seite schleppt sich nur träge dahin. Die einzige Ausnahme bildet das Geflatter der Weberfinken, die unbeirrt mit dem Flechten ihrer Kugelnester beschäftigt sind. Ich beobachte ihre Werke, die fein wie Goldschmiedearbeiten an den Zweigspitzen hängen. Ich warte auf Joseph-Désiré Bitero. Ich muss an den erstaunlichen Satz denken, den Innocent vorhin im Auto über ihn sagte: »Vom Charakter her war er wirklich ein aufgeräumter Typ, der für alles und jedes ein heiteres Lächeln parat hatte. In Gesellschaft anderer fühlte er sich pudelwohl. Er war freundlich und konnte mit jedem Kameraden gemeinsam einen trinken oder sich in ein Gespräch vertiefen.«

Joseph-Désiré Bitero hatten wir zu den vorbereitenden Diskussionen mit der Gruppe nicht hinzugezogen, denn ich fürchtete, dass sein Einfluss als ehemaliger *interahamwe*-Chef der Gemeinde, seine Ausstrahlung und sein Status eines zum Tode Verurteilten die Vorbehalte in der Gruppe noch verstärken würden. Am Tag der ersten Unterredung kenne ich ihn selbst also noch nicht, wohl aber seinen Ruf und das, was andere über ihn gesagt haben.

Er tritt in seiner rosa Kluft auf, mit wiegendem Gang kommt er uns entgegen – ständig nach allen Seiten die Sträflinge mit einem diskreten Zeichen freundschaftlich grüßend, und ausnahmslos alle grüßen zurück. In zwei Meter Entfernung folgt ihm ein spindeldürrer Soldat. Sofort verstehe ich Innocents Bemerkung: So im Mittelpunkt der Blicke aller, breitet sich ein Lächeln über Joseph-Désirés Gesicht. Er scheint tatsächlich eine Frohnatur zu sein, freundlich sagt er uns guten Tag und hätte uns gern ein Bier angeboten, wenn er eins griffbereit gehabt hätte.

Im Unterschied zu den meisten anderen stammt Joseph-Désiré aus einer Familie, die seit mehreren Generationen in der Gegend verwurzelt ist. Sie ist auf dem Hügel von Kanazi ansässig, eine halbe Stunde von Nyamata entfernt. Er sagt über seine Eltern: »Sie waren gute Ackerbauern. Sie waren weder reich noch arm. Es war einfach so, dass es reichte.«

Das war für ihn Ansporn genug, die Schule nach der Grundstufe fortzusetzen und die Aufnahmeprüfung für das Lehrerseminar abzulegen. »Ich war ein Schüler mit zufrieden stellenden Noten. Ich bestand Examen, für die ich mich eigentlich gar nicht selbst entschieden hatte. Zu meiner Zeit wählte man nicht seine Studienrichtung, sondern die Professoren und die Noten bestimmten den Schüler für diesen oder jenen Beruf. Bei mir hatte sich das Schicksal für den Lehrerberuf entschieden. Als ich Kind war, sah ich in den Lehrern Personen, die sich von ihren Nachbarn abhoben, die bei allen Feierlichkeiten willkommen waren, denen man zuhörte und die auch an den Wochentagen gut gekleidet waren, also Geschöpfe, die bewundert werden. Ich habe mein Los ohne Zögern angenommen.«

Über seine Kindheit im Kreise von drei Brüdern und vier Schwestern weiß Joseph-Désiré nichts Bemerkenswertes zu berichten. »Die Zeit hielt für mich das banale Dasein eines kleinen Jungen bereit. Krankheit blieb mir erspart, ich besuchte die Schule, an Essen fehlte es nie, in der Regenzeit griff ich zur Hacke, um der Familie auf dem Feld zu helfen. Ich liebte Fußballspiele, ob ich nun mitmachte oder zuschaute. Ich habe immer in dem Haus gelebt, in dem ich geboren wurde und in dem ich eigentlich zu sterben gedachte.«

Später lässt er sich darüber einmal etwas genauer aus: »Ich bin mit der Angst vor der Rückkehr der *mwami*, der Tutsi-Könige, und ihrer Beamten aufgewachsen, wegen all dem, was die Alten zu Hause erzählten: Über die ›freiwillige‹ Zwangsarbeit und die damit verbundenen Erniedrigungen in dieser für uns so traurigen Zeit, und über das Schreckliche, was mit unseren Brüdern in Burundi geschehen ist.« Zwei Jahre nach Abschaffung des Tutsi-Königtums geboren, wächst Joseph-Désiré als Kind in einer Atmosphäre der Feindseligkeit gegenüber den Tutsi auf, die durch den Zustrom der Flüchtlinge aus Burundi ständig neue Nahrung erhält, ohne dass – wie er halblaut einräumt – man in der Gegend wirklich Angst vor einer größeren Auseinandersetzung hätte haben müssen.

Der junge Mann mit einem Hochschulabschluss ist ein großer, kräftiger Kerl. Er heiratet eine hübsche Nachbarin, die er schon aus Kindertagen kennt, Marie-Chantal Munkaka, und hat mit ihr drei Kinder. Sehr früh engagiert er sich politisch, sehr viel früher als seine Kameraden. Das beruht sicher auf dem Einfluss seines Vetters Bernard, des Bürgermeisters von Nyamata. »Als ich einer Partei beitreten wollte, da gab es nur eine: die *MNRD*. Das war die Partei des Präsidenten Habyarimana, die Partei der Hutu, wie ich einer war. Und die Partei des Bürgermeisters und des öffentlichen Dienstes. Nach Einführung des Mehrparteiensystems kam ich gar nicht darauf, die Partei zu wechseln. Ich verbreitete die Ideen des Präsidenten, jene Lehren also, die sich als die besten für meine Hutu-Brüder erwiesen. Diese Lehren richteten sich gegen die Bedrohung durch die Rebellen und Provokateure. Ich war der Überzeugung, dass diese Ideen bei den Kämpfen der Armee und bei den Verhandlungen siegreich sein müssten, weil sie von so vielen geteilt wurden. Und das fand ich richtig.«

Er fügt hinzu: »Mit der Einführung des Mehrparteiensystems haben sich die Streitereien vor allem mit den anderen Hutu-Parteien vermehrt. Zwischen uns gab es ernsthafte Auseinandersetzungen. Dagegen hielten sich die hiesigen Tutsi von jeglichem politischen Zank fern; sie kümmerten sich nur um ihre Angelegenheiten und nahmen keine Haltung ein, die uns in die Quere kam.«

Dies ist keine belanglose Bemerkung. Joseph-Désiré Biteros erste Opfer waren nämlich keine Tutsi, sondern Hutu aus den beiden extremen Lagern, das heißt Hutu, die entweder friedvoll und einem Dialog mit den Rebellen gegenüber aufgeschlossen waren oder absolute Feinde jeglicher Verhandlung und Verfechter der Position, den Konflikt auf die Spitze zu treiben.

Es ist durchaus glaubhaft, wenn er versichert: »Ich bin mitten unter den Tutsi von Kanazi geboren. Ich hatte immer Bekannte, die Tutsi waren, ohne dass ich es überhaupt gemerkt hätte. Doch ich bin mit Geschichtsdarstellungen und Radioprogrammen im Ohr aufgewachsen, in denen täglich von größten Schwierigkeiten zwischen Hutu und Tutsi die Rede war; gleichzeitig hatte ich mit Tutsi Umgang und keine Probleme mit ihnen. Der Konflikt hatte einfach eine zu große Dimension erreicht: auf der einen Seite gab es landauf, landab Schreckensmeldungen von den Grenzen Ruandas, auf der anderen Seite waren die Leute hier, mit denen wir ohne Zwischenfälle lebten. Das Pendel musste einfach eines Tages in die eine oder andere Richtung ausschlagen, entweder in Richtung heftiger Auseinandersetzungen oder hin zu gutnachbarschaftlichen Verhältnissen.«

Jedenfalls ist Joseph-Désirés politisches Engagement sofort ungestüm und total. Warum ist er so urplötzlich Feuer und Flamme? Ist es die besondere Aufregung zu Beginn einer neuen Aufgabe? Die pure Lust beim Ausleben seiner Körperkraft? Ist es ein Machtrausch und die Lust zu organisieren? Materielles Interesse? Eine Antwort ist schwer zu geben.

Vermerkt sei nur, dass es in seiner Kindheit keinen Zwischenfall mit einem Tutsi gegeben hat, kein Motiv also für eine Demütigung oder ein Ressentiment, um persönliche Rachegefühle zu nähren. Was bleibt ist, dass für einen jungen Lehrer, der einen höheren, jedoch schlecht bezahlten sozialen Status erreicht hatte, die seit fünfundzwanzig Jahren allgegenwärtige Partei – die seines Vetters, des Bürgermeisters – das einzige Sprungbrett zum Erfolg ist, es sei denn, er würde sein Glück in der Hauptstadt oder in der Armee versuchen. Dies würde ein Bauernsohn, der niemals den Fuß auf ein Stück Erde außerhalb der Gemeindegrenzen gesetzt hat, aber nie wagen.

Er selber fasst seine Beweggründe so zusammen: »Es war eine mitreißende Tätigkeit, bei der zudem noch kleine Vorteile abfallen konnten. Bei den feierlichen Veranstaltungen war es ein erhebendes Gefühl. Man spürte und begehrte die Überlegenheit der Macht und alle Befriedigungen, die damit zusammenhingen.«

Joseph-Désiré beeindruckt bei den Versammlungen durch seine mächtige Gestalt, in den Kneipen durch seine gute Laune. Er kauft ein zwar bescheidenes, aber immerhin aus gebrannten Ziegelsteinen gebautes Haus in Gatare, dem Intellektuellen- und Beamtenviertel von Nyamata. Seine Ehefrau Marie-Chantal findet eine Anstellung in der Entbindungsklinik. Mit der größten Unbekümmertheit pflegt er an ein- und demselben Tag den Umgang mit Fanatikern, die von Verbitterung und Hass gegen die Tutsi zerfressen werden, und seinen vertrauten Tutsi-Freunden.

Innocent sagt über ihn, wie er früher war, als er ihn als Kameraden kannte: »Im Grunde genommen war Bitero am Anfang ein anständiger Kerl, mit dem man sich gut unterhalten konnte und der nicht den geringsten Anschein erweckte, irgendwem schaden zu wollen. Er dachte nicht daran, irgendwem etwas Böses zu tun. Abgesehen davon, dass er im Lager der Anderen stand, war es lustig, mit ihm einen zu trinken. Ohne diese Wirren des Krieges hätte er ohne weiteres der bleiben können, der er war.«

In Joseph-Désirés Vorstellungswelt beginnen die Tumulte 1991, als durch die Angriffe der *inkotanyi* und durch die Einführung des Mehrparteiensystem bedingt, neue Redner durch das Land ziehen und in ihren Reden sehr viel extremer werden. In dieser Zeit ist Joseph-Désiré für die Jugendorganisationen zuständig. »Es war meine Aufgabe, die jungen Hutu zu betreuen, sie daran zu hindern, dass sie sich in umherziehende Banden oder in andere Parteien verirrten. Ich drängte sie in die Richtung, dass sie sich den Reden des Präsidenten öffneten. Ich organisierte sportliches Training, Spiele und Schulungsveranstaltungen. Aber der Krieg nahm eine schlimme Wende. Die ruandische Armee konnte die Front nicht mehr halten. Es ging sogar der Verdacht um, sie hätten sich insgeheim gegen die Regierung verschworen und wollten die Flucht ergreifen. Das fachte die giftigen Reden und die Rachegelüste der Politiker an. Wir, das Parteivolk, wurden mit allen möglichen Anweisungen besoffen gemacht, wir pflichteten ihnen bei.«

Was ihn selbst betrifft, ist »beipflichten« eine beschönigende Umschreibung, denn zwei Jahre später, 1993, wird Joseph-Désiré zum Vorsitzenden der örtlichen Parteijugend gewählt. »Ich weiß nicht, warum die Leute mich zum Vorsitzenden gewählt haben. Ich weiß nicht, was sie in mir sahen. Ich glaube, sie schenkten mir Vertrauen, weil ich gebildet war und äußerst gutmütig. Sie wussten, dass ich mich nicht verweigern würde.« Als Vorsitzender der Parteijugend ist er ausdrücklich auch der Chef der *interahamwe*-Milizen der Gemeinde, doch er scheut davor zurück, das so auszusprechen: »Das ist äußerst vielschichtig, denn die Bedeutung des Wortes *interahamwe* hat sich zwischen meiner Ernennung und den Massakern völlig gewandelt. Als ich die Funktion annahm, wäre ich nie auf die

Idee gekommen zu töten, außer vielleicht, wenn ein absoluter Notfall vorläge. Ich will damit sagen, dass mir niemals der Gedanke gekommen wäre, zu töten um des Tötens willen.«

Stimmt das so? Oder nicht? Wann ist dieser Gedanke in ihm aufgekommen? Wann hat er sich bei ihm festgesetzt? Er lügt mit seiner Antwort auf diese Frage, denn er weist jeglichen Tötungsvorsatz in der Zeit vor der Ermordung des Präsidenten weit von sich: »Sein Tod hat uns tief erschüttert, aus Panik haben wir uns ins Töten geflüchtet, und schon war ich mittendrin im Völkermord ...«

Unter den vielen Zeitzeugen für diese Phase der Vorbereitung des Völkermordes ist Christine. Wie Joseph-Désiré ist sie in Kanazi geboren und bewirtschaftet eine Parzelle in der Nähe der seinen. Ihre Aussage ist besonders präzise: »Die Männer hatten 1992 damit begonnen, in den Kneipen über die Massaker zu diskutieren. Nach den ersten Kundgebungen der Parteien waren in den Gemeinden *interahamwe*-Komitees gebildet worden, und ab da lief nichts mehr zwischen uns. Der Vorsitzende des Komitees in der Gemeinde Nyamata hieß mit Vornamen Joseph-Désiré. Er kam in alle Wohnungen der Hutu und erläuterte die Gefahren, die von den *inkotanyi* in Uganda ausgingen; er überprüfte gleichzeitig, ob die hinter den Säcken mit Bohnen versteckten Schneidwerkzeuge gut geschärft waren. Ich erinnere mich genau, denn eines Tages hat er mit dem Fuß einen Kessel im Hof umgestoßen. Es war in der Trockenzeit vor dem großen Töten.«

Zwischen Dezember und März also beschäftigt sich Joseph-Désiré bereits mit den bevorstehenden Massakern, was Innocents Vermutung bestätigt, wenn er über Joseph-Désiré sagt: »Ab Januar, drei Monate vor dem Völkermord, war sein Charakter wie umgewandelt. Wenn ich in meine Stammkneipe ging, wo ich ihm gewöhnlich begegnete, weil wir Nachbarn waren, verstummte er, bis ich wieder draußen war. Er wusste schon, dass er mich töten würde ...«

Von allen Kerlen der Bande ist Joseph-Désiré der einzige, der sich schon vorher den Völkermord konkret ausdenkt: Zwei Monate vorher beginnt er, die Macheten zu überprüfen. In der auf die Ermordung Habyarimanas folgenden Nacht berät er sich mit den

Spitzen der Gemeinde. Am ersten Tag des Tötens tut er sich in der *Grand-Rue* mit der Machete in der Faust hervor, später ist er an der Spitze derer, die in die Kirche stürmen.

Er räumt das übrigens ein: »Ich hatte das Privileg, ein Anführer zu sein, ich musste mit gutem Beispiel vorangehen. Ich wollte, dass man mir hinterher gratulierte.« In den acht darauf folgenden Wochen setzt er seine unerschöpfliche Energie frei und ist überall gleichzeitig: abends bei einer Organisationsbesprechung, morgens in den Nyamuyza-Sümpfen, nachmittags in Kibungo, Ntarama oder auf den Straßen von Nyamata am Diskutieren, oder er unterstützt alle Adalberts der Region und ihre Gruppen mit Rat und Tat. Er tut dies ohne darüber seine Familie und seine Ehefrau Marie-Chantal zu vernachlässigen, wie sie selbst erzählt und dabei ein gängiges idyllisches Bild von Kriegsverbrechern nachzeichnet: »Er ließ sich oft zu Hause sehen. Nie trug er dabei Waffen, noch nicht einmal seine Machete. Ich wusste, dass er der Chef vom Ganzen war, ich wusste, dass die Hutu damit beschäftigt waren, die Tutsi klein zu machen. Zu mir war er immer nett. Er schaute jedes Mal nach, dass wir von allem genug im Hause hatten. Eines Tages hat er sogar die zweite Frau seines Stiefvaters, in deren Adern Tutsi-Blut war, mit einer Eskorte nach Kabgayi in Sicherheit bringen lassen. Im Grunde genommen war er zwar von schlechter Politik durchtränkt, aber nicht durch und durch von schlechtem Denken. Sein Umgang mit den Kindern war liebevoll. Ich wollte ihm keine Fragen stellen über böse Geschichten im Zusammenhang mit der Sache, die man sich überall erzählte. Für mich war er nach wie vor der liebenswerte Mann, den ich geheiratet hatte.« Sie fügt noch hinzu: »Wenn er heute eine Nachricht aus dem Gefängnis herausschmuggeln lässt, so vermeidet er darin, von den veränderten Verhältnissen zu sprechen. Er gibt sich vergnügt, er bestellt nichts bei uns, er schickt uns gute Ratschläge und aufmunternde Worte; mit seinen Seelenqualen hält er hinter dem Berg.«

Er selbst sagt, um seine Rückkehr aus dem Kongo und die damit unausweichliche Verurteilung, die ihn bei seiner Ankunft erwartete, zu erklären: »Ich wusste, dass die Gefängnisse übervoll waren und, dass die überwiegende Anzahl der Häftlinge dort starb. Aber ich wollte in die Heimat zurück, wollte, dass meine Familie vielleicht doch noch die Chance auf ein normales Leben auf einer Parzelle erhält. Ich wollte nicht, dass meine Töchter wie Schlampen in irgendwelchen unbekannten Wäldern enden.«

Sein Prozess beginnt zweieinhalb Jahre später nach seiner Rückkehr, am 26. Mai 1998 in Nyamata. Auf der Anklagebank nimmt Joseph-Désiré eine verbohrte, unerträgliche Haltung ein, die er ebenso tollkühn wie finster entschlossen durchhält.

Er bekennt sich schuldig, aber sein Geständnis wird zurückgewiesen, weil er die meisten seiner Verbrechen leugnet, seine herausgehobene Verantwortlichkeit abstreitet und sich mit dem Kollektivzwang herausredet. Gegenüber seinen Opfern lässt er ebenfalls kaum Mitleid erkennen. Übrigens erweckt er auch bei unseren Gesprächen zu keinem Zeitpunkt den Eindruck, dass er sich selber als Verbrecher betrachtet.

Jedenfalls bittet er die Richter nicht um Nachsicht; er belastet oder denunziert auch niemanden anderen, um zu versuchen, auf diesem Wege der Todesstrafe zu entgehen. Vergeblich bemüht er zu seiner Verteidigung völlig uneinsichtige Argumente, wie etwa die, die er uns gegenüber wiederholt: »Ich war darin mehr verwickelt als andere, weil ich der Partei, wie sie damals war, mit größerem Gehorsam folgte.« … »Wenn ich es nicht getan hätte, hätte das auch nichts geändert, denn wir hatten das allesamt so vereinbart, jeder für seinen Bereich. Ich dachte, dass das, was zu der Zeit ein gültiger Gedanke war, auch auf die beste Weise ausgeführt werden musste …« Bei diesen Aussagen hält er sich kerzengerade, ohne dass genau ersichtlich wird, was hinter dieser Selbstbeherrschung steckt, und auch die heftige Reaktion des Publikums im Gerichtssaal kann ihn nicht beirren. »Die anwesenden Zuhörer gerieten in fürchterliche Erregung, weil er ein berüchtigter *interahamwe* war; vor allem die Überlebenden waren völlig außer sich. Er gab sich aber ruhig, seiner Sache sicher und äußerst misstrauisch anderen gegenüber«, fasst Innocent den Auftritt Joseph-Désirés vor Gericht zusammen.

Seine Verteidigung ist hoffnungslos, doch auch jede andere wäre ebenso ungeeignet gewesen, zu einem günstigeren Urteil zu führen.

Gegen ihn wird als Einzeltäter verhandelt, noch bevor es Interventionen internationaler Instanzen und der Regierung zugunsten einer Politik der nationalen Versöhnung gibt. Sein Prozess soll für die Region exemplarisch sein. Es ist eine der ersten Gelegenheiten, die Zeugenaussagen Überlebender zu hören, ihre Qualen geschildert zu bekommen und überhaupt Tatsachen zu erfahren.

Unter den Zeugen ist auch Innocent, der ihn beschuldigt, in der Kirche seine Frau und sein Kind getötet zu haben.

Von seinem Prozess sagt Joseph-Désiré heute: »Alles, was ich gesagt habe, würde ich noch heute genauso wiederholen. Ich bin zu einem Zeitpunkt verurteilt worden, zu dem die Überlebenden in ihrer Wut noch zu aufgebracht waren. Sie erwarteten eine vernichtende Strafe; die neuen Obrigkeiten wollten ihnen ein sichtbares Zeichen der Rache geben. In diesen Tagen habe ich den Prozess gegen Monseigneur Misango, den Bischof, verfolgt. Er ist freigesprochen worden. Der frühere Vorsitzende meiner Partei lebt ungeschoren bei sich zu Hause. Es gibt sogar einen Anstifter des Völkermords für das ganze Land, der war für kurze Zeit Premierminister, ehe er nach Amerika flüchtete, wo er jetzt als Geschäftsmann lebt. So sind Glück und Unglück in einer Partei verteilt. Die Vordenker haben den Völkermord angefacht und ihre Gefolgsleute in der Partei bezahlen die Scherben.«

Einmal versucht er, sich als Sündenbock auszugeben, als Opferlamm einer politischen Justiz, doch da fährt Innocent heftig dazwischen und hält ihm vor, dass jemand, der kein Geständnis ablegt, auch nicht das Recht habe, sich zu beklagen. Ich für meinen Teil erinnere ihn daran, dass er zugleich ein gebildeter Mann und ein großer Anführer der Mörder war. Er antwortete: »Ich war Lehrer, ich war politisch engagiert, ich habe gehorcht, ich habe getötet. In einer Partei entscheidet nicht jeder Führende über alles Mögliche. Ich hatte ein Lehrerexamen, aber es war nicht meine Aufgabe, über die politischen Parolen unserer Anführer nachzudenken. Es gibt Situationen, wo es heiß hergeht und man auf solche Dinge keinen Gedanken mehr verschwenden kann. Meine Aufgabe war es, über die Art der Umsetzung nachzudenken.« Wenn man ihn so hört, fragt man sich, ob er nicht tatsächlich glaubt, was er da sagt.

Auf jedem seiner Wege vom Sonderquartier zum Garten an der Allee und zurück begegnet er früheren »Bekannten« – vom Biertrinken oder vom Töten – und fällt ihnen um den Hals. Er richtet hier ein paar scherzende Worte an jemanden, dort ein viel sagendes Augenzwinkern, erkundigt sich nach dem einen oder anderen. Er testet, wie beliebt er noch ist, und versucht zugleich, freundschaftliche Bande wieder aufleben zu lassen. Er bemüht sich sogar um eine Versöhnung mit Innocent, als ob nichts gewesen wäre. Über die räumlichen Haftbedingungen – die Enge und die anderen Beschwernisse – klagt er kaum, außer darüber, dass sie Rheumatismus hervorrufen. Den Wärtern und dem Direktor gegenüber legt er Gehorsam an den Tag, ohne jedoch in Überheblichkeit oder Unterwürfigkeit zu verfallen. Für sich selbst verlangt er keinerlei Unterstützung, wohl aber für seine Töchter, die er wahrscheinlich nie wieder sehen wird. Andauernd versucht er, unsere Gespräche in geopolitische oder geschichtliche Diskussionen umzufunktionieren, in denen er seinen persönlichen Weg verschwinden lassen kann.

Er sagt: »Die Quelle eines Völkermords, die werden Sie nie entdecken, sie liegt zu tief vergraben in Zwist und Rachegefühlen, überlagert von vielen Schichten gegenseitigen Missverstehens, von denen nur die oberste als Erbe auf uns gekommen ist. Wir sind zur schlimmsten Zeit der Geschichte Ruandas in die Erwachsenenjahre gekommen, wir sind zu unbedingtem Gehorsam und zum Hass erzogen worden, man hat uns mit Parolen voll gestopft, wir sind eine verlorene Generation.«

Er sagt auch: »Es gibt Situationen, die einen jubeln lassen, wenn man Sieger ist, und weinen, wenn man der Verlierer ist«, und plagiiert – ohne es zu wissen – einen bekannten Satz von Servatius, dem Verteidiger Adolf Eichmanns bei dessen Prozess in Jerusalem: »Galgen oder Orden, das ist die Frage.«

Am 24. April 1998 verordnet die Regierung einen ersten nationalen Tag der Abschreckung; er sollte der einzige bleiben. An dem Tag werden dreiunddreißig Personen in Stadien oder auf öffentlichen Plätzen hingerichtet. Sechs Sträflinge werden dazu aus Rilima herbeigeschafft und auf dem Hügel von Kayumba einer großen

Menschenmasse präsentiert. Diese glaubt, Joseph-Désiré gehöre zu der Gruppe, aber er entgeht dieser Hinrichtung, weil sein Prozess sich länger hingezogen hatte. Zwei Monate später wird er nach acht Verhandlungstagen zum Tode verurteilt. Seitdem wartet er auf einen Gnadenakt des Präsidenten oder die Abschaffung der Todesstrafe. Er hört Radio, spielt mit Setzsteinen *igisoro* und betet zu Gott.

Von allen Hauptfiguren der Gruppe kann einzig und allein er sich die Auswirkungen eines im Ausland erscheinenden Buches vorstellen, und innerlich erhofft er sich, sein Bericht könne zu einem Aufschub seiner Hinrichtung beitragen. Warum versucht er dann nicht, die Wahrheit zu sagen? Sie kann ihm sowieso nicht mehr schaden.

Will er es nicht? Kann er es nicht? Kann er nicht mehr unterscheiden, was er andere glauben machen will und was er für sich glaubt? Wird er am Ende selber an sein klassisches Leitmotiv, den Gehorsam, glauben? Er antwortet: »Als die Entscheidung zu den Tötungsaktionen bei uns eingetroffen ist, hinderte mich mein Pflichtgefühl daran, einen Rückzieher zu machen. Es war alles äußerst schwierig, die Dinge überstürzten sich viel zu sehr, als dass man Zeit zum Nachdenken darüber hatte, wie heute, sechs Jahre danach.«

Er sagt auch: »Für einen, den die Politik in ihren Bann gezogen hatte, blieb nur die Wahl, zu flüchten oder Anführer zu werden. Flüchten? Wie ich Ihnen schon gesagt habe, ist mir dieser Gedanke niemals gekommen. Auch nicht der, die Obrigkeiten mit kritischem Blick zu betrachten. Ich sagte mir, wenn die Arbeit getan werden müsse, dann müsse sie auch schnellstens vollendet werden. Wenn Ihre Parzelle von Krieg bedroht ist, wenn Ihnen gleichzeitig eine machtvolle Überzahl zur Verfügung steht und zudem noch die richtige Partei für das allgemeine, geistige und materielle Wohlergehen, wenn Sie zudem noch das Vertrauen derer genießen, die die Verantwortung tragen, dann geben Sie ihr Bestes, ohne lange nachzudenken.«

Und die Opfer, die man dabei zählt, wiegen nicht? Bei der Frage verzieht er keine Miene und wiederholt: »Wir haben mit Tutsi als Freunde zusammengelebt und haben das nicht einmal gemerkt; wir sind vom ethnischen Rassismus angesteckt worden und haben es auch nicht gemerkt.«

Schließlich spricht er den folgenden Satz aus, der den ganzen Abgrund der Unbegreiflichkeit bloßlegt, der uns von ihm trennt: »Wenn ein Wunder Gottes mir dazu verhülfe, wieder auf meinen Hügel, zu meiner Familie und meiner Arbeit zurückzukehren, dann würden die Leute schon sehen, dass ich wieder ein ganz normaler Mensch werden kann.«

Die Anführer

Pancrace: Bei näherer Betrachtung der Dinge, wie sie nach dem Unfall der Präsidentenmaschine abgelaufen sind, bin ich der Ansicht, dass der Völkermord haarklein von den Schergen in Kigali gesteuert worden ist. Aber auf den Hügeln haben wir die sichere Nachricht über das große Töten erst später bekommen. Wir redeten uns gegenseitig die Köpfe heiß, wir übten uns in Geduld, wir warteten auf Anweisungen, doch wir wussten von nichts. Eigentlich haben wir vom Völkermord erst erfahren, als er überall schon begonnen hatte.

Alphonse: Am Tag nach dem Flugzeugabsturz kam der Bürgermeister von Nyamata in Begleitung von Gemeindepolizisten nach Kanzenze, um eine wichtige Versammlung abzuhalten. Er schilderte uns den Hergang des Unfalls, er berichtete von der Flucht der Tutsi, die sich offensichtlich als Verdächtige am Tod unseres Präsidenten fühlten, und er forderte uns auf, Ruhe und Ordnung zu wahren. Aber während seiner Rede machten Polizisten und *interahamwe* eine Bewegung, wie um die Kehle durchzuschneiden, indem sie sich mit dem Daumen quer über den Hals fuhren.

Als der Bürgermeister abgezogen war, verkündete ein pensionierter Feldwebel mit großer Entschiedenheit: »Gut, die von der Gemeinde sind weg, wir gehen jetzt auf Streife. Greift euch zu eurer eigenen Sicherheit Macheten und Keulen.« Wir sind losgegangen, wir sind um die Parzellen der Tutsi herumgezogen, haben ihnen allerlei Drohungen an den Kopf geworfen und sie mit ein paar Streichen blutig geschlagen. Aber die Messer haben wir noch fast gar nicht eingesetzt, weil die Tutsi wohl geordnet in Gruppen beisammen standen und auch noch bei Kräften waren; wir mussten uns in Acht nehmen, um nicht selber verletzt zu werden.

So waren wir die Ersten, die die Arbeit aufnahmen, im Grunde genommen ohne die Genehmigung von höherer Stelle.

Joseph-Désiré: Alle Programme der Hutu-Parteien seit '92 sahen vor, die Tutsi zu töten. Das war darin logisch begründet und haarklein ausgeführt. Sie wurden bei den Versammlungen verlesen und von den Anwesenden aus vollem Herzen beklatscht. Immer wieder wurden sie im Radio vorgetragen, besonders nach dem Arusha-Abkommen. Jedermann konnte sie zur Kenntnis nehmen und begreifen, was darin stand, in erster Linie die Weißen und die Tutsi selbst.

Wir in unserer Gemeinde hatten uns darauf vorbereitet, erneut Massaker aufzunehmen, um den Angriffen der *inkotanyi* etwas entgegenzusetzen. Allerdings hatten wir bloß normale Massaker geplant, wie sie uns schon seit dreißig Jahren vertraut waren. Je weiter die *inkotanyi* ins Land vordrangen, umso mehr ihrer Tutsi-Brüder massakrierten wir auf ihren Parzellen, um den Eindringlingen den Schneid zu nehmen und sie aufzuhalten. Das war unsere Sicht der Dinge auf kommunaler Ebene. Was den Völkermord betrifft, so haben wir vor dessen erstem Tag niemals genauere Anweisungen bekommen.

Ich hatte mich wegen meines Vetters, der Bürgermeister war, in der Politik engagiert. Wir wollten den Ideen des Präsidenten und der großen Mehrheit der Hutu zum Sieg verhelfen. Wir wollten auf der ganzen Linie als Sieger herauskommen. So etwas ist irgendwie Routine bei denen, die Politik machen. Bloß die Verschlimmerung des Krieges hat diese Gewohnheit der Machtausübung ins Wanken gebracht und in so etwas wie einen Abgrund stürzen lassen, und wir standen ganz ratlos da.

Die hohen Herren im Staat haben aufgrund eines Grolls, den sie seit den Tutsi-Königreichen aufgestaut hatten, das, was ursprünglich ein Krieg war, so weit um sich greifen lassen, dass er ein Völkermord wurde. Wir waren damit völlig überfordert. Wir sahen uns vor die endgültige Tatsache gestellt, die wir dann vollenden mussten – so kann man das sagen. Als der Völkermord aus Kigali zu uns kam, hat uns das überrascht, doch ich bin keinen Schritt zurückgewichen. Ich habe mir gedacht: Wenn die Obrigkeit – vor die Wahl gestellt – sich so entschieden hat, besteht kein Grund für irgendwelches Wenn und Aber.

Sagen wir mal so: Die chaotische Lage war in meinen Augen zu sehr zur Selbstverständlichkeit geworden. Das Sich-gehen-lassen und die Pflichten prallten zu schnell aufeinander, als dass sie noch Platz für irgendwelches Zaudern gelassen hätten. Der, den die

Furcht nicht in die Feigheit trieb, fühlte sich schon aus Gehorsam zu seiner Machete hingezogen.

Innocent: »Joseph-Désiré schlängelt sich mit einer Vielzahl von Lügen durch, denn naiv ist er nie gewesen. Ich kenne ihn von der Schulbank; später sind wir Kollegen und Freunde geworden, denn er war Lehrer wie ich. Als er Vorsitzender der *interahamwe* wurde, und bald ein sehr berüchtigter und gefürchteter, befanden wir uns in gegnerischen Lagern, aber das hinderte uns nicht, uns bei einem *Primus* und ein paar scherzenden Worten zu treffen.

Jedenfalls – wie ich schon gesagt habe – war ab Januar, drei Monate vor dem Völkermord, sein Charakter wie umgewandelt. Wenn ich in meine Stammkneipe ging, wo ich ihm gewöhnlich begegnete, weil wir Nachbarn waren, verstummte er, bis ich wieder draußen war. Wenn unsere Wege sich draußen irgendwo kreuzten, bog er ab und wandte seinen Blick zur Seite; plötzlich lehnte er jeglichen Gedankenaustausch oder auch nur ein normales Wort ab. Gestritten hatten wir uns nicht; kein beleidigendes Wort hatte uns gegeneinander aufgebracht, doch schon strich er mich aus dem Kreis seiner Bekannten. Er zog es vor, Stunden um Stunden hinter verschlossenen Türen mit einflussreichen Persönlichkeiten zuzubringen. Freundlich war er nach wie vor, aber nur im Umgang mit seinen Hutu-Mitbürgern.

Heutzutage bin ich der Ansicht, dass er vorher nicht bis in die kleinsten Einzelheiten über den Völkermord informiert war; er kannte weder den genauen Tag noch die Art und Weise des Vorgehens. Aber er wusste gut drei Monate im Voraus, dass er mich und meine Frau und mein Kind, zu denen er bisher ein herzliches Verhältnis hatte, töten würde. Er war in das Geheimnis des Völkermords eingeweiht, ohne die genaue Ausführungsanweisung zu kennen.

Nach seiner Verhaftung sind wir uns im Gericht begegnet und ich habe ihm im Vorbeigehen gesagt: ›Du wusstest von allem seit langem, und du hast auch nicht das kleinste Wörtchen der Warnung gesagt, um wenigstens meine Frau zu retten. Vielleicht hast du sie eigenhändig in der Kirche umgebracht.‹ Seine Zunge wollte mir versöhnliche Worte erwidern, aber einer Antwort ist sie lieber ausgewichen.«

Elie: Im Jahre 1991, nach den ersten Angriffen der Rebellen von Uganda aus, wurde der Tutsi in den Armeezeitungen als der natürliche Feind des Hutu bezeichnet, der endgültig vernichtet werden müsse. Das stand in fetten Buchstaben auf den ersten Seiten.

Anschließend wurde die Ausrichtung auf dieses Ziel allmählich in den Radiosendern vorbereitet. Bei den politischen Versammlungen hielt man uns dazu an, keine Parzellen oder sonst welchen Besitz mehr mit den Tutsi zu teilen. Wir sollten uns auch nicht mehr gegenseitig auf dem Feld helfen, nicht mehr untereinander heiraten und in den täglichen Dingen einander nichts mehr verzeihen. Denn eines Tages werde man sich auf den Weg machen, um sie zu töten, und solche gegenseitigen Absprachen wären dabei hinderlich. Aber über den genauen Tag und die Art und Weise erhielten wir keinerlei Anweisungen.

Die Soldaten und die Bauern dachten im Grunde genommen, die Vordenker hätten beschlossen, die Tutsi nach und nach zu töten, um die *inkotanyi* vom Näherrücken abzuhalten. Wir dachten an ausgedehntere Massaker, um sie endgültig nach Burundi und die Nachbarländer zu verjagen. Von etwas sehr viel Ernsterem wussten wir nichts.

Die Bauern bekamen nur hier und da Gerüchte mit. Ihnen war durchaus willkommen, dass dabei Parzellen für neue Besitzer geräumt wurden, aber vor allem waren sie mit ihrer Feldarbeit beschäftigt. Erst am Tag nach dem Flugzeugabsturz gerieten sie fürchterlich in Rage, vorher nicht. Aber dann haben sie problemlos verstanden, dass es zum Besten aller war.

Ignace: Die Behörden hatten Listen mit bedeutenden Tutsi-Persönlichkeiten erstellt, wie zum Beispiel Lehrern und Händlern. Wir wussten genau, dass diese Personen bevorzugt zu töten waren, ihre Familien aber in Ruhe gelassen werden sollten. Und dass wir uns um Bauern und unbedeutende Tutsi nicht kümmern sollten. Aber nachdem die Listen mit den angesehenen Persönlichkeiten ausgegeben worden waren, eröffneten uns die Einsatzleiter, dass die Familien mit ihnen sterben sollten und alle Nachbarn auch. Dieses haarklein festgelegte Töten traf uns unvorbereitet, wenn ich das so sagen darf.

Jean-Baptiste: Als Habyarimanas Republik gezwungen war, das Mehrparteiensystem anzunehmen, haben alle Hutu-Parteien Milizen aufgestellt. Zuerst, um sich vor den anderen Hutu zu schützen, denn es ging hoch her zwischen den Hutu-Extremisten, und dann auch mit Blick auf die Tutsi.

Die *interahamwe* erregten in der Öffentlichkeit das meiste Aufsehen: sie sangen bei den Versammlungen, sie marschierten in Reih und Glied auf den Straßen, sie kamen zur körperlichen Ertüchtigung im Kulturzentrum zusammen. Sie bekamen zu essen und zu trinken, und manchmal von Kaufleuten eine kleine Summe Geld auf die Hand.

Sie bereiteten sich auf kleinere Massaker an Tutsi vor, wie man sie seit dreißig Jahren auszuüben verstand. Massaker zur Bestrafung wegen der *inkotanyi* oder aus Neid, oder auch aus Rache oder aus Habgier wegen Rindern oder Parzellen. Aber an die Vernichtung aller Tutsi haben sie erst nach dem Flugzeugabsturz gedacht.

Ich hatte das Amt des Steuerschätzers der Gemeinde inne, ich war also eng vertraut mit dem für Ntarama zuständigen Mitglied des Gemeinderats. Ich weiß, dass er das Wort Völkermord nicht verwendet hat, bevor es damit losging, noch nicht einmal in seinen geheimsten Gedanken. Die Großkopferten in Kigali hatten ihn programmiert, ohne ihre wahren Absichten zu verraten .

Innocent: »In Kibungo hatten wir einen sehr liebenswürdigen Ortsvorsteher mit Namen Servilien Kambali. Er war ein reicher Bauer und wollte nie, dass sich auf seinem Hügel irgendwelche Zwischenfälle ereignen. Während der Massaker von 1992 zwischen den Volksgruppen hat er äußerst besänftigend gewirkt und die gewaltbereiten Gruppen getrennt, ohne dass es einen Toten auf der einen oder anderen Seite gab. Er war ein Hutu mit friedliebendem Charakter.

Am 10. April, drei Tage nach dem Absturz, warnte er seine Leute: ›Also, es geht viel zu heiß her im Land. Ich werde in meinem Zuständigkeitsbereich aber keine Aufruhr und keine blutigen Auseinandersetzungen dulden. Ich mache mich auf den Weg nach Nyamata und bringe Verstärkung zur allgemeinen Sicherheit mit. Bis ich zurück bin, verlässt keiner von euch das Haus, sonst wird das ernste Folgen für euch haben. Jeder, der einen anderen bedroht, bezieht dafür Schläge. Wehe dem, der die Hand gegen einen anderen erhebt.‹

In der Gemeindeverwaltung hat er von Zusammenstößen geredet und um Unterstützung gebeten. Der Bürgermeister von Nyamata erwiderte ihm jedoch: ›Servilien, du bist ein richtiger Dummkopf. Jetzt ist aber Schluss mit deinen Alleingängen. Statt mit Verstärkung kehrst du mit strikten Anweisungen auf deinen Hügel zurück.‹

Als Servilien zurückkam, sagte er den Hutu-Bauern, die im Kreis zusammenstanden und auf ihn warteten: ›Es ist schon alles beschlossene Sache. Sie haben damit schon angefangen. Wir müssen sie alle töten.‹ Er schnappte sich ein Gewehr und erwies sich bald als hervorragender Planer in vorderster Front, vom ersten bis zum letzten Tag.

Konnte dieser Herr sich inmitten des Völkermords ein reines Gewissen bewahren? Wenn er seinen Sitz als Ortsvorsteher behalten wollte, selbstverständlich nicht. Wenn er einen Anteil der Beute haben wollte, konnte er sich nicht mit verschränkten Armen auf seine Veranda setzen. Wegen seines hohen Bekanntheitsgrades konnte er auch nicht auf dem Hügel nur so dasitzen, als habe es ihm die Stimme verschlagen, und sich das alles anschauen: Er hätte sich damit lediglich die Wut der jungen Leute zugezogen.

Aber er hätte sich beim Töten und bei den materiellen Vorteilen mehr Zurückhaltung auferlegen können. Er hätte hinter der Marschkolonne hertrödeln können oder auch nach Gitarama verreisen können, um Verwandte zu besuchen, wenn es ihm widerstrebt hätte, das Gewehr hervorzuholen. Bei seinem Prozess sagte er, daran hätte er nicht gedacht.«

Fulgence: Eine gewisse Zahl gebildeter Leute waren die Einsatzleiter. Ein paar andere waren einfache Totmacher, wie die Bauern auch. Sie haben ihre Arbeit verrichtet wie wir und sich beim Töten auch nicht rühmlicher angestellt als wir. Manche Gebildete hielten mit ihrem Ehrgeiz hinter dem Berg, andere kehrten ihn unverhohlen hervor. Das hing von dem Rang ab, den sie hinterher bekleiden wollten, wenn alles vorbei wäre. Es hing von ihren Ambitionen für die Zukunft ab.

Im Grunde genommen haben die gebildeten Leute sich nicht als bösartiger erwiesen als wir.

Pio: Die gebildeten Leute, die Händler und Ähnliche gaben sich mit Worten derart zum Fürchten, dass die Verantwortlichen ihnen schon mal Gewehre liehen, als Belohnung für ihren guten Willen und damit sie ihre Kleidung nicht mit Blut besudelten. Sie schossen, sie schrien und sie hielten sich im Hintergrund. Mit ihren Reden reihten sie sich bei den Einsatzleitern ein und mit ihren Taten beim Fußvolk. Die Art, wie diese Leute töteten, war sicher schicklicher als die unsere, und man machte sich dabei auch nicht so schmutzig.

Léopord: Diese Einsatzleiter waren es, die die Suchtrupps einteilten, den Weg der Streifzüge festlegten und Streitereien beim Plündern entschieden. Wären diese Einsatzleiter abgezogen worden, wäre es den Bauern nicht eingefallen, sich an die Arbeit zu machen. Sie hätten vor Wut wegen des Flugzeugs die Machete einmal im Kreise geschwungen und wären dann auf ihre Felder zurückgekehrt. Sicherlich hätten sie auch etwas Schweiß in den Sümpfen vergossen, aber nicht so viele Tage lang. Sie hätten ihre Kräfte geschont. Diese vorbehaltlose Entschlossenheit zu töten, das war die der Einsatzleiter.

Adalbert: Diese gebildeten Leute waren es doch, die den Bauern auf den Pfaden im Sumpf die Angst vor den Tutsi einjagten. Heute sind sie es, die mit den Worten jonglieren oder mit Schweigen antworten. Viele von ihnen sind stumm geworden und sitzen auf demselben Posten wie vorher. Manche werden Minister oder Bischöfe; sie ziehen an einen Ort, wo sie weniger im Rampenlicht stehen, wechseln jedoch weder die auffällige Kleidung noch die Goldrandbrillen – während uns das Leid im Gefängnis festnagelt.

Ignace: Die Anführer konnten woanders hingehen, wenn dieses tagtägliche Töten ihnen nicht mehr behagte. Sie konnten sitzen bleiben und neue Programme diskutieren oder weit entfernt wohnende Verwandte besuchen, im Gegensatz zu den Bauern, die in einer Stadt nicht zurechtgekommen wären. Die sind alle geblieben. Die, die nicht in die erste Reihe gingen, gaben sich auch mit der letzten zufrieden. Entweder wollten sie gesehen werden oder Beute raffen.

Hinter den *moudougoudous*

Die ersten *moudougoudous* tauchten kurz nach dem Völkermord auf und breiteten sich über das ganze Land aus. Meist lagen sie in der Nähe von Siedlungen, auf den Kuppen der Hügel, manchmal auch längs einer Piste oder nahe bei einem Rinnsal mitten im Busch. Wenn man in Kibungo kurz bevor man die ersten Häuser erreicht auf einen Weg in den Busch einbiegt, entdeckt man ein *moudougoudou*; ein weiteres in Kanzenze an einer Piste, die sich über der Haltestelle der Taxibusse hügelan windet, oder auf einer Lichtung unterhalb der Kirche von Ntarama.

Ein so hübsches Wort bezeichnet allerdings nichts von besonderer Schönheit. Ein *moudougoudou* ist eine Ansammlung standardisierter Häuser, rechteckige Klötze, die in einer Reihe ausgerichtet stehen. Am beeindruckendsten sind jene mit dreitausend Häuschen, weniger ins Auge springen die mit dreißig. Die Häuser sind je nach Klimazone und Spender aus gebrannten Ziegelsteinen, aus Betonelementen oder aus gestampftem Lehm, mit oder ohne Fensteröffnungen und natürlich mit Wellblechplatten gedeckt.

Das *moudougoudou*-Projekt ist zu gleichen Teilen vom Kibbuz inspiriert, vom rumänischen Dorf der Machart Ceaucescus und von der Kolchose, aber ohne den damaligen Kollektivismus. Mit dieser Neugestaltung des ländlichen Raumes werden zwei Ziele verfolgt: Einerseits soll schleunigst für die zahllosen während des Krieges zerstörten Häuser – vor allem die der Überlebenden – Ersatz geschaffen werden, andererseits sollen aus Gründen der Sicherheit die verstreut in den Wäldern und im Busch lebenden bäuerlichen Familien konzentriert werden.

Auf den ersten Blick befremdet unsereins dieses Konzept der Zusammensiedelung und Verödung der kleinen Weiler, ist man als Bewohner eines westlichen Landes doch durch die katastrophalen Erfahrungen, die wir mit so etwas schon gemacht haben, gewarnt. Die meisten Bewohner von *moudougoudous* teilen diese Vorbehalte nicht. Francine Niyitegeka, Berthe Mwanankabandi, Claudine Kayitesi, Angélique Mukamanzi, Christine Nyiransabimana, deren persönliche Berichte in *Nur das nackte Leben* veröffentlicht sind, haben das angestammte Haus ihrer Familie aufgegeben, weil sie es nicht schafften, es neu zu errichten oder zu reparieren, und sind mit ihren Kindern in ein *moudougoudou* gezogen.

Trotz der Strecke von mehreren Kilometern, die sie seither zu ihren Parzellen zurücklegen müssen, trotz des Verlustes der blühenden Gärten, Gemüsebeete und Viehgatter, trotz des Fehlens der Scharlachbuschwürger, der langschwänzigen Nektarvögel und der wunderbaren Nachtigallen mit ihrem melodiösen Gesang. Obwohl die Frauen dichter aufeinander wohnen, als sie es von früher gewohnt sind, sind sie der Meinung, dass sie viel besser untergebracht sind und sich dort sehr viel sicherer fühlen.

Um diesen Rückzug in die Gemeinschaftssiedlung zu verstehen, muss man sich folgende Sätze von Francine noch einmal durch den Kopf gehen lassen: »Wenn man einen solchen Realität gewordenen Alptraum erlebt hat, sortiert man seine Eindrücke nicht mehr danach, was man am Tag denkt und was man nachts träumt. Seit dem Völkermord fühle ich mich immer verfolgt, tags wie nachts. In meinem Bett drehe ich mich nach Schatten um, auf den Wegen nach Gestalten, die mir folgen. Ich habe Angst um mein Kind, wenn mein Blick sich mit dem eines Unbekannten trifft. Manchmal begegnet mir beim Fluss ein *interahamwe* und ich sage mir: ›Guck, Francine, dieses Gesicht hast du schon in deinen Träumen gesehen‹, und ich erinnere mich erst hinterher, dass dieser Traum die Zeit der Sümpfe war und ich dabei voll wach war.«

Auch wenn sie nicht so ins Auge fallen wie die *moudougoudous*, tauchen noch andere Erscheinungen neu oder wieder auf, über die die Einheimischen ebenso erstaunt sind wie Fremde. In Nyamata erheben sich neben den alten Kirchen neu errichtete, und bei den Gottesdiensten sind sie zum Bersten gefüllt, besonders bei Beerdigungsgottesdiensten, zu denen allwöchentlich Gläubige zu Hunderten und Tausenden zusammenströmen. Die weit hallenden Rufe des Muezzin einer Moschee, in der die Heimkehrer aus Uganda sich zum Gebet treffen, schrecken zweimal in der Nacht den Ort aus dem Schlaf. Gleich eine ganze Reihe christlicher

Sekten – lokaler Entstehung oder internationaler Herkunft – florieren bis tief in den Busch.

In Nyamata nennt sich die Gemeinde neuerdings »Distrikt«, und der Bürgermeister heißt französisch »maire«. Da und dort stehen Computer und warten, dass das Telefonkabel bis zum Ort verlegt wird oder der Cheftechniker nicht mehr krankgeschrieben ist, um an Internet und E-Mail angeschlossen zu werden. Das Kulturzentrum, das früher Joseph-Désiré Biteros Milizen mit Beschlag belegt hatten, ist heutzutage an den Vormittagen eine Leihbücherei und nachmittags ein Fernsehzimmer. Nachts verbünden sich Dutzende neuer Fernsehgeräte mit vorsintflutlichen Radioapparaten und nehmen es mit dem Muhen, Quaken, Zirpen und Gurren von Kühen, Fröschen, Zikaden und Turteltauben auf – vergeblich, dem ist nicht beizukommen.

An den Sonntagen läuft die Mannschaft von *Bugesera-Sport*, umgetauft in *Nyamata FC*, auf, und zwar in rot-weißen Trikots, gegen die sie ihre alten in Lila getauscht haben, weil sie moderner sind. Auch wenn sie weder ihren Schwung früherer Zeiten noch ihre überschwänglichen Zuschauer noch ihre Förderer unter der Kaufmannschaft zurück gewonnen hat, trainiert sie dreimal in der Woche, was für ihren Optimismus spricht.

Mittwochs und samstags leuchtet der Markt erneut in allen Farben, von den *pagne*-Tüchern, in die Marktfrauen sich kleiden, den Stoffstücken, auf denen sie ihre Waren auf dem Boden ausbreiten, und den bunten Sonnenschirmen, die sie über sich aufgespannt haben. Dieser Wochenmarkt ist der einzige Ort, über dem vage so etwas wie Unbeschwertheit in der Luft liegt. An den Markttagen nehmen die Bäuerinnen, die Frauen der Fischer, Viehzüchter, Handwerker, die Geschäftsfrauen und die kleinen Einzelhändlerinnen wieder Seite an Seite ihre Standplätze ein, und auch ihr Mundwerk ist wieder ganz das alte. Schon im Morgengrauen kommen die ersten Bewohner der umliegenden Siedlungen von ihren Hügeln herunter, um den ganzen Tag in Nyamata zu verbringen. Der Platz liegt wie früher unter einer Wolke von Gerüchen, in der *Grand-Rue* herrscht wieder heftiges Geschiebe und in die Kneipen ist der vielstimmige Lärm zurückgekehrt. In den Mühlen, den Krankenstationen und den tierärztlichen Ambulanzen, im Schlachthof, im Rathaus und in der Post drängeln sich die Leute.

Auf den Kirchenbänken sitzen Hutu-Familien und Tutsi-Familien nebeneinander und beten, den Blick unverwandt auf den Priester gerichtet; auf den Schulbänken hängen die Kinder gebannt an den Lippen des Lehrers; auf dem Sportplatz feuern die einen die Mannschaft an, die anderen schmähen sie, doch allein der Wochenmarkt ist der Ort, wo sie normal miteinander reden, feilschen und scherzen. Das sagt auch Rose Kubwimana, die Mutter Adalberts, in ihren Worten: » Auf dem Markt haben die Hutu wieder den Mut gefunden, Geschäfte zu machen wie früher.« Gewissermaßen eine erfreuliche Verzahnung, bevor jeder wieder in die Isolation seines Stadtteils oder seines Hügels zurückkehrt.

Dort in den Hügeln liegen die Pflanzungen der Kaffeebauern brach, weil es drei oder vier Jahre Pflege bedarf, ehe die Sträucher einen Ertrag bringen. Aber wie früher hellen die blassgrünen Flecken der Bananenhaine die dunkelgrüne Landschaft auf. Die *urwagwa*-Produktion hat den Stand von damals – zwar nicht der Qualität, aber der Menge nach – weit hinter sich gelassen, und Gleiches gilt für die Zahl der Konsumenten.

In Kibungo haben – nur durch die Straße getrennt – wieder zwei Kneipen aufgemacht. In der von Francine verkehren ausschließlich Überlebende der Massaker; die Kundschaft der anderen ist eher »gemischt«, wie man dort unten sagt. Auf dem Platz in der Ortsmitte sind Hutu- und Tutsi-Frauen zugange, auf Jutebahnen im Gleichtakt Bohnen aus dem Stroh zu dreschen. Etwas weiter hat ein Schneider seine Singer-Nähmaschine aufgestellt. Eine von einem Schweröl-Motor angetriebene Mühle erspart den Bäuerinnen die zwanzig Kilometer Fußmarsch mit einem Sack auf dem Rücken, um ihre Hirse- oder Maniokernte zum Mahlen zu bringen. Scharen von Kindern dribbeln mit einer Schaumstoffkugel auf dem Platz vor der Schule herum, und die leer stehenden Häuser werden von Kühen genutzt, um einigermaßen komfortabel ihre Kälber auf die Welt zu bringen.

Unterhalb des Weges, der den Hang auf der anderen Seite des Kibungo-Hügels hinabführt, gleiten Pirogen durch Schilf und Seerosen über die fauligen Wasser des Nyabarongo, so als ob sie in einer einträglichen Bruderschaft des Flusses mit den heiligen Ibissen, den Pelikanen und weißen Flamingos unter einer Decke steckten. Die

Fischer sind stets Hutu, und sie räuchern über offener Glut ihre schwarzen Fische, um sie dann auf Lianen zu fädeln: Selber essen sie sie nie. Im Umland sind die Viehhalter immer Tutsi, doch weder melken sie ihre Watussi-Rinder noch essen sie ihr Fleisch.

Igiterane hieß der Rindermarkt am Dienstag. Es ist eine berühmte Stätte einer Heerschau der Tiere mit den mächtigen Hörnern und ihrer lässig auf Stöcke gestützten Besitzer mit dem Filzhut der Viehhalter auf dem Kopf. Doch auf der Lichtung von Kayumba hat er noch nicht wieder begonnen. Der Rinderhandel findet neuerdings unter Ausschluss der Öffentlichkeit statt, obwohl der Viehbestand erneut die Zahl der Vorkriegsjahre erreicht hat. Die Herden, zu denen die Rinder zusammengefasst werden, weiden wieder im Busch und genießen noch größere Freiheiten, und ihre Hirten gehen nach wie vor in Lumpen gekleidet, die die Blicke von Neidern abwehren sollen.

Die größte Neuheit ist längs der Wege die Errichtung der ersten Euphorbienhecken zum Schutz der Felder. Vor zehn Jahren wäre das noch ein Sakrileg gewesen, und hätte so etwas wie die berühmte Schlacht zwischen Rinderzüchtern und Ackerbauern um die Stacheldrahtzäune in den Prärien des amerikanischen Westens zur Folge gehabt, die heute ebenfalls keine Wutausbrüche mehr hervorrufen.

Neun Jahre sind seit dem Völkermord vergangen. Seit der Rückkehr der Kongo-Flüchtlinge wird eine Frage häufig gestellt, und sie verdient eine Antwort: Wie werden diese beiden Gemeinschaften der Hutu und der Tutsi, die das Schicksal zum Zusammenleben trotz des Völkermords zwingt, damit fertig? Man kann eine Reihe von Beobachtungen in Nyamata anführen, die auf eine positive Entwicklung hindeuten: das explosionsartige Ansteigen fröhlicher Hochzeitsfeiern an Samstagnachmittagen, die Errichtung einer Antenne für Telefongespräche per Mobiltelefon, die Eröffnung eines Krankenhauses, der Abzug der Hilfsorganisationen, die Mode der schwarzen, rosa oder mandelgrünen Ledersitze der Fahrradtaxis oder die gestiegene Zahl der Abschlussprüfungen in der *Apebu*-Oberschule, die Konkurrenz von zwei Eisenwarenhandlungen beim Verkauf von Wellblechplatten und der Bau der ersten Villen …

Man kann aber auch antworten: Die Angst ist immer noch da, jeden Moment mit den Händen greifbar, und man kann nicht sagen, wie viele Generationen unter ihr noch zu leiden haben werden, ehe sie vergeht.

Solche Angst, wie Angélique sie durchlebt: »Ich habe viele Menschen gesehen, die neben mir zerstückelt wurden. Die ganze Zeit habe ich gegen eine übermächtige Angst angekämpft, gegen ein Entsetzen, wie es über die Kräfte eines Menschen geht. Ich bin ihrer Herr geworden, aber ich sage nicht, dass sie mich für alle Zeiten losgelassen hat.«

Oder die Angst von Hutu-Kindern, die Sylvie beschreibt: »Für die Hutu-Kinder, die mit in den Kongo gezogen sind, bleibt die Belastung gleichschwer, weil sie der Vergangenheit nicht ins Gesicht sehen. Ihr Schweigen hält sie in ihrer Angst gefangen. Die Wunden heilende Zeit stößt sie zurück. Von Besuch zu Besuch hat sich bei ihnen nichts geändert. Man kann feststellen, dass in ihren Köpfen die Anfechtung ständig die klaren Gedanken verjagt. Man tritt auf der Stelle, wenn man sie zum Reden ermutigen will. Dabei können sie doch nicht in einem normalen Leben Fuß fassen, wenn sie nicht sagen, was in ihnen widerstreitet.«

Auf dem Weg hangabwärts, wo die Familien von Pio, Pancrace und Adalbert leben, liegt auch das Haus von Denise Nikuze, einer zwanzig Jahre jungen Hutu-Frau. Die Mauern verfallen inmitten eines Hofes von herrlicher Blütenpracht. Denise Nikuze und ihre Schwester Jacqueline Dusabimana ziehen gemeinsam ihre Kinder aus »heimlichen Liebschaften, die kleine Vergünstigungen bringen«, groß.

Schon bei Tagesanbruch zieht Denise, bekleidet mit einem T-Shirt und einem verwaschenen *pagne* als Rock, auf ihr Feld, legt ihren Säugling in ein Stück Stoff gewickelt in den Schatten eines Avokado-Baumes und ist bis weit in den Nachmittag mit der Hacke zugange, ohne etwas zu essen und zu trinken. Sonntags zieht sie ihr spitzenbesetztes Kleid an und begibt sich in die Kirche von Kibungo, manchmal geht sie noch ein paar hundert Meter weiter zu den Läden, um Seife oder Öl zu kaufen, oder sie geht lieber gleich die fünfundzwanzig Kilometer bis Nyamata, wo sie nicht so angegafft wird.

Denise Nikuze erweist sich als gastfreundlich, intelligent und richtig nett. Sie bietet uns *urwagwa* an und Sumpf-Ananas. Sobald die Sprache auf die Massaker kommt, verfällt sie in Schweigen, sagt nur noch: »Die entsetzliche Krankheit hat sich in jenen bösen Zeiten Mama ausgesucht. Der Tod hat Papa unter geheimnisvollen Umständen, die wir nur durch das Gerede der Leute kennen, dahingerafft. Meine drei Brüder hat es während der Wirren in alle Winde verweht, vielleicht in den Kongo oder vielleicht auch in ein weit entferntes Gefängnis. Wo das sein kann, werde ich nie erfahren. Hier kreuzen nur Zufallsbekanntschaften meinen Weg, und keiner ist darunter, der seine Arme nach mir ausstreckt und einen tauglichen Ehemann abgebe. Ich höre keine Worte der Drohung mehr, doch auch keine der Versöhnung. Künftig bleibt mir nur das Schweigen als einzige Stütze gegen die Angst und die Schatten der bösen Vergangenheit, die über unsere Parzellen streichen.«

Etwas weiter auf dem Weg treffen wir meist Rose und Marthe, die beiden Schwestern von Pancrace, die vor ihren Häusern Bohnen ausdreschen oder Hirse stampfen. Sie empfangen uns stets herzlich, sind manchmal richtig lustig und immer neugierig auf eine Welt, von der sie nur vage etwas aus dem Radio mitbekommen. Sie sind begierig auf Neuigkeiten aus Rilima: doch sie selber bleiben stumm – ohne deswegen aber feindselig zu werden –, wenn man die Sprache auf die blutige Vergangenheit bringt.

Das Leben nimmt wieder seinen Lauf

Alphonse: Wenn wir abends zusammen saßen, kam es vor, dass ein paar Alte hinter vorgehaltener Hand fragten: »Warum begnügen wir uns eigentlich nicht damit, ihre alles niedertrampelnden Kühe zu töten und ihnen die ertragreichen Parzellen wegzunehmen, und lassen einfach eine größere Zahl von Tutsi am Leben?« Der Einsatzleiter antwortete: »Nein. Dafür ist diese Tradition bei ihnen viel zu alt. Die Tutsi hüten ihre Rinder seit so langer Zeit, sie würden mit neuen Kühen sofort wieder dasselbe beginnen. Erschlagt die Kühe und die Tutsi, es ist ein- und dieselbe Aufgabe.«

Wenn ich aus dem Gefängnis komme, weiß ich nicht, ob ich noch lernen kann, Kühen gelassen zu begegnen. Die Hutu sind den Umgang mit Kühen nicht gewöhnt, sie spüren ein Unbehagen, wenn ihnen irgendwo am Ufer einer Wasserstelle oder im Busch die Herden über den Weg laufen. Aber was die Schäden angeht, die ihre Hufe anrichten, werden wir uns geschickter anstellen als früher, in Form von anständigen Entschädigungen, etwa einem Sack Saatgut oder einer Kiste *Primus*. Wir werden Absperrungen aus Euphorbien um die bepflanzten Felder ziehen. Das Abschlachten und die Rache, das ist für mich ein abgeschlossenes Kapitel.

Elie: Es war in den Lagern, als eine größere Zahl von uns wegen ihrer Taten Gewissensbisse bekamen, und weitere dann in den Gefängnissen, wie ich. Ich für meinen Teil habe den Familien der Opfer, die ich kannte, kurze Briefe mit der Bitte um Verzeihung geschrieben und durch Besucher bei ihnen vorbeibringen lassen. Ich habe mich selbst bezichtigt und ich habe meine Schuld den Familien derer, die ich getötet habe, eingestanden. Wenn ich wieder draußen bin, werde ich ihnen Geschenke bringen, zu essen und zu trinken. Ich werde *Primus* und Fleischspieße in reichlicher Menge für Versöhnungsfeiern spenden.

Dann werde ich den Lauf des normalen Lebens wieder aufnehmen, diesmal aber ehrlichen Herzens. Ich werde von meinen Mitbürgern ab der ersten Morgenstunde nur Gutes denken. Ich will meine Parzelle einsäen oder schweißen oder sägen oder mauern und alle sich bietenden Arbeiten schwungvoll angehen. Oder als Soldat dienen, wenn patriotische oder gefährliche Situationen das erfordern, ohne allerdings mit dem Gewehr zu zielen und zu schießen. Sogar einen Straßenräuber will ich künftig nicht mehr töten.

Pio: Ich sehe das so: Wenn die Vorsehung mir gestattet, aus dem Gefängnis zu kommen, werde ich mein Leben nicht vergeuden wie bisher. Ich werde auf meinen Hügel zurückkehren, ich werde mir eine gute Ehefrau suchen, denn aufgrund der Ereignisse bin ich bisher Junggeselle geblieben. Ich sehe nichts, was mich daran hindern könnte, ein anständiges Leben zu führen. Unter keinen Umständen würde es mich erleichtern, in eine andere Gegend zu ziehen, um mich vor vorwurfsvollen Blicken zu verstecken. Ein beflecktes Dasein ist immer noch befriedigender als ein Dasein, in dem ich mich nicht wiedererkenne.

Wenn das Vergessen mir gnädig ist, werde ich ihm dafür danken. Wenn die Gelegenheit sich bietet, werde ich bekunden, wie leid mir das tut, wenn sie sich öfter bietet, werde ich das immer wieder tun. Ich werde mit der Geduld und der Bescheidenheit einen Pakt schließen. Für mich ist das mit der Großspurigkeit vorbei. Wenn das Leben in gutem Einvernehmen früher möglich war, muss es das jetzt auch noch sein, trotz dieser Dummheit mit dem Totschlagen.

Auf jeden Fall müssen alle sich irgendwie an das Böse, das sie durchgemacht haben, gewöhnen, auch wenn dieses Böse für die einen und die anderen in verschiedener Gestalt auftrat. Weil jeder gezwungen war, es auf seine Weise zu ertragen.

Joseph-Désiré: Da ich zum Tode verurteilt bin, bin ich dazu verdammt, mein Leben, über dem der plötzliche und unnatürliche Tod schwebt, auch so zu nehmen, wie es ist. Wir sind etwa sechzig in unserem Gefängnishof, die das Schicksal zwingt zu warten, *igisoro* spielend die Zeit zu vertreiben und mit einem Ohr zu verfolgen, was in der Welt draußen so gesagt wird, dank des Radios. Das ist ein Leben, welches sich deutlich von dem unterscheidet, das ich vorher führte und es ähnelt in nichts dem Leben, das ich mir vorgestellt hatte. Immerhin ist es aber ein Leben, und es ist mein Leben, und wenn ich es so nicht annehme, wird mir keiner ein anderes anbieten.

Fulgence: Ich glaube, dass die Folgen für uns alle besonders schlimm ausgefallen sind. Auf der Seite der anderen hat es viele Tote gegeben. Doch auch uns sind schmerzliche Prüfungen in den Lagern nicht erspart geblieben, und ein entsetzliches Leben im Gefängnis noch dazu. Im Exil haben Krankheiten zwei meiner Kinder, meine Mutter und viele Gefährten dahingerafft, und ich muss jetzt hier im Gefängnis leiden.

Die Zeit hat mich für meine Missetaten sühnen lassen und kann mir jetzt gestatten, wieder ein normales Leben zu beginnen, wenn ich rauskomme. Nach diesen Totschlägereien und den Prüfungen des Schicksals danach sehe ich das Böse anders als bisher; ich werde ein normalerer Mensch sein.

Ich weiß nicht, wie meine Nachbarn mich aufzunehmen gedenken, denn die Gelegenheit hat sich noch nicht ergeben, mit ihnen darüber zu reden. Ich glaube, ich werde sie überzeugen können, an unserer Seite zu leben wie früher, oder wenigstens so zu tun. Ich habe eine Riesensehnsucht, wieder unter den Lebenden zu sein; ich habe es richtig eilig, sie wieder um mich zu haben.

Pancrace: Ein Riesenschlamassel wird künftig die Toten von den Lebenden trennen. Aber auch diese müssen in der Welt ausharren. Wenn ich auf dem Hügel zurück bin, werde ich meine Nachbarn bitten, erneut in gutem Einvernehmen mit mir zu leben. Ich werde die Zeit um Hilfe bitten, um auf der Parzelle Kompromisse zwischen Ackerbau und Viehwirtschaft zu finden und um eine gute Ehefrau abzubekommen. Wenn ich wieder mit der Feldarbeit beginne, werde ich meinen Tutsi-Nachbarn meine Hilfe anbieten. Ich weiß nicht, ob sie sie annehmen werden, so wie es früher war, aber ich will ihnen das ohne jeden Vorbehalt vorschlagen, um meine guten Absichten zu beweisen.

Außer durch die Qualen der Jahre im Gefängnis sehe ich mein Leben durch diese bedauerlichen Ereignisse nicht irgendwie beschädigt. Glück und Unglück haben mich nicht zu einem anderen werden lassen; doch das von den anderen zu sagen wäre zu gewagt.

Jean-Baptiste: Ich fühle eine größere innere Ruhe, seitdem ich zu reden begonnen habe. Wenn ich meine Strafe abgesessen haben werde, sehe ich keinen Grund, nicht zu meiner Frau zurückzukehren, meinen Platz in der Gesellschaft wieder einzunehmen und im Kreise meiner sechs Kinder, selbst wenn sie ohne mich groß geworden sind und mich nicht wiedererkennen. Eines muss ich allerdings noch klarstellen: In meinem Leben ist künftig ein tiefer Riss. Ich weiß nicht, wie das bei den anderen ist. Ich weiß nicht, ob das wegen meiner Tutsi-Ehefrau nur bei mir so ist. Aber ich weiß, dass auch die Milde der Richter und ein Erbarmen der leidgeprüften Familien ihn nicht werden schließen können. Vielleicht könnte es noch nicht einmal die Wiederauferstehung der Opfer. Vielleicht wird sogar mein Tod ihn nicht zuschütten.

Ignace: Ich bin ein guter Ackerbauer und ich kann nicht einmal mehr das einfachste Gerät mein eigen nennen. Meine Kinder leben irgendwo im Land verstreut und lassen mir keine stärkenden Worte zukommen. Mich erreicht keine Information, ob mein Haus noch steht. Seit dem Töten habe ich den Fuß nicht mehr auf meinen Hügel gesetzt. Jeder Mut hat mich verlassen. Manchmal packt mich das Entsetzen, wenn ich an die Blicke der Überlebenden denke, die mich erwarten. Wenn ich an das denke, was ich verloren habe, bin ich völlig niedergeschlagen.

Wenn ich rauskomme, denke ich, dass es zum Essen reichen wird. Aber wohlhabend und angesehen sein wie früher, ich sehe schon, das kann ich mir abschminken. Mein Leben ist im Gefängnis ins Schleudern geraten, überall eckt es an, ich kann darin kein Ziel mehr erkennen außer dem, auf meine Parzelle heimzukehren. Ich kann es kaum erwarten, die Hacke wieder fest mit beiden Händen zu packen, das Rückgrat zu beugen und kein anderes Wort zu hören als darüber, wie die Ernte wird.

Fulgence: Es ist viel zu schwer, über uns zu urteilen, denn was wir getan haben, übersteigt das menschliche Vorstellungsvermögen. Unter allen Umständen ist es für jene viel zu schwierig, über uns zu urteilen, die an der Situation damals nicht beteiligt waren. Aus dem Grund bin ich der Meinung, dass wir Ackerbau betreiben sollen wie vorher, bloß diesmal mit guten Gedanken, dass wir bei jeder Gelegenheit unser

Bedauern demonstrieren sollen, dass wir den schwer geprüften Personen hier und da Kleinigkeiten zukommen lassen sollen. Und die viel zu schwere Aufgabe, uns zu bestrafen, Gott überlassen.

Léopord: Wer für das Blut, das er vergossen hat, von Reue erfasst wird, den kann das Schicksal noch bei der Hand nehmen und auf seinem Hügel wieder beginnen lassen, was er früher machte. Dasselbe gilt für den, der bereit ist zu reden ohne Rücksicht darauf, dass er sich dadurch einer höheren Bestrafung aussetzt; oder den, der den Nachbarn erzählt, was er mit der Machete angefangen hat.

Aber wenn er ständig wiederholt, dass er sich an nichts erinnert oder nur an winzige Belanglosigkeiten, dass er nicht dabei war und ähnliches, ungereimtes Zeug, wenn er lügt, dass sich die Balken biegen, in der Hoffnung, sich so jeglichen Vorwürfen und einer Bestrafung zu entziehen, dann ist die Heimkehr in noch weitere Ferne gerückt. Solche Lügner gibt es in großer Zahl.

Im Gefängnis gibt es zahlreiche Totmacher, die denken, dass ihr Misserfolg der ausschlaggebende Grund für die entsetzlichen Widrigkeiten ist, die ihnen gegenwärtig zu schaffen machen. Auf den Hügeln denken viele das auch. Sie sagen, dass der Weg, den sie ohne die Tutsi zurückgelegt haben, viel zu lang sei, um jetzt noch kehrtzumachen und zurück zu können. Sie sind der Ansicht, dass sie in der Gesellschaft von Tutsi, die sie nicht gänzlich vernichtet haben, keine einträgliche Stellung mehr werden bekommen können. Sie sagen, dass sie die Verlierer der gegenwärtigen Situation sein werden.

Sie versinken so tief in Rachegefühlen, dass sie sich da nicht mehr rausziehen können, um den neuen Gegebenheiten auf ihrem Hügel ins Auge zu sehen und ein normales Leben unter den Blicken der Tutsi zu akzeptieren. Sie werden immer mit gemeinen Sprüchen um sich werfen.

Adalbert: Wenn ich in Kibungo zurück bin, werde ich mich um meine Felder und meine Familie kümmern. Das Töten und das Gefängnis haben mich älter werden lassen; dadurch bin ich ruhiger geworden. Ich bin nicht mehr so hitzig wie früher. Von meiner Vorliebe für Menschengewimmel und Vergnügungen ist mir einiges abhanden gekommen.

Wie es mit den Überlebenden sein wird, das kann ich nicht sagen. Es gibt Leute in Kibungo, die für mich Verständnis aufbringen werden, aber nur die, die wie ich die Machete geschwungen haben, oder noch mehr als ich. Was aber die Tutsi angeht, ist es für sie undenkbar, unsere Beweggründe kennen zu lernen und uns zu verstehen. Man kann von ihnen nicht verlangen, in ihrem Denken zu akzeptieren, was wir getan haben. Ich glaube, ihr Schmerz wird sich jeder Art von Erklärung verweigern. Was wir begangen haben, ist für sie wider die Natur. Vielleicht werden Geduld und Vergessen das Spiel gewinnen, vielleicht auch nicht.

Das Feilschen um Vergebung

Muss man Vergebung gewähren? Was hilft vergeben? Dient es der Aufdeckung der Wahrheit? Gibt es den Überlebenden der Massaker den Frieden in ihrer Trauer? Ebnet es künftigen Generationen den Weg zur notwendigen Versöhnung?

Wer kann Verzeihung gewähren? Kann man im Namen eines anderen verzeihen, an der Stelle eines Verwandten, eines Freundes, besonders, wenn diese Person nicht mehr unter den Lebenden ist? Kann man jemandem verzeihen, der um Verzeihung gar nicht bittet oder keinen ehrlichen Schritt in diese Richtung unternimmt, oder sogar Verzeihung zurückweist? Gibt es mehrere Arten von Vergebung? Mehrere Abstufungen beim Verzeihen? Kennt Vergebung verschiedene aufeinanderfolgende Etappen? Kann man jemand anderes bitten, Gott oder jemanden, der mehr menschliche Größe hat, stellvertretend Verzeihung zu gewähren, wenn man selbst sich dazu nicht in der Lage fühlt? Wozu verpflichtet sich eigentlich der, der um Verzeihung bittet? Und der, der sie gewährt? Jede Menge Fragen, die so alt sind wie die Menschheit.

In *Gedächtnis – Geschichte – Vergessen* schreibt der Philosoph Paul Ricœur: »Kann man dem, der seine Schuld nicht bekennt, vergeben? Muss der, der die Vergebung ausspricht, auch der sein, der verletzt wurde? Kann man sich selbst vergeben? Selbst wenn ein Autor sich eher für die eine Richtung entscheidet als für die andere – und wie sollte ein Philosoph dies umgehen, zumindest wenn er seine Aufgabe nicht darauf beschränkt, Dilemmata aufzulisten –, bleibt immer noch Platz für einen Einwand.«

Seit einem halben Jahrhundert stellen sich aufgrund der modernen kriegerischen Auseinandersetzungen, die in erster Linie auf die Zivilbevölkerung zielen, neue Fragen, was das Verzeihen angeht: Kann man es den Urhebern gemeinschaftlich begangener Verbrechen gewähren? Denen, die die Entscheidung für Verbrechen gegen andere Staaten oder Verbrechen gegen die Menschlichkeit getroffen haben? Kann man einer Gruppe kollektiv Verzeihung gewähren, die solche Verbrechen aktiv begangen hat oder daran mitschuldig war? Gilt das auch für ein Volk, das sich in seiner Mehrheit damit solidarisiert hat? Oder für einen Staat, der sich als Ganzes solcher Verbrechen in größtem Maßstab schuldig gemacht hat? Gilt es auch für die, die um Verzeihung ersuchen, zu ihren Verbrechen aber nicht stehen?

Kann man nach einem Völkermord denen vergeben, die versucht haben, einen zu vernichten?

Auf diese letzte Frage antworten die Überlebenden des Bugesera fast einstimmig mit »Nein«; noch mehrere Jahre nach den Ereignissen können sie nicht voraussagen, ob ihr Standpunkt sich im Laufe der Zeit ändern sollte.

Um diese Weigerung zu verstehen, wollen wir Antworten von drei Bewohnern Nyamatas, die den Sümpfen entronnen sind, anführen; sie geben wieder, was auch die anderen dazu denken.

Francine, eine Bäuerin und Inhaberin eines kleinen Geschäfts in Kibungo sagt: »Manchmal, wenn ich allein auf einem Stuhl auf der Veranda sitze, stelle ich mir als Möglichkeit vor: Wenn an irgendeinem fern liegenden Tag ein Nachbar langsam auf mich zukommt und zu mir sagt: ›Guten Tag, Francine. Einen guten Tag auch deiner Familie. Ich bin gekommen, um mit dir zu reden. Ich war es nämlich, der deine Mutter und deine kleinen Schwestern mit dem Messer getötet hat.‹ Oder: ›Ich war es, der versucht hat, dich in dem Sumpf zu töten. Ich möchte dich um Verzeihung bitten.‹ Also, der Person könnte ich keine positive Antwort geben. Wenn ein Mann ein *Primus*-Bier zu viel getrunken hat und seine Frau schlägt, kann er um Verzeihung bitten. Aber wenn er einen ganzen Monat lang damit beschäftigt war zu töten, sogar am Sonntag, wie kann er hoffen, dass ihm verziehen wird?

Wir müssen einfach unser Leben wieder aufnehmen, denn so hat es entschieden. … Wir werden wieder anfangen, mit ihnen gemeinsam Wasser zu schöpfen, werden die unter Nachbarn üblichen Worte wechseln, uns gegenseitig Getreide verkaufen. In zwanzig, fünfzig Jahren werden junge Mädchen und Männer vielleicht vom Völkermord aus den Büchern erfahren. Uns ist es jedoch unmöglich zu verzeihen.«

Die Antwort Sylvies, der Sozialarbeiterin im umliegenden Hügelland und Bäckerin in Nyamata, bringt es auf den Punkt: »Mir geht es tief in mir selbst nicht um Verzeihen oder Vergessen, sondern um Versöhnung. Dem Weißen, der die Totmacher ruhig ihre Arbeit hat verrichten lassen, dem ist nicht zu verzeihen. Dem Hutu, der Leute massakriert hat, dem ist nicht zu verzeihen. Dem, der seinem Nachbarn dabei zuschaute, wie er vor aller Augen den Mädchen die Bäuche aufschlitzte, um ihre Babys zu töten, dem ist nicht zu verzeihen. Es hat keinen Zweck, auch nur Worte zu verschwenden und mit ihm darüber zu reden. Nur Gerechtigkeit kann zum Verzeihen führen. ... Eine Gerechtigkeit, die der Wahrheit ihren Platz einräumt, damit die Angst sich verflüchtigt. ... Vielleicht wird es eines Tages wieder ein Zusammenleben und eine gegenseitige Hilfe zwischen den Familien derer geben, die getötet haben, und derer, die getötet wurden.

Für uns aber ist das zu spät, weil es für uns immer diesen Einschnitt geben wird. Wir hatten uns im Leben behauptet, man hat uns niedergemetzelt, wir sind dadurch zurückgeworfen worden. Das ist zu viel für einen Menschen, hinter das zurückzufallen, was er im Leben schon einmal erreicht hatte.«

Edith, die Wirtschaftsleiterin einer Schule, ist die einzige, die sich eine Verzeihung vorstellen kann. Für die zum Katholizismus Bekehrte, die in allen Kirchen des Hügellandes die Gottesdienste besucht, hat Verzeihung jedoch die Bedeutung einer mystischen Absolution. Sie rechtfertigt sich so: »Ich weiß, dass alle Hutu, die in aller Seelenruhe gemordet haben, nicht ehrlich sind, wenn sie jetzt um Vergebung bitten, nicht einmal vor dem Herrn. Aber ich bin bereit zu verzeihen. Und zwar weder, weil ich das Böse, das sie angerichtet haben, leugnen will, noch als Verrat an den Tutsi oder um mir das Leben einfacher zu machen. Aber ich will mich nicht mein ganzes Leben lang damit martern, dass ich mich frage, warum sie mich niedermetzeln wollten. Ich will nicht in Furcht und Selbstzweifel leben, weil ich eine Tutsi bin. Wenn ich ihnen nicht verzeihe, bin nur ich es, die darunter leidet, keinen Schlaf findet und misslaunig wird. Ich sehne mich aber danach, in Frieden mit mir selbst zu leben. Ich muss wirklich zur Ruhe kommen. Ich muss mir meine Angst vom Leib halten, selbst wenn ich ihren beruhigenden Worten nicht traue.«

Es ist mir wichtig, zur Einleitung des Kapitels diese Erläuterungen wiederzugeben, um die Verständnislosigkeit zwischen den Geretteten und ihren Mördern in punkto Vergebung zu veranschaulichen, eine Verständnislosigkeit, die jeden Gedanken an Verzeihung sinnlos macht.

Von allen aktiv oder passiv vom ruandischen Völkermord betroffenen Personen – Geretteten, Mördern, Heimkehrern, Zeitzeugen in politischen oder religiösen Kreisen oder in humanitären Organisationen – sind es die Geretteten, die sich am wenigsten den Kopf über Vergebung zerbrechen. Man kann sagen, sie reden darüber nur, wenn man sie darauf anspricht; doch dann äußern sie sich sogar, obwohl die Perspektive einer Versöhnung sie zutiefst ängstigt.

Dagegen sind es die Mörder, die am häufigsten das Thema »Vergebung« ansprechen, doch mit einer Naivität, bei der einem unwohl wird, wie die folgenden Seiten zeigen werden. Die beiden von ihnen vertretenen Konzepte von »vergeben« entsprechen zwei unterschiedlichen Vorstellungen, die sie von der Zukunft und ihrem künftigen Verhältnis zu den anderen haben.

In dem Zusammenhang stößt man auf einen weiteren wesentlichen Unterschied zwischen den Verbrechern eines Völkermords und Kriegsverbrechern. Die Letzteren machten sich ebenfalls bestialischer Taten schuldig, wenn sie vergewaltigten, folterten und verwüsteten. Jedoch sind sie oft nach einiger Zeit in der Lage, sich der Frage zu stellen, welche Überwindung es ihre Opfer kostet zu vergeben. Und sie erkennen, welches Geschenk diese ihnen mit ihrer Vergebung machen.

Im Gegensatz dazu sprechen die Mörder der Bande von Kibungo ausgiebig von Vergebung und rechnen fest damit, doch fügen sie ihrem Reden kein einziges Fragezeichen bei: Ob kollektiv oder individuell gewährt, ob hilfreich oder unnütz, ob schmerzlich oder nicht, in ihren Augen kommt die Vergebung fast wie von selbst, sobald man nur darum bittet.

Eigenartigerweise können sie sich vorstellen, was in den Geretteten an Groll, Wut und Misstrauen, an Rachegelüsten und Bereitschaft zu Rachehandlungen vorgeht. Sie rechnen geradezu mit solchen heftigen Reaktionen ihnen gegenüber, können aber überhaupt nicht einschätzen, was es für einen Überlebenden bedeutet, tatsächlich zu vergeben. Für die einen ist es ein Schritt, um den die Geretteten nicht herumkommen, für die anderen eine geheimnisvolle Geste ihrer Gegenüber, die von deren Freundlichkeit oder Charakterstärke abhängt: Auf jeden Fall läuft es immer darauf hinaus, dass der andere der Rache entsagt.

Es kann auch eine Art Kuhhandel sein, ein Tauschgeschäft: soundso viel Geständnis gegen soundso viel Vergebung. Oder eine Formalie: Da ich eine Strafe bekommen habe, ist mir damit verziehen, denn die Strafe, die ich über mich ergehen lasse, beinhaltet proportional die Vergebung. Wenn es sich nicht gar um eine dumpfe Erwägung der Zweckmäßigkeit handelt: Vergeben, das bedeutet vergessen und ist für alle der beste Weg, zur guten alten Zeit zurückzukehren und wieder anzufangen, als wäre nichts gewesen.

Die Minimalverpflichtung jedoch, die jemand eingehen muss, der um Vergebung nachsucht, ist doch, ohne jedes taktische Kalkül die Wahrheit zu sagen, um den Opfern ihre Erinnerungs- und Trauerarbeit zu ermöglichen. Diese Voraussetzung scheint nicht für jeden Mörder auf der Hand zu liegen.

Er ahnt nicht, durch was für eine schwere Prüfung das Opfer geht, wenn es der Bitte um Verzeihung entspricht. Nicht nur die Wunden brechen wieder auf, sondern auch jegliche Möglichkeit, sich auf dem Weg der Rache Linderung zu verschaffen, wird begraben. Der Mörder versteht nicht, dass er mit seiner Bitte um Verzeihung der Person, an die er sie richtet, eine übermenschliche Anstrengung zumutet. Er erfasst gar nicht das Dilemma, die Qual und die Anforderung an persönlichen Mut, die der andere sich für seine Selbstentsagung einhandelt.

Er macht sich gar nicht klar, dass er den anderen verachtet, wenn er um Vergebung bittet, als handele es sich um eine reine Formalität, und sein Verhalten verdoppelt so den Schmerz des anderen.

Der Mörder stellt keine Verbindung zwischen Wahrheit, Aufrichtigkeit und Vergebung her. Wenn er ein bisschen mehr, ein bisschen weniger von der Wahrheit herauslässt, ist das für ihn ein Dreh, den man ihm angeraten hat, um sein Fehlverhalten ein bisschen mehr, ein bisschen weniger zu verringern und damit auch seine Strafe und somit seine Schuld. Um Verzeihung bitten ist für ihn auch eine Handlung, die Vorteile für seine weitere Zukunft bringt, denn es rückt ein Wiedersehen mit denen draußen näher, erleichtert die Wiedereingliederung und hilft, an die alten Beziehungen wieder anzuknüpfen.

Im vorigen Kapitel sagte Elie: »Ich für meinen Teil habe den Familien der Opfer, die ich kannte, kurze Briefe mit der Bitte um Verzeihung geschrieben und durch Besucher bei ihnen vorbeibringen lassen.« Wenn nicht schriftlich, so wird diese Bitte um Vergebung vor Gericht übermittelt oder durch einen gemeinsamen Bekannten. So wurde Innocent bei unseren Besuchen in Rilima mehrfach von Häftlingen darum ersucht, in ihrem Namen Gerettete aus Kibungo um Vergebung zu bitten.

Elie und die meisten anderen bitten allerdings nicht wirklich um Vergebung, sie erklären lediglich vor einzelnen Opfern mehr oder weniger laut, dass sie sich entschuldigen, und dann steht diesen frei, das zu hören, zu akzeptieren oder zu verweigern – ein bisschen so, wie man zu jemanden »Entschuldigung« sagt, wenn man sich auf dem Bürgersteig angerempelt hat. Oder sie bitten darum, weil sie sich sicher sind, dass die Forderung – so herablassend und demütigend vorgebracht – als solche schon eine zustimmende Antwort verdient, so wie die eines deutschen Soldaten in dem eigenartigen Gleichnis, das Simon Wiesenthal in *Die Sonnenblumen* erzählt.

An diese Beobachtungen kann man weitere anschließen, die dem Leser sicher auch schon aufgefallen sind, als er die Äußerungen der Kerle über ihre Erinnerungen und die Träume las. Die Mörder behaupten, ihre Erinnerungen und Träume seien im Wesentlichen von ihrem früheren Leben geprägt: Von der Familie, der Feldarbeit, der Landschaft, den Kneipen. Das ist auch verständlich, wenn man sich daran erinnert, wie überstürzt sie dieses häusliche Umfeld verlassen haben, fortgerissen vom Wahnwitz der Massaker, bevor sie sich Hals über Kopf auf die Flucht machten. Aber was sie über ihre Albträume erzählen, gibt einem dann doch zu denken.

Die meisten von ihnen behaupten, nicht von Albträumen heimgesucht zu werden, ganz im Gegensatz zu ihren Opfern, die nachts von Träumen des Schmerzes und Horrorszenarien verfolgt werden, von Zwangsvorstellungen und Schuldgefühlen. Doch die seltenen Albträume, die die Mörder eingestehen, beziehen sich zudem noch mehr auf die Grauen der Lager im Kongo oder auf die Situation im Gefängnis als auf ihre Taten als Mörder in den Sümpfen.

Kann es sein, dass von allen Kriegsverbrechern der Täter eines Genozids derjenige ist, der vom Gewissen am wenigsten geplagt wird? Ist es glaubhaft, dass der Schlaf in solchem Ausmaß einen Schleier über so ungeheuerliche Handlungen und Gefühlsausbrüche legt? Kann es stimmen, dass – wie sie sagen – ihre Opfer in ihren Träumen nicht vorkommen? Schützen Sie sich im Schlaf vor allen Gewissensbissen mit einer Lüge? Oder welchen anderen Umständen verdanken sie es, dass ihr Unbewusstes mit ihnen so milde umgeht, woher kommt ihre erstaunliche Fähigkeit, Schuldgefühle aus ihrem Schlaf auszusperren?

Wenn es aber eigentlich unmöglich ist, Gewissen aus den Träumen rauszuhalten, warum leugnen die Täter dann ihre Albträume oder spielen sie herunter? Sie könnten sie doch als greifbare Beweise ihrer Reue und als eine Art Abzahlung ihrer Schuld verkaufen? Dies ist vor allem deswegen erstaunlich, weil sie uns am helllichten Tag ihre Verbrechen haarklein erzählen. Fürchten sie vielleicht, dass durch die Beschreibung diese Träume übermächtig werden könnten? Haben sie Angst, dass die Träume ihren offiziellen Darstellungen widersprechen oder diese in einem anderen Licht erscheinen lassen? Dass der Traum ihren Berichten die Glaubwürdigkeit nimmt oder sie noch schlimmer dastehen lassen könnte? Treibt sie die Angst, die Beschreibung ihrer Albträume könnte ihnen selbst Dinge offenbaren, die sie gar nicht wahrhaben wollen? Ist es eine Vorgehensweise, die ihre Wiedereingliederung vorwegnimmt? Oder einfach nur die Weigerung, mit offenen Augen hinter sich zu blicken, aus Angst vor sich selbst?

Existiert zudem vielleicht eine Verbindung zwischen ihrem Unverständnis für das Vergeben und ihrem Widerstreben, sich mit ihren Albträumen auseinanderzusetzen? Ist es ein Schutzmechanismus zur Eingrenzung ihrer Erinnerungen? Versuchen sie so, um nach dem was sie getan haben, überhaupt psychisch überleben zu können, die Kontrolle über ihre Eingeständnisse zu behalten?

Entschuldigungen

Elie: Das Töten ist uns über den Kopf gewachsen, das mit dem Verzeihen ist ebenso zu groß für uns. Zu Zeiten der Sümpfe ist nie so richtig über die Tötungen geredet worden; ich weiß nicht, ob man jetzt, wo alles aus und vorbei ist, angemessen über das Verzeihen reden kann.

Ich will dazu nur Folgendes sagen: Wer vor dem Ende des Schneidens auch nur halbwegs Reue hätte erkennen lassen, und wer mit Absicht nachlässig gearbeitet und später die Sümpfe aus eigenem Antrieb verlassen hätte, wer sich dadurch den Ertrag beim Plündern hätte entgehen lassen und auf das Ansehen bei seinen Kollegen verzichtet hätte, dem könnte man aufrechten Herzens vergeben.

Aber in unserem Fall ist es Reue aus dem Gefängnis, die wir zu bieten haben, und wir können auch nur erwarten, dass man uns dafür ein Verzeihen aus Gründen der Vernunft gibt. Es ist eine Verzeihung »wenn's-denn-sein-muss«, die letzte, die noch zu haben ist. Ein Restposten von Verzeihung, sozusagen. Sie kann völlig bedeutungslos werden, sobald das Blatt sich wendet. Sie kann sich als nicht von Dauer erweisen, wenn irgendwann in der Zukunft neue blutige Erschütterungen drohen.

Fulgence: Verzeihen, das bedeutet, das Vergehen, das ein anderer gegen einen begangen hat, auszuradieren.

Aber man kann nur verzeihen, wenn man ohne Umschweife die ganze Wahrheit gesagt bekommt. Ich habe während des Prozesses die leidgeprüften Familien um Verzeihung gebeten und das Böse beim Namen genannt, das ich ihnen angetan habe. Ich denke von daher, dass mir verziehen wird. Wenn nicht, macht's auch nichts, dann werde ich beten.

Die Verzeihung ist ein großes Glück; sie kann die Strafe mildern und das Gewissen erleichtern, sie beflügelt auch das Vergessen. Für den, dem sie gewährt wird, ist sie ein Gewinn. Was sie für den bedeutet, der sie gewährt, kann ich nicht sagen, denn die Gelegenheit dazu hat sich mir bisher nicht geboten. Ich glaube, für den, der verzeiht, hängt das davon ab, ob er als Dank eine anständige Entschädigung erhält.

Adalbert: Um Verzeihung bitten, das heißt an erster Stelle, einer leidgeprüften Person eine gültige Wahrheit zu sagen. Zweitens, ihn zu bitten, das Leid, das man ihm oder seiner Familie angetan hat, zu vergessen. Drittens, ihm vorzuschlagen, einen ohne Hintergedanken als den anzusehen, der man früher war.

Wenn derjenige gleich beim ersten Mal akzeptiert, hat man Glück gehabt. Sonst muss man es noch mal versuchen. Nach dem großen Kummer, den man bisher schon ertragen hat, darf man jetzt den Mut nicht verlieren. Je öfter man den Weg zur Verzeihung begeht, umso eher kommt das Glück daher, dass einem verziehen wird, und umso eher packt man es beim Schopfe. Vor allem, wenn die Obrigkeiten ein Programm der Versöhnung auflegen, um die Überlebenden zum Verzeihen zu bewegen.

Jean-Baptiste: Im Gefängnis lehnt die große Mehrheit es ab, um Verzeihung zu bitten. Sie sagen: »Ich habe mich entschuldigt, und ich bin immer noch im Gefängnis. Wozu ist das gut, außer den Obrigkeiten einen Gefallen zu tun?« Oder sie wiederholen ständig: »Schaut euch den an, er hat bei seinem Prozess alle Welt um Verzeihung gebeten, und das hat ihm die Verurteilung zu einer schweren Strafe auch nicht erspart. Verzeihung, für uns ist das künftig verlorene Mühe.« Aus dem Grund vergraben sie sich lieber in ihren Überzeugungen von früher.

Ich aber habe mich sehr um Verzeihung bemüht. Und ich bin mir auch sicher, dass mir verziehen werden wird, weil ich gestanden habe, weil ich auch meine Fehler eingesehen habe und weil ich fest entschlossen bin, wie früher ein vorbildliches Leben zu führen. Wenn eine leidgeprüfte Person mir nicht beim ersten Mal verzeihen kann, hilft ihr vielleicht die Zeit, dass ihr das bei einer günstigen Gelegenheit gelingt. Die Verzeihung wird uns dabei helfen, gemeinsam zu vergessen. Selbst wenn in beiden Lagern in der Erinnerung eines jeden verborgen ernst zu nehmende persönliche Vorbehalte bestehen bleiben mögen.

Ignace: Verzeihen, das ist die Gnade Gottes, die dem, der verfolgt und hart getroffen worden ist, erlaubt zu vergessen.

Wer seine Ehefrau, seine Kinder, sein Haus mit allen Gerätschaften, seine Rinderherde verloren hat, und wer dann seinen Schmerz der Allmacht Gottes anvertraut, dem wird es gegeben werden, durch sein Verzeihen menschlich über das hinaus zu gelangen, was er recht und schlecht besessen und verloren hat. Wenn der Überlebende der Massaker dem Glauben ergeben ist, sei dem Herrn gedankt, wenn nicht, Pech gehabt. Für mich kann ich nur sagen, dass es mir im umgekehrten Fall gelänge, dem, der mir Böses getan hat, zu verzeihen, weil ich mir zu allen Zeiten den tiefen Glauben an Gott bewahrt habe.

Adalbert: Wenn die Obrigkeit mir verzeiht, wenn Gott mir verzeiht, werden auch meine Nachbarn mir verzeihen. Zeit wird ins Land gehen, die Überwindung wird schmerzlich sein, aber dieses Verzeihen ist notwendig. Ohne die Vergebung kann das entsetzliche Töten von Neuem losgehen. Vergebung ist ein Beschluss der neuen Politik der Obrigkeiten in Kigali. Für einen leidgeprüften Nachbarn wäre es nur allzu sträflich, wenn er sich der Justiz seines Landes und der Religion widersetzte.

Pancrace: Einem Leidgeprüften die Wahrheit zu sagen, das erfordert einiges an Mut, aber tut einem nicht weh. Von einem Mörder die Wahrheit gesagt bekommen, das tut zwar weh, bedeutet aber keinen Mut zur Überwindung. Beides hat seine Vorteile und seine Nachteile. Aus dem Grund ist es ebenso quälend, Verzeihung zu erbitten wie sie zu gewähren.

Aus dem Grund bitten zahlreiche Gefangene lieber Gott um Verzeihung als ihre Nachbarn und drängeln sich in die erste Reihe, wenn in der Kirche gebetet und Kirchenlieder gesungen werden. Sie vertrauen ihre Vergebung Gott an, und nicht ihren Nachbarn. Ihre Worte Gott gegenüber sind nicht so belastend und geben größere Erleichterung.

Alphonse: Verzeihung, das ist Gnade, die von dem kommt, der die Verbrechen hat erleiden müssen. Wenn das Opfer vom Sünder eine angemessene Wahrheit geboten bekommt und eine aufrichtige Bitte um Entschuldigung, dann liegt es in seinem eigenen Ermessen, ob es vergessen will. Wenn die Obrigkeit mir verziehen hat und ich nach Absitzen meiner Strafe aus dem Gefängnis komme, kann ich auf meinem Hügel noch mehr von der Wahrheit sagen als im Prozess. Ich kann Geständnisse beisteuern und Erinnerungen, die ich vor meinen Nachbarn bisher verborgen habe. Wenn ich erst mal frei bin, kann ich Einzelheiten und Abläufe der Situation in den Sümpfen preisgeben. Ich könnte Besuche in den Häusern machen und erzählen, wie das mit diesem und jenem abgegangen ist, um ihren Durst, es persönlich genau zu wissen, zu befriedigen und von ihnen Verzeihung gewährt zu bekommen.

Aber wenn ich zu hart bestraft werde und zu lange im Gefängnis bleiben muss, dann lebe ich hier weiter als Mörder. Ohne Bitte um Verzeihung, ohne ein mutiges Gegenübertreten, ohne die ganze Wahrheit. Das heißt, wie ein Mensch, der alles verloren hat, und nicht nur im materiellen Sinne.

Ignace: Ich sage, wenn mir so richtig, wie sich das gehört, verziehen würde, werde ich auch wieder zu einer normalen Sinneshaltung und meinen Einstellungen von früher zurückfinden. Wenn man mir nicht verzeiht, bleiben mir die eines Sünders. Aber nicht ich bin es, der die wohlmeinenden Worte aussprechen kann, es sind die Überlebenden. Aus dem Grunde warte ich ungeduldig. Ein Verzeihen, das ist immer vorteilhaft für den, dem es gewährt wird.

Joseph-Désiré: Was ich getan habe, stand mehr im Blickfeld der anderen, weil ich einen hohen Posten inne hatte. Es ist nicht wegen eines Vergehens größerer Schuld, sondern wegen eines Vergehens größerer Sichtbarkeit, dass ich von der Vergebung ausgeschlossen bleibe.

Léopord: In den Sümpfen haben zahlreiche Tutsi vor dem tödlichen Streich der Machete um Erbarmen gebeten. Sie haben um Mitleid oder Gnade gefleht. Sie haben um menschliche Achtung gebettelt, ihnen doch den Tod oder die entsetzlichen Leiden der Messerhiebe zu ersparen. Angst und Leid haben ihnen diese Worte eingegeben.

Ihr ganzes Flehen haben sie in diese Worte gelegt, denn etwas anderes war ihnen nicht mehr geblieben. Aber wir pfiffen auf das, was sie mit ihrem Flehen und Betteln von uns wollten. Im Gegenteil hat uns das nur noch mehr aufgestachelt. Sie waren schließlich nur Tutsi, zum Töten freigegeben, und wir waren die gnadenlosen Hutu.

Aus dem Grund ist es jetzt peinlich, im Gefängnis von Erbarmen zu reden. Wenn ich rauskomme und – statt auf Vergebung zu treffen – ihre Wut wie ein Wirbelsturm über mich hereinbricht, werde ich darüber nicht in Bösartigkeit verfallen. Ich werde meine Untaten mit Geduld tragen. Ich werde den Leuten bloß sagen: »Gut, es ist jetzt auf eurer Seite, Nachsicht zu üben, ihr habt darüber zu verfügen, und das habt ihr auch verdient, ihr könnt sie nunmehr handhaben, wie ihr wollt. Ich kann den Augenblick abwarten, der euch geeignet erscheint, mir zu verzeihen. Ich werde mein Leben wieder aufnehmen, so wie es sich mir bietet, und gegen eure Entscheidung nicht murren.«

Elie: Manche sind neidisch auf die, die nicht gezwungen waren, um Verzeihung zu bitten, und auf ihre Parzellen zurückgekehrt sind, ohne durch die Tore von Rilima zu schreiten. Manche sagen, dass die, die um Verzeihung gebeten haben, dafür nicht angemessen belohnt worden sind, sondern statt dessen nach wie vor im Gefängnis sitzen. Sie behaupten, dass es für die Gefangenen eine unnütze und riskante Investition ist, um Verzeihung zu bitten.

Pio: Um Verzeihung bitten, das ist die natürlichste Sache der Welt. Verzeihung gewähren ist eine große Tat. Aber wer kann heute schon über Verzeihung entscheiden? Die, die nichts getan haben, wie die Weißen und ihresgleichen? Die, die im Gefolge der *RPF*-Soldaten zu spät gekommen sind mit all ihren Ersparnissen und den Rachegelüsten aus früherer Zeit? Die, die dem Tod durch Zufall entgangen sind, indem sie sich zwischen den Papyrus verdrückt haben? Sogar die Mama, deren Kind getötet wurde, was kann sie an Stelle ihres Kindes verzeihen, denn es ist nicht mehr da und kann nicht gefragt werden?

Ich sehe dem zu viele Schwierigkeiten entgegenstehen, dass wir auf unseren Hügeln Entschuldigungen austauschen. Denn auf den guten Worten werden zu viele böse Erinnerungen wachsen, wie Buschwerk inmitten der Anpflanzungen. Wer kann sagen, ob jemand, der an dem einen Tag, da er mild gestimmt ist, Ihnen Verzeihung gewährt, sie an einem anderen, wenn er in Wut ist, nicht zurücknimmt, etwa wegen eines Wirtshausstreits?

Ich vermag keine Vergebung zu erkennen, die in der Lage wäre, das viele vergossene Blut zu trocknen. Ich sehe nur Gott, der mir vergeben könnte, und deswegen bitte ich ihn jeden Tag darum. Ich biete ihm dafür meine ganze Aufrichtigkeit und verschweige ihm keine meiner Schandtaten. Ich weiß nicht, ob er »ja« sagt oder ob er »nein« sagt, aber ich weiß, dass ich ihn aus voller Inbrunst bitte.

Von hoher Statur

Ich habe mich oft auf den Völkermord an den Juden bezogen und nicht auf die Völkermorde an den Armeniern, Roma oder Kambodschanern, weil ich durch zahlreiche mündliche Berichte, Bücher und den Film *Shoah* von dem Holocaust genauere Kenntnis habe. Zudem habe ich im Laufe meiner Aufenthalte in Ruanda viele Parallelen zwischen dem Genozid an den Juden und dem an den Tutsi entdeckt, vor allem auch in der Art, wie sie in die Tat umgesetzt wurden.

Sprechen wir hier also eine Frage an, die oft gestellt wird, mal mehr, mal weniger arglos: Sind die Tutsi gewissermaßen die Juden im Gebiet der großen Seen, namentlich in Ruanda? Sind sie vielleicht entfernte Verwandte der schwarzen Juden Äthiopiens, die es hierher verschlagen hat? Falls nicht, kann man ihr Schicksal sonstwie miteinander in Verbindung bringen?

Spontan kommt einem die Antwort: Selbstverständlich nicht, Juden und Tutsi, das ist mitnichten ein- und dieselbe Geschichte, und dennoch …

Die Tutsi sind nicht Anhänger einer besonderen Religion, sie beziehen sich auch nicht auf einen gemeinsamen Text als Ursprung ihres Volkes, sie sprechen keine eigene Sprache oder einen nur ihnen vorbehaltenen Dialekt. Sieht man von ihrer Tradition als Viehhalter ab, unterscheidet sich ihre Lebensweise nicht durch besondere Sitten oder Grundsätze von denen ihrer Mitbürger. Hinzu kommt, dass die Tutsi im Gegensatz zu den Juden Europas in Ruanda umfassende Macht ausgeübt haben. Sie hatten nämlich über acht Jahrhunderte hinweg, bis zur Unabhängigkeit, eine Monarchie errichtet, deren Komplexität und ausgeklügelte Systematik den Historikern noch heute ein Rätsel ist; in der kollektiven Erinnerung der Hutu hat gerade sie aber einen tiefen Einschnitt hinterlassen.

Und dennoch … man ist überrascht von den Ähnlichkeiten – nicht etwa zwischen der Lebensart der Juden und der der Tutsi oder ihrer Mythologie, sondern zwischen den Ausdrucksformen des Antisemitismus in Europa vor dem Völkermord an den Juden und denen des Anti-Tutsismus in Ruanda vor dem Genozid an den Tutsi.

Die Bausteine der Antitutsi-Propaganda ähneln auf merkwürdige Weise denen antisemitischer Propaganda, ob man die Bezeichnungen körperlicher Eigenschaften nimmt – lange Stirn, Hakennase hier, gerade Nase dort, gekrümmte Finger bei den einen, langgestreckte bei den anderen – oder die psychologischen Kennzeichnungen wie Feigheit, Heimtücke oder Treuelosigkeit. Und ebenso finden wir dieselben Hinweise auf Arroganz und Raffgier wieder. Eine Entsprechung auch in den Bildern, wie sie sich in der beiderseits üblichen Benennung zusammenfassen lässt: Schmarotzer oder Kakerlaken.

Da ich weder Völkerkundler noch Afrikaspezialist bin, mische ich mich nicht ein in die gegenwärtige Diskussion über die Ethnie und ihre Herkunft, das besonders Afrikanische daran und wie die Kolonialmächte das ausnutzten; ich möchte allerdings diese Beobachtung eines Reisenden beisteuern: In Schwarzafrika definieren sich alle spontan und ungeniert nach ihrer ethnischen Zugehörigkeit. Wenn Sie zum Beispiel mit einer Bekannten auf der Terrasse eines Cafés in Bamako ein Glas trinken und Sie fragen: »Wer war das Mädchen, das vorhin neben dir saß?«, antwortet sie: »Ach, die? Das ist eine Arbeitskollegin, die wirklich sehr nett ist, eine Sarakolé aus Kayes.« Sind Sie Zuschauer bei einem Fußballspiel in Yaounde und Sie fragen ihren Nachbarn: »Wer ist die Nummer 7 in der Mannschaft der ›Kanonen‹?« Er wird Ihnen antworten: »Das ist der und der, ein Haussa. Er ist etwas langsam, aber hat einen Schuss mit links, der ist super.«

Schwarzafrika ist ein unglaubliches Gemisch sich selbst akzeptierender ethnischer Identitäten, deren Vielfalt nur noch durch ihren Geist der Toleranz übertroffen wird, der das Ganze im Gleichgewicht hält. Im Übrigen ist es meistens so, dass, wenn ein Konflikt ausbricht, der ethnisch zu sein scheint, man schnell feststellt, dass er in erster Linie regional bedingt ist – Nord gegen Süd, Hochebene gegen Küste – oder religiös – Christen gegen Moslems – oder wirtschaftlich – Aneignung von Bergwerken – oder sozial – Vorstädte gegen Stadtzentrum. Die ethnische Zugehörigkeit ist nicht eine Quelle mangelnden Verständnisses und gegenseitiger Gewalt, sondern nur eine Art Banner, unter dem man sich zur Abwehr vereint.

Soweit dieser Exkurs eines Reisenden, um zweierlei zu unterstreichen: wie normal es ist, sich in Ruanda als Hutu oder Tutsi zu verstehen, und wie anomal das Abdriften in eine Anti-Tutsi-Propaganda ist, wie sie das Regime des Präsidenten Habyarimana verbreitete.

Wer war in dem Fall der Anstifter zu dieser Propaganda? Die Antwort »das koloniale System« wäre zu vereinfachend. Zwar haben sich ein Jahrhundert lang die Kolonialverwaltung und die Geistlichkeit wechselseitig darin übertroffen, die eine ethnische Gruppe gegen die andere auszuspielen, und in ihrem Schlepptau Legionen von Völkerkundlern, deren afrikafeindliche Schriften einem aus der Hand fallen, so widerwärtig dumm sind sie. Doch zum einen hat diese koloniale Schicht der Intelligenz überall in Afrika gewütet, um die überfällige Unabhängigkeit herauszuzögern, hier nicht mehr als anderswo. Zum anderen mögen diese Theorien über die Eingeborenen Ruandas ja rassistisch gewesen sein, in besonderer Weise gegen Tutsi gerichtet waren sie jedoch nicht.

Haben dann die Hutu die Tutsi mit den Juden gleichgesetzt, oder haben die Tutsi sich selbst als die Juden gesehen, etwa aus Unkenntnis der Geschichte, so wie bestimmte serbische Ideologen während des Krieges im ehemaligen Jugoslawien das ›Märtyrervolk‹ zum Thema gemacht haben? Das ewig herumirrende Volk, das auserwählte Volk Gottes ...? Auch darauf ist die Antwort ein »Nein«: diese Gleichsetzung hat nie stattgefunden, zumindest nicht in den Hügeln des Bugesera.

Wie Jeannette erläutert: »Die Geschichte der Hutu und der Tutsi ähnelt der von Kain und Abel, der beiden Brüder, die wegen nichts miteinander im Streit liegen. Ich glaube aber nicht, dass das Volk der Tutsi auf eine Ebene mit dem Volk der Juden zu stellen ist, selbst wenn beide Völker Opfer von Völkermorden wurden. Das Volk der Tutsi ist nie ein Volk gewesen, das dazu erwählt war, die Stimme Gottes zu vernehmen wie das hebräische Volk in heidnischen Zeiten. Es ist auch kein Volk, das wegen des Todes Jesu bestraft wird. Das Volk der Tutsi ist einfach ein Volk im Hügelland, das das Unglück hat, von hoher Statur zu sein.«

Man muss darauf hinweisen, dass bis zum Völkermord die Landbevölkerung Ruandas ihre Vorstellung vom jüdischen Volk allein aus der Bibel bezog. Sie kannte die Durchquerung des Roten Meeres und die Flucht aus Ägypten unter der Führung von Moses, das Urteil Salomons, die Arche Noah und den Ölberg; doch von Treblinka wussten sie nichts, von vorhergegangenen Massenfluchten und Pogromen ebenso wenig. Daher war dann auch für Jeannette, Claudine, Angélique, Innocent und die anderen Geretteten die Entdeckung durch unsere Gespräche, dass sie nicht als erste die Erfahrung der Massenvernichtung gemacht hatten, umso erschütternder.

Es bleibt also diese »hohe Statur«, von der Jeannette sprach und zu der Francine nähere Angaben macht: »Die Hutu leiden daran, dass sie von den Tutsi immer etwas Schlechtes denken. Dieser Fehler rührt von unserem Aussehen her, das ist die ganze Wahrheit. Unsere Muskeln sind länger, unsere Gesichtszüge feiner, unser Gang aufrechter. Das sind unsere Vorteile von Geburt an, etwas anderes kann ich nicht erkennen.«

Dem fügt Claudine hinzu: »Die Wahrheit ist, dass die überwiegende Zahl der Hutu die Tutsi nicht mehr ertrugen. Warum? Das ist eine Frage, die ständig in allen Bananenhainen herumgeht. Ich sehe, dass es äußere Unterschiede zwischen den Tutsi und den Hutu gibt, die Letztere äußerst ungünstig aussehen lassen. Die Tutsi haben manchmal schlankere Hälse und geradere Nasen. ... Sie sind vom Charakter her nüchterner, irgendwie aber auch mehr auf ihr Äußeres bedacht. ... Aber was den Reichtum und die Intelligenz angeht, so gibt es keinen Unterschied. Viele Hutu misstrauen den Tutsi wegen einer angeblichen Gerissenheit in Charakter und Geist, die es aber überhaupt nicht gibt.«

Ähnlich ratlos ist auch Sylvie, wenn sie sich fragt: »Seit den Ereignissen bin ich auf der Suche nach einem Hinweis, aber ich kann keinen entdecken. Ich weiß, dass die Hutu sich in Anwesenheit von Tutsi nicht frei fühlten. Sie haben beschlossen, uns überall aus dem Weg zu gehen, um sich nur unter Hutu wohler zu fühlen. Aber warum? Darauf finde ich beim besten Willen keine Antwort. Ich weiß nicht, ob ich in meinem Gesicht oder in meiner Statur besondere Merkmale habe, die ihnen unerträglich sind. Manchmal sage ich mir, nein, das kann es doch nicht sein, dieses dumme Zeug mit hochgewachsen, feingliedrig, sanften

Gesichtszügen. Doch dann sage ich mir wieder, so etwas muss dennoch in ihren Herzen aufgekeimt sein. Aber das ist so extrem irrsinnig, dass selbst jene, die gemordet haben, daran nicht mehr festhalten mochten. Die, die getötet werden sollten, umso weniger.«

Woher diese Zwangsvorstellung von den körperlichen und kulturellen Unterschieden, die doch Afrika so fremd ist? Woher in den ländlichen Gebieten Ruandas dieses Leitmotiv von der hohen Statur und dem aufrechten Gang, den ebenen Gesichtszügen, der besonderen Gerissenheit? Nichts dergleichen in ähnlichen Regionen in Kenia, im Senegal und im Tschad, die von Massai, Peul oder Tubu bewohnt werden. Ist es ein Überbleibsel der Kasten und Riten aus der Zeit, als die *mwami*-Könige herrschten?

Unmöglich, darauf eine Antwort zu finden, und das macht das Rätsel des Völkermords noch undurchsichtiger. Keine Erklärung über die Wurzeln des Anti-Tutsismus kann überzeugen; in meinen Augen sind sie ebenso unbegreiflich wie die des Antisemitismus und lassen Schlimmes fürchten.

Ganz nach dem Muster jenes Satzes von Elie, der sagte: »Unter dem Einfluss der Zeit hat die allgemeine Stimmung mich darin bestärkt, mich vor den Tutsi in Acht zu nehmen. Selbst wenn sie mir gegenüber freundlich waren, musste ich sie wegen der finsteren Gerüchte als Bedrohung ansehen.«

1992 hat der amerikanische Historiker Christopher Browning ein fesselndes Buch mit dem Titel veröffentlicht: *Ganz normale Männer. Das Reserve-Bataillon 101 und die »Endlösung« in Polen.* Es ist die Geschichte einer Einheit, die zwischen Juli 1942 und November 1943 in der Gegend von Lublin in Polen im Einsatz war und dort ungefähr 40.000 Juden ermordete und 45.000 in Konzentrationslager deportierte.

Der auf die Erforschung des Holocaust spezialisierte Autor hat im Wesentlichen die Niederschriften der Vernehmungen von zweihundertzehn dieser Männer durch die deutsche Justiz in den Jahren 1962 bis 1967 ausgewertet, um den Weg dieser Hamburger Reservisten nachzuvollziehen und zu analysieren, wie sie in die aberwitzige Spirale des Mordens gerieten. In einem Kapitel dieses Buches hält

Christopher Browning die allgemeine Abneigung dieser Polizisten fest, zuzugeben, dass ihr Beweggrund damals der Antisemitismus war; als Forscher hinterfragt er das. Warum leugnen sie eine offensichtliche Grundhaltung, die zweifelsfrei alle Institutionen des Dritten Reiches prägte und die Ansichten der Nazi-Würdenträger leitete, die diese Reservepolizisten also eigentlich als mildernde Umstände hätten anführen können?

Der Verfasser erörtert mehrere Hypothesen, darunter diese: »Ein offenes Bekenntnis zum Antisemitismus hätte für den betreffenden Bataillonsangehörigen schwerwiegende juristische Folgen gehabt, und wer sich zur antisemitischen Einstellung früherer Kameraden geäußert hätte, wäre schnell in die unangenehme Lage gekommen, als Zeuge gegen sie eingesetzt zu werden.« Etwas weiter unten führt er fort: »Dass nicht eingehender über Antisemitismus gesprochen wurde, hatte bei den ehemaligen Reservepolizisten aber auch mit einer generellen und tiefergehenden Zurückhaltung in Bezug auf ... die eigene politische Einstellung ... während dieser Zeit zu tun. Hätten sie eine explizit politische oder ideologische Dimension ihres Verhaltens eingestanden und zugegeben, dass die moralisch verdrehte Welt des Nationalsozialismus ... ihnen damals durchaus als richtig erschienen war, dann hätten sie sich zu politischen und moralischen Opportunisten erklärt, die sich einfach dem jeweiligen System anpassten. Mit dieser Wahrheit konnten und wollten sich nur wenige auseinandersetzen.«

Das Umfeld, in dem die deutschen und die ruandischen Mörder sich zu Wort melden, ist ein anderes. Die einen sagen mehr als zwanzig Jahre nach der Tat aus, als Beschuldigte oder als Zeugen; auf jeden Fall befinden sie sich in Freiheit, stehen jedoch Staatsanwälten gegenüber, die sie anklagen können. Zudem werden ihre Aussagen von Protokollführern schriftlich festgehalten.

Ich führe diese Absätze an, weil die Mitglieder der Bande von Kibungo sich ebenfalls weigern, den Anti-Tutsismus einzugestehen, der sie in den Sümpfen antrieb. Einer wie Adalbert, der erzählt: »Die Hutu-Säuglinge waren schon in Hass gegen die Tutsi gewickelt, ehe sie auf die Welt kamen«, könnte seine Schuld doch um einiges verringern, wenn er bekennt, Opfer einer Gehirnwäsche geworden zu sein.

Das tut er aber nicht. Es ist sehr viel schwieriger, sie auf den Anti-Tutsismus anzusprechen als auf ihren ersten Mord. Stundenlange Diskussionen sind erforderlich, ehe sie sich darauf einlassen, darüber zu reden. Ihr Widerstreben ruft bei mir ähnliche Fragen hervor wie die, die ich beim Weiterlesen bei Christopher Browning entdecke, und andere, pragmatischere wie diese:

Fürchten sie, wenn sie über ihren Anti-Tutsismus reden, dass ihnen das bei ihrer Rückkehr auf ihren Hügel Schwierigkeiten bereiten könnte, indem das Misstrauen ihrer Nachbarn gestärkt würde? Die Nachbarn könnten von einem, der zugibt, ein Anti-Tutsist der ersten Stunde gewesen zu sein, denken, es gebe keinen Grund, dass er es nun nicht mehr ist, und dass er damit nach wie vor gefährlich sei. Doch diese Furcht dürfte naiv, um nicht zu sagen absurd sein, denn der Eifer der Mörder in den Sümpfen, wie er durch Gerettete und Nachbarn bekannt geworden ist, dürfte auf jeden Fall dafür reichen, dass das Begrüßungskomitee ihm auf ewige Zeit kühl gegenübertritt.

Diskutieren sie unter sich darüber, diskutieren sie das heute? Sie geben darauf praktisch nie eine Antwort. Waren sie alle gleich heftig gegen die Tutsi eingestellt? Wenn sie sich miteinander unterhalten, klingt durch, dass das nicht so war, eher das Gegenteil. Aber paradoxerweise stärken diese Divergenzen noch ihre Vorbehalte, darüber zu reden, denn ließen sie sie nach außen sichtbar werden, könnte das ihre Solidarität untereinander bedrohen.

Jean-Baptiste zum Beispiel, glücklicher Ehemann einer Tutsi, der dazu noch auf dem Hang eines Hügels lebte, der nur von Tutsi-Familien besiedelt war, hatte zu Beginn des Völkermords keinerlei Anti-Tutsi-Gefühle, doch Ehrgeiz und Angst fraßen ihn geradezu auf. Pio, ein Junge, der sich mehr für Fußball als für Politik begeisterte, zerbrach sich nicht den Kopf über den Anti-Tutsimus, solange der Ball ihm nur auf den richtigen Fuß kam, um ein Tor zu schießen. Sogar Joseph-Désiré Bitero, der *interahamwe*-Kommandant – wenn es einen Verbrecher gab, der Furcht einflößte, dann ihn – war kein eingefleischter Tutsihasser, zumindest bis zu den letzten Monate vor den Massakern. Im Falle von Pancrace, Elie, Fulgence und Adalbert muss man da vorsichtiger sein.

Diese unterschiedlichen Einstellungen gegenüber den Tutsi haben allerdings weder die einen noch die anderen daran gehindert, sie auf die gleiche Weise zu töten. Und ebenso lassen andere, aus dem Gefängnis freigekommene Personen auf ihren Feldern oder in der Kneipe heutzutage Sprüche los, deren anti-tutsistischer Beiklang einen zusammenfahren lässt.

Das könnte als Beweis dafür angesehen werden, dass der Anti-Tutsismus zwar ein Motor des Völkermords war und die Schwelle zum Verbrechen überwinden half, dass er aber nicht der einzige Antrieb war und allein nicht ausreichen konnte, um als Motiv für die Handlungen und Haltungen eines jeden Täters zu gelten. Als Beispiel sei Ignace genannt, einer der gehässigsten Anti-Tutsisten der Bande, bei weitem der, der sie am tiefsten hasste und mehr als alle anderen ein erklärter Tutsihasser war, aber er gehörte auch zu denen, die am wenigsten die Machete zückten.

So lässt sich abschließend eher eine Ahnung formulieren, die man mehr aus ihrem Schweigen erspürt als aus ihren Worten, um die Zurückhaltung der Kerle zu erklären, wenn es darum geht, ihren damaligen Anti-Tutsismus zuzugeben.

Zwar hat ihr massenhaftes Töten sie unerschüttert gelassen, doch sie erklären häufig, dass es ihnen über den Kopf gewachsen sei. Sie treffen die Feststellung, sie seien wie in einem Wirbelsturm – das Wort kommt häufig vor – gefangen gewesenen, der sie mitgerissen habe. Es erfüllt sie mit Furcht, die Auswirkungen dieses Unwetters außerhalb des Zuchthauses zur Kenntnis zu nehmen, und sie stellen auch nie Fragen danach. Wichtiger noch, sie fürchten sich davor, die Motive und Beweggründe ihres Verhaltens zu verstehen; sie sehen keinen Nutzen, sich darüber lange den Kopf zu zerbrechen.

Ihr Gespür scheint sie auf eine besondere Gefahr hinzuweisen und in Alarmzustand zu versetzen; Pio nennt sie in Umrissen: »Nach so vielen Jahren noch einmal den Fuß in die Sümpfe setzen, wo wir sowieso unsere Spuren hinterlassen haben, das mag ja gehen, wenn man vorsichtig auftritt. Aber das Gedächtnis in die tiefsten Winkel unserer Hintergedanken und die unseligen Fantasien unserer Kindheit bohren, das kann einen irre machen. Besonders, wenn die Seelen einen Schlag bekommen haben wie die unseren.«

Der Hassgegner: die Tutsi

Adalbert: Im Grunde genommen machten sich die Hutu und die Tutsi seit 1959 gegenseitig schlecht. Das ging von den Älteren vor uns aus. Abends bei einem *Primus* bezeichneten sie die Tutsi wie selbstverständlich und nebenbei als arrogant und völlig verquer. So bekamen die Hutu-Kinder schon beim Heranwachsen ungefragt die übelsten Dinge über die Tutsi mit auf den Weg.

Seit 1959 redeten die Alten in den Kneipen davon, die Tutsi und ihre vielen, trampelnden Rinder allesamt zu vernichten. Wenn sie sich betranken, kam das immer wieder hoch; für sie waren das Alltagssorgen, etwa so, als ob sie fragten: »Wie steht die Saat?« oder »Wie geht's Geschäft?«. Wir jungen Leute machten unsere Witze über das Gemoser der Alten, aber es erfüllte uns doch mit Befriedigung.

Auch wenn ein Hutu seine ganze Jugendzeit hindurch einen Tutsi zum Freund hatte, er mit ihm durch Dick und Dünn ging und sie manches Glas gemeinsam leerten, so richtig anvertrauen sollte er sich ihm nicht. Für den Hutu war es so, dass ein Tutsi sich bei jeder beliebigen Gelegenheit als ein Heuchler herausstellen konnte. Er mochte von freundlichem Umgang und hilfsbereitem Wesen erscheinen, aber in sich verborgen nährte er die Gerissenheit. Von Natur aus war er ein Grund zum Misstrauen.

Jean-Baptiste: Die Hutu haben den Tutsi immer ihre hohe, schlanke Gestalt vorgeworfen, und dass sie aufgrund dessen immer das Sagen haben wollten. Auch die Zeit hat diesen dumpfen Groll nie versiegen lassen. In der Gemeinde hörte man – wie ich Ihnen schon gesagt habe –, die Tutsi-Frauen hätten eine zu schlanke Gestalt, als dass sie auf unseren Hügeln bleiben könnten, ihre Haut wäre so glatt, weil sie Milch trinken, wenn keiner es sieht, ihre Finger wären zu zart, um zur Hacke zu greifen, und ähnlichen Unsinn mehr.

In Wahrheit konnten die Hutu keines der so durch Hörensagen verbreiteten Merkmale an ihren Tutsi-Nachbarinnen entdecken, denn sie machten an der Seite der Hutu-Frauen genauso den Rücken krumm und bei der Rückkehr vom Wasserholen trug jede gleichermaßen ihre

Kanister. Aber die Hutu gefielen sich darin, diese Gerüchte ständig zu wiederholen. Sie erzählten sich auch, dass ein Hutu wie ich, der eine Tutsi geheiratet hat, sich damit nur wichtig machen wollte.

Es gefiel ihnen, solch unhaltbares Gewäsch zu verbreiten, um eine dünne Furche der Zwietracht zwischen den beiden Bevölkerungsgruppen zu ziehen. Das Wichtige war, bei jeder Gelegenheit den Abstand zwischen beiden zu betonen in der Erwartung, dass er breiter werde. Am ersten Schultag musste der Lehrer zum Beispiel sämtliche Schüler einzeln nach ihrer ethnischen Zugehörigkeit aufrufen, und zwar so, dass die Tutsi das Gefühl bekämen nur als geduldete Gäste in einer Klasse von Hutu Platz zu nehmen.

Ignace: Wenn ein junger Hutu ein Tutsimädchen heiraten wollte, weigerte sich seine Familie, ihm einen Bereich in ihrer Bananenpflanzung abzustecken, von der er eine eigene Ernte gehabt hätte, um seine Familie zu ernähren. Wenn ein junger Tutsi ein Hutumädchen heiraten wollte, weigerte sich seine Familie, ihm auch nur ein oder zwei Rinder aus ihrer Herde zu überlassen, mit denen er sich eine Zucht hätte aufbauen können. Unter diesen Umständen bestand für die jungen Leute beider Lager überhaupt kein Anreiz, einander näher zu kommen.

Auf den Parzellen reifte nicht nur die Ernte heran, sondern auch der Hass, weil die Ernte für beide Bevölkerungsgruppen nicht ausreichend war.

Fulgence: Im Grunde genommen war es eigentlich gar nicht so, dass die Hutu die Tutsi absolut nicht ausstehen konnten. Auf jeden Fall nicht in dem Maße, dass sie ausnahmslos alle töten wollten. Ein sehr viel böserer Fluch als ethnischer Hass hat die erbitterte Zwietracht genährt und uns veranlasst, uns zu ihrer Verfolgung in die Sümpfe zu stürzen. Der Mangel an Parzellen war zum Beispiel unter uns ein ständiges Gesprächsthema. Wir konnten genau absehen, dass bald keine fruchtbaren Parzellen mehr verfügbar sein würden. Wir sagten uns, dass unsere Kinder reihenweise weggehen und sich Felder in der Nähe von Gitarama oder weiter weg in Tansania suchen müssten, andernfalls wären sie gezwungen, auf ihrem eigenen Hügel als Schuldner von Tutsi zu arbeiten. Dann müsste man erleben, dass andere sich die Ernte einverleibten, die man selbst gesät hatte.

Nach dem, was die Alten uns berichtet hatten, konnte man sogar zu Arbeiten wie Roden, Rinderhüten oder Häuserbauen gezwungen werden, wie zu Zeiten der *mwami*. Diese unbezahlte Fronarbeit konnte den Ackerbauern mehr als erträglich unterjochen.

Pio: Vielleicht waren es nicht alle Tutsi, die wir nicht ausstehen konnten; vielleicht betrachteten wir gerade unsere Nachbarn nicht als Bösewichte und Feinde. Aber unter uns ging die Rede, dass wir nicht mehr mit ihnen Tür an Tür leben wollten. Unter uns hieß es sogar, dass wir sie überhaupt nicht mehr um uns herum haben wollten und man sie bei uns mit Stumpf und Stiel ausrotten müsste. So etwas auch nur in den Mund zu nehmen, wog schwer, es war schon ein deutlicher Hinweis auf die Zeit der Macheten.

Ich weiß nicht, warum ich angefangen habe, die Tutsi nicht mehr ausstehen zu können. Ich war jung, ich dachte an nichts anderes als an Fußball, ich spielte mit Tutsi meines Alters in der Mannschaft von Kibungo, wir schossen uns völlig problemlos die Bälle zu. War ich mit ihnen zusammen, war mir das nicht weiter unangenehm. Der Hass hat sich in den Zeiten des Tötens einfach so eingestellt, und ich habe ihn mir angeeignet, um es den anderen nachzutun und weil es sich so gehörte.

Léopord: Es ist heikel, vom Hass zwischen den Hutu und den Tutsi zu reden, denn nach dem Töten haben viele Wörter eine andere Bedeutung bekommen. Vorher konnte es vorkommen, dass wir untereinander im Scherz sagten, wir würden sie alle töten, doch im nächsten Augenblick erledigten wir gemeinsam mit anderen Tutsi eine Gemeinschaftsarbeit oder ein paar Flaschen Bier. Die Scherze und die Drohungen haben sich dann immer mehr vermischt. Wir merkten gar nicht mehr, was wir sagten. Man konnte schreckliche Worte im Munde führen, ohne dabei etwas Schlechtes zu denken. Selbst die Tutsi haben sich darüber nicht weiter aufgeregt. Ich meine, sie zogen sich von uns wegen solcher bösen Reden nicht zurück. Seither hat man gesehen: Diese Worte haben schwerwiegende Folgen nach sich gezogen.

Alphonse: Schon als kleines Kind hört der Hutu während der Dürreperioden ständig die Erwachsenen sagen, die Tutsi hätten zu viele Parzellen an sich gebracht und in der gegenwärtigen Situation, wo man gegen die Armut ankämpft, könne man auf diese Leute gut und gern verzichten. Doch wenn es reiche Ernten gab, gerieten solche Worte dann wieder in Vergessenheit. Aber als Kind macht man sich solche Missstimmungen zu eigen.

Noch neben einem schlammverkrusteten Tutsi-Kind empfindet ein Hutu-Kind eine gewissermaßen naturgegebene Eifersucht, es sieht in ihm einen Angeber, es gewöhnt sich dieselbe Abneigung wie seine Eltern an. Wenn sich ihm später eine Schwierigkeit in den Weg stellt, kann es der nicht geradewegs die Stirn bieten, es schiebt alles auf den Tutsi, der zufällig vorbeikommt.

Pancrace: Es gab Radiosender, die beteten uns seit '92 vor, wir sollten alle Tutsi töten. Es gab die Wut nach dem Tod des Präsidenten und die Angst, sich auf einmal unter der Herrschaft der *inkotanyi* wiederzufinden. Aber in all dem vermag ich noch keinen Hass zu erkennen.

Der Hutu ist immer vor irgendwelchen hinterhältigen Absichten der Tutsi auf der Hut; dieses Misstrauen hegt er insgeheim schon seit dem Alten Königreich. Er sieht selbst in den Schwächlichsten und Liebenswürdigsten von ihnen eine Gefahr. Aber das ist eine Verdächtigung, kein Hass. Der Hass ist plötzlich über uns gekommen, als das Flugzeug unseres Präsidenten abgestürzt war. Die Einpeitscher haben geschrien: »Schaut euch bloß diese Kakerlaken an, die sind doch genauso, wie wir es euch erzählt haben.« Und wir haben geschrien: »Los, ziehen wir gegen sie zu Felde!« So richtig wütend auf sie waren wir eigentlich nicht, wir waren vor allem erleichtert, dass es losging.

Ignace: Ich weiß nicht, ob ein großer Unterschied besteht zwischen dem Töten von Tutsi und dem Töten von Nicht-Tutsi, denn in Letzterem haben wir keine Erfahrung. Wenn man in Ruanda nicht einem Hutu-Bruder über den Weg läuft, so läuft man einem Tutsi in die Quere. Denn die Twa bleiben in ihren Wäldern unsichtbar, und die Weißen sind weiß. Ob wir uns mit ihnen gut verstehen oder nicht, wenn wir auf normale, uns ähnliche Menschen treffen, können es nur Tutsi sein. Ich will damit sagen, ob wir einen privat umbringen oder in breit angelegten Tötungs-Aktionen, wir können immer nur Tutsi töten.

Elie: In den Städten warfen viele Hutu begehrliche Blicke auf Tutsi-Frauen, die sie aber nicht bekommen konnten: wegen ihrer hohen, aufrechten Gestalt, ihrer ebenmäßigen Gesichtszüge, wegen ihrer Art, wie sie Familienfeste veranstalteten oder bei Feierlichkeiten auftraten. Auf den Hügeln sahen die Hutu jedoch mit eigenen Augen, wie sich alle Frauen gemeinsam bei der Feldarbeit verausgabten. Ich kenne keinen Bauern, der für seinen Sohn bei seinem Nachbarn um die Hand eines solchen hochgewachsenen Mädchens angehalten hätte, also auch keinen Fall, wo jemand sich einen Korb geholt hätte.

Schlimmer als die Neidereien um das Aussehen war das Problem mit den Rindern und den Parzellen. Die Rinder waren ein großes Ärgernis, denn die Tutsi hatten es sich angewöhnt, sie zu ganzen Herden zusammenzufassen, so dass niemand mehr zählen konnte, wie viele der eine, wie viele der andere hatte. Sie wollten niemals, dass bekannt wurde, wie viel Stück Vieh sie besaßen. Weder ihre Frauen, noch ihre Söhne, noch die Obrigkeiten sollten es wissen. Im Busch versteckt sahen wir nur Herden vorbeiziehen, von in Lumpen gehüllten Hirten getrieben, und das war uns ein Dorn im Auge. Auf den Hügeln ist Geheimniskrämerei um Hab und Gut eine bedrohliche Sache.

Adalbert: Es gab Leute wie mich, die ständig schlecht von den Tutsi redeten. Wir wiederholten, was wir seit ewigen Zeiten gehört hatten. Wir bezeichneten sie als arrogant, geziert und sogar falsch. Aber wir entdeckten keine Arroganz und kein geziertes Verhalten, wenn wir ihnen im Kirchenchor oder auf dem Markt begegneten. Und auch nicht in der Kneipe oder in den Bananenhainen, wenn man jemanden zum Helfen brauchte.

Die Alten reichten sich die Hände, um uns die Köpfe zu verwirren, aber sie taten das in bester Absicht, wenn ich das so sagen kann. Hinterher haben die Radiosender das dann übertrieben, um die Gemüter anzuheizen. Die Bezeichnungen »Kakerlaken« und »Schlangen«, die haben sie uns beigebracht. Die Vergiftung der Stimmung durch die Radios war zu genau berechnet, um dagegen etwas tun zu können.

Alphonse: Ich glaube, dass wir uns im Grunde genommen an die feineren Umgangsformen der Tutsi voll und ganz gewöhnt hatten. Was man sich da erzählte über längere schlanke Finger und ähnliche Besonderheiten, war uns völlig egal. Ich glaube auch nicht, dass die Rinder das Problem waren, weswegen die Tutsi abgelehnt wurden. Sonst hätte man ja einfach nur ihre Herden abschlachten können. Ich glaube auch nicht, dass wir die Tutsi tief aus unserem Herzen hassten. Aber es war unumgänglich, so zu denken, denn die Entscheidung, sie alle zu töten, war von der Führungsschicht gefällt worden.

Um so viele Menschen zu töten, ohne wankelmütig zu werden, musste man schon ganz entschieden hassen. Abscheu war das einzige Gefühl, das für die Tutsi zugelassen war. Die Tötungen waren ein zu gesteuertes Unternehmen, als dass wir uns noch irgendwelche Fragen an unser Gefühl stellen konnten.

Ein Töten, wie es die Natur nicht kennt

Es ist das heutige Afrika, das zum Schauplatz eines Völkermords wurde. Viele Afrikaner haben Mühe, das zu erkennen oder sich diese Realität einzugestehen. Sie werden noch viel Zeit benötigen, bis sie dies wirklich annehmen können. Nach dem Holocaust hat es auch bei den Europäern und Amerikanern sehr viel längere Zeit in Anspruch genommen, als es der Verstand geboten hätte.

Noch viel mehr Afrikaner bestreiten das afrikanische Element dieses Völkermords und meinen, die Tragödie habe irgendwo außerhalb Afrikas ihren Ursprung. Dafür führen die verschiedensten Argumente ins Feld, so zum Beispiel Berthe: »Der Fall Ruandas liegt anders als das, was sonst in Afrika üblich ist. Ein Afrikaner begeht Massaker, wenn er Wut im Bauch hat oder einen leeren Magen. Oder er massakriert maßvoll, was eben erforderlich ist, um Diamanten und Ähnliches zu beschlagnahmen. Er veranstaltet keine Massaker auf Hügeln, auf denen nur Bohnen wachsen, wenn er einen vollen Bauch hat und in Frieden lebt, wie die *interahamwe*. Ich glaube, die haben eine Lektion, die von anderswo kommt – von außerhalb Afrikas – nicht richtig gelernt. Ich weiß nicht, wer den Samen zur Idee des Völkermords gelegt hat. Nein, ich behaupte nicht, dass es die Kolonialherren waren. Ich weiß wirklich nicht, wer – aber ein Afrikaner kann das nicht gewesen sein.«

Mit ihrer scharfen Intelligenz, die vorgefasste Meinungen oder Vorurteile nicht zulässt, durchschaut Berthe jedoch zugleich, dass sie nicht Recht hat: Sie hat nicht den nötigen historischen Abstand. Alle Völkermorde vollziehen sich außerhalb der herrschenden Regeln, ob sie nun in Europa, Amerika oder Asien stattfinden. Und alle, die dachten, die reiche, vielfältige Kultur, die Weisheit der Alten, die Traditionen von Milde und Nachsicht und der Lebenshunger, wie sie in dem Schlagwort vom »Zauber Afrikas« versinnbildlicht sind, würden diesen Kontinent verschonen, haben sich getäuscht.

Ich halte nicht viel davon, mit dieser Bemerkung, dass ein Völkermord jederzeit und überall möglich ist, folgende immer wiederkehrende

Fragen zu verknüpfen: Was hätten wir an der Stelle von Pio, Fulgence, Pancrace und den anderen der Bande gemacht? Was hätten wir zu tun gewagt oder uns geweigert zu tun? Was wäre aus uns geworden? Diese Fragen machen überhaupt keinen Sinn, weil wir uns überhaupt nicht in die Haut eines Hutu-Bauern auf einem Hügel im Gebiet der Großen Seen versetzen können. Darüber hinaus fehlt uns die Vorstellungskraft, wie es ist, in ein derart despotisches und ethno-rassistisches Regime hineingeboren und darin aufgewachsen zu sein. Bis auf einige wenige, die sich ihrer moralischen Festigkeit und ihres Mutes absolut sicher wären, würden die meisten von uns doch so etwas stammeln wie: »... wir hätten uns hinter der Gruppe zurückfallen lassen, wären in einigem Abstand hinterher gegangen und hätten dabei unsere Machete nicht schmutzig gemacht ...« Vielleicht würden wir tief in uns sogar noch mehr erhoffen, aber die Zweifel an unserem möglichen tatsächlichen Verhalten mindert das auch nicht.

Ich halte mich bei solchen Fragen lieber an Beobachtungen. Im Nachkriegsdeutschland hat in den vierzig Jahren, als schon Prozesse gegen Naziverbrecher geführt wurden, kein Rechtsanwalt den Fall eines Deutschen vorbringen können, der zu einer schweren Strafe verurteilt worden war, weil er sich geweigert hätte, einen unbewaffneten Juden oder Roma zu töten. So ist zum Beispiel – wie Christopher Browning ausführt – bei all den Unternehmungen des Reserve-Polizeibataillons 101 nie auch nur ein einziger Polizist bestraft worden, weil er es abgelehnt hatte zu schießen. Vielmehr gehen die Schätzungen dahin, dass 80 bis 90 Prozent der 500 Polizisten dieses Bataillons tatsächlich geschossen haben.

In Ruanda war der Zeitraum der Massaker zu kurz, als dass die Zentralverwaltung des Völkermords Prozesse und Bestrafungen gegen Verweigerer hätte einleiten können. Doch selbst wenn man das berücksichtigt, sind zwar Zehntausende von liberalen, humanistisch orientierten Hutu ermordet worden, aber Beispiele von Personen, die schlichtweg aufgrund ihrer Weigerung zu töten festgenommen wurden, werden nicht genannt – bis auf ganz besondere Ausnahmefälle: Ehepartner in gemischten Ehen oder Personen, denen zur Last gelegt wurde, Tutsi versteckt zu haben.

In Kibungo, Ntarama, Kanzenze und der ganzen Gemeinde Nyamata riskierte jemand, der öffentlich mit Reden oder Aktionen gegen den Völkermord Stellung bezog, gleich hingerichtet oder an Ort und Stelle gezwungen zu werden, ein Opfer zu massakrieren. Alle mussten mitmachen, jeder auf seine Art, beim Töten, beim Zerstören oder beim Plündern, oder man musste Geld zahlen. Jedoch – das sei wiederholt – keinem Einwohner ist ernstere physische Gewalt angedroht worden, weil er sein Buschmesser nur sehr zurückhaltend gegen einen Tutsi erhoben hat. Zu dem Thema ist die Lektüre des Kapitels über die Bestrafungen aufschlussreich.

Trotz dieser Möglichkeiten, auf Hilfstätigkeiten auszuweichen, Ausnahmegenehmigungen zu erhalten oder mit Ausflüchten durchzukommen, erreichte nach Schätzungen die Zahl der Mörder in der Gemeinde Nyamata eine unvorstellbare Höhe.

Christine, die Tochter eines Tutsi und einer Hutu, die auf ihrem Hügel alles mit ansehen musste, versucht, das folgendermaßen zu erklären: »Ich bin der Meinung, dass einer, der an einem Tag gezwungen wurde zu morden, wollte, dass am nächsten Tag sein Nachbar in gleicher Weise gezwungen wurde, damit das Ansehen des einen dem des anderen gleichkam. Du mochtest dich als faul oder unwillig erweisen oder als äußerst schlechter Konkurrent für deinen Nachbarn, der Tag für Tag tötete, aber in seinen Augen musstest du dich bewiesen haben, indem wenigstens bei einer Gelegenheit Blut an deinen Händen klebte.«

Zum besseren Verständnis der Bereitschaft der Täter des Dritten Reiches, die sich oft besonders außerhalb der Grenzen Deutschlands hervortaten, verweisen Historiker und Philosophen auf die ungeheure Disziplin, die ein totalitärer Staat seinen Bürgern auferlegt. Sie betonen weiterhin die oben schon genannten Auswirkungen der ständigen und heimtückischen Propaganda und vor allem den Zwang zu gesellschaftlicher Anpassung in Krisenzeiten und Angstsituationen (nicht zu verwechseln mit Zuständen in Kriegsgefahr, die – ganz im Gegenteil – Anpassung sogar aufbrechen lassen können).

Diese angeführten Ursachen reichen jedoch nicht aus, um jene Tötungsmaschinerie zu erklären, die in Christines Sätzen sichtbar wird. Russen, Spanier, Argentinier, Rumänen, Iraker und viele andere haben zu bestimmten Zeiten ihrer Geschichte erfahren müssen, wie wirksam die Apparate der Gehirnwäsche waren, mit denen Stalin, Franco, Videla, Ceausescu, Hussein oder alle möglichen anderen Diktatoren die Bevölkerung massiv unterwarfen, die Selbstpreisgabe des Volkes und seine Massenverdummung durchgesetzt haben und das Volk an ein Denunziantentum gewöhnten. Doch dass die breite Masse des Volkes begeistert auszog und als ihr Tagewerk tötete, mit einem Lied auf den Lippen, das hat kaum einer dieser Diktatoren fertig gebracht.

Wenn Historiker und Philosophen also versuchen sollten, den irrationalen Ausnahmecharakter des Völkermords zu verschleiern, müsste man ihnen den Vorwurf missverständlicher und gefährlicher Argumentation machen, mit der sie Pessimismus und Scheinheiligkeit förderten. Oder – was noch mehr zum Verzweifeln wäre – dass sie der schlimmsten Plage der Menschheit das Wort redeten: dem Zynismus.

Dieser Ausnahmecharakter des Völkermords wird von Jean-Baptiste, seit dreiundvierzig Jahren Volksschullehrer in Ntarama, mit ganz einfachen Worten auf den Punkt gebracht: »Was in Nyamata geschehen ist, in den Kirchen, in den Sümpfen und auf den Hügeln, das ist ein Verhalten natürlicher Personen wider die Natur.«

Oder von Sylvie, die sagt: »Denn wenn man zu lange in der Angst vor dem Völkermord verharrt, verliert man alle Hoffnung. Man verliert das, was man von seinem Leben noch hatte retten können. Man steht in Gefahr, selbst von einem ganz anderen Wahn erfasst zu werden. Wenn ich in einem ruhigen Augenblick an den Völkermord denke, komme ich ins Grübeln, an welche Stelle der menschlichen Existenz man ihn einordnen soll, aber ich finde keinen geeigneten Platz. Ich will damit einfach sagen, er ist nicht von dieser Menschenwelt.«

Worte, um es nicht auszusprechen

Fulgence: Je mehr Leute man sterben sah, umso weniger dachte man daran, dass sie gelebt hatten, umso weniger sprach man über ihren Tod. Man gewöhnte sich daran und fand daran Geschmack. Man sagte sich im Inneren, da man jetzt wisse, wie es ginge, müsse man auch bis zum Allerletzten weitermachen. Es war eine endgültige Perspektive, die irgendwie in all dem Geschrei und Getöse selbstverständlich wurde – zumal es keine abfälligen Bemerkungen darüber gab.

Alphonse: Wir zogen mit einer Schar von Leuten durch den Sumpf und haben jede Menge Leute getötet. Der Schlamm ging uns bis über die Knöchel, manchmal auch bis übers Knie. Die Sonne brannte uns auf den Schädel. Die Papyrusblätter rissen uns das Hemd auf und auch die Haut darunter. Die Kollegen beobachteten einen. Wenn einem die Hand zitterte, verspotteten sie einen und bezeichneten einen als Feigling. Wenn man Anzeichen von Zögern zeigte, wurden sie ungehalten und bezichtigten einen des Verrats. Wenn man Edelmut bewies, rüffelten sie uns und nannten uns Memmen. Man wurde schnell übel beschimpft.

In so einer Situation ist es schrecklich schwer, dem Gespött der Kollegen etwas entgegenzusetzen, vor allem wenn es sich noch in deiner Nachbarschaft ausbreitet. In der Schule und in der Kneipe ist es genauso, aber in den Sümpfen ist es viel schlimmer. Solcher Hohn kann einem das Leben vergiften. Man versucht natürlich, sich vor so etwas zu schützen. Also schließt man sich dem Lager derer an, die die anderen verhöhnen. Wenn das Töten losgeht, macht es einem weniger aus, mit der Machete zuzuschlagen, als dieses Gespött und Geschimpfe auszuhalten. Das ist eine Wahrheit, die für jemanden unbegreiflich ist, der nicht Seite an Seite mit uns dabei war.

Folgendes will ich damit sagen: Im Getöse des Totschlagens ist es unerträglich, ins Abseits gestellt zu werden, denn jener würde fortan nur noch den Rücken seiner Kollegen sehen, wenn er mit ihnen über alltägliche Verrichtungen reden wollte. Alleinsein steckt bei uns voller Risiken. Also stürzt man, sobald das Signal ertönt, drauflos und verrichtet seine Arbeit, selbst wenn man dafür das blutige Handwerk verrichtet, das Sie kennen.

Elie: Seit der Unabhängigkeit haben wichtige Parteileute nie damit aufgehört, in ihrem Kopf Gedanken an das Töten zu wälzen, aber sie haben sich wohl gehütet, die Sache beim Namen zu nennen. Wenn sie zum Beispiel verkündeten: »Es gibt in diesem Land nicht genug Ackerfläche für zwei Volksstämme, doch keiner von beiden wird gehen, also ist es Sache der Hutu, das Problem zu lösen«, so war damit das gemeint, was sie unausgesprochen gelassen hatten.

Die Einschüchterer wollten keinen Ärger; vor allem wollten sie nicht in die Verlegenheit kommen, unnütze Erklärungen über das, was wir machten, abgeben zu müssen. Wir sagten uns, wenn alles komplett zu Ende gebracht wäre, gäbe es auch nichts mehr zu rechtfertigen. Im Grunde genommen bestand eine stillschweigende Vereinbarung darüber, immer weiterzumachen. Was wir taten, erschien uns solange nicht als widernatürlich, solange es uns erspart blieb, es in Worten ausdrücken zu müssen. Noch heute gibt es Wörter, die wir nicht in den Mund nehmen, sogar nicht unter Kollegen.

Pancrace: Tötungen dieser Art verlangen nach immer mehr Tod. Und es ist nicht wie der Heißhunger wilder Tiere nach etwas Lebendigem. Diese Tötungen verschlingen vielmehr alles, was sie zu Gesicht bekommen, und sind nie satt. Solange noch was da ist, bleiben sie dir auf den Fersen, bis auch der Allerletzte erledigt ist. Aus dem Grund verzichten sie auf Worte. Außer auf völlig sinnlose Worte natürlich. Im Radio hörte man, die *inkotanyi* hätten Schwänze und spitze Ohren; auch wenn niemand so etwas glauben wollte, tat es uns doch gut, es zu hören. Das waren keine besonders passenden Scherze, aber für uns waren es immerhin Scherze. Besser, als gar nichts zu hören.

Elie: Niemand kann jemals die ganze Wahrheit gestehen, weder jetzt noch später. Niemand kann all die genauen Begriffe für diese Missetaten im Munde führen, oder er ist in den Augen anderer ein Verdammter. Und das wäre das Schlimmste. Aber einige wenige beginnen, stückweise das Entsetzliche zu erzählen, um Buße zu tun für das Blut, das sie vergossen haben, und sie fürchten sich nicht zu bekennen, dass ihre Strafe sehr viel höher hätte sein müssen. Diejenigen bahnen den Weg der Ehrlichkeit. Das ist ein großer Schritt.

Ob auf den Hügeln oder im Gefängnis, die Wahrheit steht für alle offen. Der größte Teil kommt den Überlebenden zu; nach dem, was sie erlitten haben, ist das normal. Die verschont gebliebenen Ehefrauen der Tutsi, die ausländischen Kameraleute, die Soldaten erhalten ihren Anteil von Wahrheit. Aber wenn der Anteil für die Sünder fehlt, werden endlos neue Enthüllungen die Runde machen. Die Sünder wissen mehr als ein paar allgemeine Erinnerungen, mehr als ein paar äußerliche Angaben über die Vorgänge, sie tragen echte Geheimnisse auf der Seele.

Jean-Baptiste: In der ganzen Zeit des Tötens habe ich niemals das Wort »Genozid« gehört. Es ist uns erst aus dem Mund der ausländischen Reporter und der Vertreter der Menschenrechtsorganisationen zu Ohren gekommen: zuerst auf den Straßen ins Exil, doch da hat man das Wort noch nicht verstanden, dann in den Lagern im Kongo.

Das ist die reine Wahrheit: Unter uns wurde es niemals ausgesprochen. Viele kannten nicht einmal den Sinn des Wortes »Genozid«. Es hatte keinen Gebrauchswert. Wenn wir allerdings jeden Morgen aufstanden, um auf die Jagd zu gehen – sogar wenn wir es leid waren oder andere Arbeiten dadurch versäumt wurden –, so lag das schon daran, dass wir meinten, wir müssten sie alle töten. Die Leute wussten, was für eine Arbeit sie machten und so war es nicht nötig, einen Namen dafür zu haben.

Adalbert: Ein Völkermord ist keine gewöhnliche Idee im Zusammenhang mit Kriegen und Kämpfen. Die Obrigkeiten lassen ihn sich einfallen, um eine Gefahr für alle Zeiten los zu werden. Es ist eine Erfindung aus Bequemlichkeit, die man noch nicht einmal beim Namen nennen oder besonders propagieren muss, außer durch die in Umlauf gesetzten Bosheiten. Die Idee wird so eine alltägliche Erscheinung, wenn sie von Mund zu Mund, manchmal auch von Scherz zu Scherz ihre Kreise zieht; zur Ausnahmeerscheinung wird sie erst, wenn sie mit der Spitze der Buschmesser in die Tat umgesetzt wird.

Dieser Gedanke stirbt nicht aus, wenn das Töten vorbei ist, weder nach einem Sieg noch nach einer Niederlage. Künftige Obrigkeiten können ihn sich mit neuer Bestimmung wieder einfallen lassen. Aber wie will man auch ein so ungewöhnliches Geschehen totkriegen, wenn man noch nicht einmal weiß, wie man das Wort tötet, das den Gedanken jederzeit wieder auferstehen lassen kann? Feinde töten, Missetäter töten, Nachbarn töten, das kann man noch verstehen. Aber Ideen und Wörter töten, das übersteigt alle Intelligenz, die eines Bauern auf jeden Fall.

Pio: Am Anfang eines Völkermords gibt es einen Grund und Leute, die ihn für gerechtfertigt halten. Der Grund liegt nicht aus Zufall in der Gegend herum, und die Einpeitscher putzen ihn sogar noch heraus: Es ist der Wille, unter allen Umständen die Oberhand zu gewinnen. Aber die Leute, die durch diesen Grund in Versuchung geführt werden, sind die, die per Zufall gerade dort schon leben. Ich war halt da, bei mir zu Hause, als die Versuchung bei mir anklopfte. Ich will nicht behaupten, dass Satan und seine Spießgesellen mir Gewalt antun mussten. Ich hielt den Grund für triftig, aus Neid und aus Gehorsam, und habe mich in die Sümpfe gestürzt. Aber wenn ich in Tansania oder in Frankreich geboren wäre, so wäre ich weit entfernt von diesem Getümmel und diesem dreckigen Blutvergießen gewesen.

Eine Versuchung wie diese, ist für einfache Leute nicht abzuweisen. Ihnen fehlt die biblische Hilfe gegen solche Anfechtungen – zumindest auf unseren Hügeln ist es so. Warum? Wegen der vielen schönen Worte vom totalen Erfolg. Damit gewinnt man immer. Hinterher kann man die Versuchung nicht mehr einsperren, also sperrt man die Leute, die ihr erlegen sind, ein; und die Versuchung, die erhebt anderswo ihr Haupt auf ebenso schreckliche Weise.

Wenn jemand sieht, dass dauerhaftes Wohlergehen sich ihm förmlich aufdrängt, und seinen Kollegen ebenso, dann lässt er sich nicht durch Zögern oder Zurückhaltung davon abhalten, dann gibt er nichts mehr auf seine Gefühle, dann hört er nicht mehr das Flehen um Erbarmen. Er sieht das Böse plötzlich in ein Gutes umschlagen und ist zufrieden damit. Er denkt an alles, was er für sich und seine

Familie dadurch bekommt, reichlich bis ans Ende ihrer Tage. Er folgt diesem Weg hin zu dauerhaftem Wohlstand, auch wenn er ihn in die Sümpfe führt.

Hinterher spült er sich den Dreck von Schlamm und Blut herunter, als ob er ein *Primus* trinkt. Und genau so habe ich es getan. Ich will nicht sagen, dass ich nicht schuldig geworden bin. Aber ich habe meine Strafe erhalten, für meine Schuld und zugleich für das Pech, das mir das Schicksal bescherte.

Ignace: Es galt zu töten oder getötet zu werden. Jeden Morgen gab es aufs Neue die, die sterben mussten, und die, die töten mussten. Wer sich gegen das Töten aussprach, der wurde selbst getötet, auch wenn er es nur gemurmelt hat. Wer sich drückte, der verlängerte dadurch das Töten, das seine Kollegen erledigen mussten, und er musste sich verstellen, bis es eine Beschwerde gab und er eine Geldstrafe erhielt. Letzten Endes ist das, was Sie als Völkermord bezeichnen, ein Töten, das gar keine andere Wahl zuließ.

Adalbert: In der Landwirtschaft nützt es nichts, etwas zu überstürzen: Sie richtet sich nach den Jahreszeiten. Dagegen richtet sich das Töten ganz nach unseren Launen. Willst du mehr davon, dann schlägst du öfter zu, du lässt mehr zur Ader, du machst reichere Beute. Wenn es dann noch ein Völkermord ist, weißt du, dass du dir alles unter den Nagel reißen kannst. Du kriegst dafür zwar Streit, Schmähungen und böse Worte, doch die lässt du in den Armen des Todes hinter dir zurück.

Léopord: Ich könnte Ihnen zahllose Einzelheiten vom Töten erzählen. Aber Ihnen meine Gedanken in dieser bösen Zeit wiederzugeben, worum Sie mich gebeten haben, da weiß ich nichts zu antworten.

Es war ein gut ausgeklügeltes Töten, und es erschien uns einträglich zu sein. Wir waren folgsam und erhielten viel Lob in dieser neuen und für uns so günstigen Situation. Wir haben damit angefangen, wir haben uns daran gewöhnt, wir haben darin Befriedigung gefunden. Der Bauer, der zu seinem Feld hinunter geht, fragt sich unterwegs, ob er Bohnen oder Mais in die Furche legen soll. Der

Lehrer überlegt sich, wenn er seine Schule betritt, was er seiner Klasse beibringen will. Der Automechaniker wählt das Teil des Motors, das er auf Hochglanz bringen will, sorgfältig aus. Aber der Totmacher in den Sümpfen ist von solchen persönlichen Fragen freigestellt. Er geht völlig in seinen Handlungen auf. Er folgt seinen Kollegen und verfolgt die Opfer; er zählt die Schätze seiner Beute. Unsere Gedanken waren meist leer, und die Erinnerung, die sie in uns hinterlassen haben, ebenso.

Ignace: Man nannte sie »Kakerlaken«, nach einem Insekt, das Löcher in die Kleider frisst und das man nie raus bekommt; man muss es schon zerdrücken, um es los zu werden. Wir wollten keinen einzigen Tutsi mehr auf den Parzellen haben. Wir sahen schon eine Zukunft ohne sie vor uns. Zunächst waren wir dafür, sie loszuwerden, ohne sie zu töten. Wenn sie akzeptiert hätten, das Land zu verlassen, etwa nach Burundi oder an einen anderen geeigneten Ort, wären sie mit heiler Haut davongekommen. Und wir hätten nicht das schwere Los der unausweichlichen Massaker auf uns geladen. Aber sie hatten keine Vorstellung, wie sie dort ohne ihre alten Traditionen und ohne ihre Rinderherden leben konnten. Das hat uns dann zu den Macheten getrieben.

Die Tutsi hatten schon so viele Tötungswellen widerspruchslos hingenommen, sie hatten schon so oft den Tod oder böse Schicksalsschläge geradezu erwartet, ohne je laut zu protestieren, dass wir – jeder in seinem Inneren – auf gewisse Weise dachten, es wäre ihnen vorherbestimmt, hier und jetzt alle gemeinsam zu sterben. Wir dachten, dass diese Arbeit, weil sich ihr nichts in den Weg stellte, auch getan werden müsse. Dieser Gedanke hat uns auch geholfen, nicht darüber nachzudenken, was wir da verrichteten. Erst hinterher haben wir erfahren, als was man das bezeichnet. Untereinander im Gefängnis benutzten wir das Wort nicht.

Jean-Baptiste: Nach dem Flugzeugabsturz diskutierten wir von Gruppe zu Gruppe über die Vernichtung der Tutsi. Aber für mich klangen diese Worte unwirklich; ich dachte bloß, dass in allernächster Zeit Tötungen bevorstünden. Erst am Abend des Massakers in der Kirche ist die Lage völlig umgekippt und in ihrem ganzen Ausmaß sichtbar geworden, und ich habe begriffen, dass die Worte und die Taten jetzt zur Übereinstimmung gebracht worden waren. Die Taten versprachen endgültig zu werden und Worte waren nicht mehr nötig.

Du mochtest dich unwohl fühlen bei dieser Tätigkeit, die dich in den Sümpfen erwartete. Aber du hast in dich hineingeflüstert: »Dieses Werk wird bis zum Letzten ausgeführt, wenn ich meinen Anteil nicht dazu beitrage, werde ich in den Augen der Zukunft ein Spielverderber sein, und das ist eine zu schwere Strafe.« Also heftetest du dich an die Fersen deiner Kollegen, machtest es schweigend, und nach einiger Zeit hattest du dich daran gewöhnt und machtest deine Späße wie vorher. Aber ein ehrliches Wort über diese Situation zu sagen, ist nach wie vor ein Risiko.

Jean: »Für einen kleinen Jungen, der sich durch diese blutige Zeit geschlagen hat, bringt es nichts Gutes, wenn er darüber redet, ob nun mehr im Sinne der einen oder der anderen. Egal, welche Worte er wählt, um wiederzugeben, was er dort mitgemacht hat, sie werden ihm einen bösen Streich spielen, entweder für seine eigene Seelenverfassung oder in den Augen eines anderen. Je jünger er zum Zeitpunkt des Tötens war, je kindlicher damals seine Stimme, desto schwerer ist seine Sprache jetzt geworden. Man wird über ihn sagen: ›Der Junge hat zu viel Böses gesehen‹, oder: ›Er wird noch einen Übeltäter denunzieren‹, oder: ›Vielleicht hat er sich selber an der falschen Stelle die Hände schmutzig gemacht, was er erzählt, wird die Leute seiner Umgebung in Unruhe versetzen‹, oder: ›Aus ihm wird nie ein brauchbarer Erwachsener. Der soll sich künftig am besten von den Menschen fern halten‹. Aus dem Grund bleibt ihm nur das Schweigen, das ihm weiterhilft.«

Fulgence: Von den Massakern war vorher unter uns nicht die Rede, denn es war eine Angelegenheit der Parteistrategen und die ließen anderen nichts zu Ohren kommen. Auch währenddessen redeten wir darüber nicht, weil wir Besseres zu tun hatten, und jetzt sagt man uns, es sei notwendig, dass wir endlich redeten. Worüber reden, wenn wir doch die Letzten waren, die darüber etwas zu bereden hatten? Sollen wir jetzt über das reden, was wir gesehen haben? Warum wir? Alle haben doch dasselbe gesehen! Warum fragt man nicht unsere Landsleute, die ungeschoren mit offenem Mund ihre Bananenhaine bestaunen? In allen Einzelheiten sollen wir von dem reden, was wir getan haben. Wozu soll das gut sein, außer dass wir noch mehr bestraft werden? Sollen wir erzählen, warum es geschah? Was soll dabei rauskommen? Wir waren doch nie eingeweiht in das, was im Verborgenen angezettelt wurde.

Das Erstaunlichste bei diesen Fragen nach dem Grund für unser Töten ist, dass nie jemandem vorher eingefallen ist, es uns anständig zu erklären, und auch künftig wird es keiner tun. Bloß unsere Jahre im Gefängnis, die hat man uns genau vorgerechnet.

Clémentine: »Die Frauen der Totmacher sprechen nie vom Völkermord. Untereinander nehmen sie das Wort nie in den Mund. Dabei wäre das heute doch nur ein Zeichen von Reue. Sie sagen, dass sie ihre Männer vermissten, wie bitter die Armut sei, die sie beim Aufstehen erwartet, wie sehr sie entrüstet wären, über die üblen Worte, die sie in der Gegend so alles zu hören bekämen, als ob das wie eine Naturkatastrophe über sie gekommen wäre.

Sie beten, sie singen, sie leugnen, und zwar nicht nur, weil sie Angst haben. Sie fühlen mehr Wut als Scham in sich. Das Elend, das sie verspüren, kommt doch von den nicht gehaltenen Versprechungen ihrer Männer und nicht von Klagen und Anschuldigungen Überlebender. Sie schweigen und fühlen sich von allen reingelegt.«

Pio: Als wir in einvernehmlicher Nachbarschaft miteinander lebten, wäre ich nie auf den Gedanken gekommen, Tutsi zu töten. Noch nicht einmal für Rangeleien mit ihnen oder für Schimpfwörter, die man ihnen an den Kopf wirft, hatte ich Verständnis. Aber als alle Männer gleichzeitig ihre Macheten hervorzogen, habe ich ohne länger zu zögern dasselbe getan. Ich brauchte es den Kollegen nur nachzumachen und dabei fest an die Vorteile zu denken. Vor allem, wenn man wusste, dass die Tutsi sowieso die Welt der Lebenden verlassen würden.

Wenn du ausdrückliche Befehle erhältst, dir Gewinne auf lange Zeit hinaus versprochen werden und du dich noch vom Zuspruch deiner Kollegen getragen fühlst, dann tötest du, was das Zeug hält, und das Böse deines Tuns ist dir völlig gleichgültig. Ich will damit sagen, dass alle edlen Gefühle und schönen Worte sich dann von selbst verziehen.

Ein Völkermord, das erscheint jemandem wie Ihnen, der erst danach hinzukommt, als etwas ganz Ungewöhnliches. Aber für jemanden, der sich von den großen Sprüchen der Einpeitscher und von den Jubelschreien der Kollegen ganz wirr hat machen lassen, bot sich das wie eine ganz gewöhnliche Tätigkeit dar.

Léopord: Wenn die Tutsi sich erwischen ließen, dann starben viele ohne ein Wort auf den Lippen. In Ruanda nennt man das »sterben wie ein Lamm in der Bibel«. Man muss dazu sagen, dass es in Ruanda kein einziges Schaf gibt und man nicht weiß, wie sie blöken.

Manchmal berührte uns das schon, dass sie ohne zu schreien den Tod erwarteten. Abends fragten wir uns untereinander immer wieder danach: Warum protestieren diese Leute nicht, ehe sie aus dem Leben gehen, warum bitten sie nicht um Erbarmen?

Die Vorgesetzten behaupteten, die Tutsi fühlten sich schuldig, weil sie darunter litten, dass sie Tutsi waren. Die *interahamwe* sagten immer wieder, die Tutsi fühlten sich schuldig für das Unglück, das sie über uns gebracht hätten.

Ich wusste, dass das alles nicht stimmte. Die Tutsi flehten um nichts, weil sie in diesem Moment des Todes nicht mehr an Worte glaubten. Sie glaubten nicht mehr, dass Schreie etwas ausrichteten, anders als zum Beispiel verängstigte Tiere, die noch über die tödlichen Schläge hinaus brüllen, damit man sie hört. Es war eine Übermacht von Traurigkeit, mit der die Tutsi aus dem Leben schieden. Sie fühlten sich von allen verlassen, sogar von Worten, die sie noch hätten sagen können.

In ihren Augen funkelt der Tod

Wir fahren durch das üppige Grün der unendlichen Wälder von Nyungwe im Westen Ruandas. Es ist ein Morgen im August 1994. Die einzige Straße, die durch das Waldgebiet führt, ist verstopft mit einer unendlich langen Flüchtlingskolonne von Hutu, die aus den Städten Butare und Gikongoro geflüchtet sind, um sich in der Grenzstadt Cyangugu zu sammeln; dort überqueren sie den Fluss, der sie von den Lagern im Kongo trennt.

Ein paar Kilometer weiter flussaufwärts, so haben uns Waldhüter erzählt, hätten sich Zehntausende Geflohene in die Tiefen des Waldes abgesetzt und lebten versprengt in Laubhütten als Jäger und Sammler wie in früheren Zeiten, statt weiter ins Exil zu ziehen. Aus Neugier verlassen wir die Asphaltpiste und dringen auf einem Seitenweg in das Halbdunkel des Waldes ein. Dessen Stille wird nur von den dumpfen Rufen der Gelbschnabelkuckucke durchbrochen, in das dann Kletterwaldsänger mit ihrem bebenden, vibrierenden Schlag einfallen.

Auf einer Lichtung am Ende des Weges stoßen wir auf etwa zehn Männer, die um ein Feuer hocken, dessen Rauchkringel sich mit dem feuchten Nebel mischen. Sabou, der Dolmetscher, mit dem ich seit Wochen unterwegs bin, warnt sofort: »Vorsicht, *interahamwe.*« Im ersten Moment verstehe ich seine Warnung nicht und meine, er will »Hutu« sagen, was offensichtlich scheint, doch er meinte »Totmacher«.

Die Männer – die meisten von ihnen mit nacktem Oberkörper – tragen Shorts oder zerrissene Hosen. Manche haben eine Kopfbedeckung aus Blättern aufgesetzt, um in ihren Verstecken noch weniger aufzufallen oder zum Schutz gegen Regen. Sie grillen auf Bratspieße gesteckte Stummeläffchen, die sie mit Pfeil und Bogen erlegt haben; das schwarz-weiße Fell liegt noch daneben am Boden. Sie besitzen Bögen und Macheten, die sie neben sich abgelegt haben, aber keine Schusswaffen und kein Gepäck.

Sabou ist weder Hutu noch Tutsi, sondern ein junger Kongolese aus Cyangugus Nachbarstadt Bukavu, der aber perfekt Kinyarwanda spricht. Die Männer begrüßen uns freundlich, laden uns ein, Platz zu nehmen und auf das gegrillte Fleisch zu warten. Sie fragen uns über die Lage an der Grenze aus. Wir plaudern allgemein über den langen Weg aus ihrer Heimatregion hierher, über ihr Leben als Jäger und natürlich unter keinen Umständen über das, was sie vorher gemacht haben. Sabou, sonst die Überschwänglichkeit in Person, verhält sich äußerst zugeknöpft.

Plötzlich stehen mehrere von ihnen auf, haben eine Machete in der Hand und umstellen uns. Die Atmosphäre hat sich völlig gewandelt, ohne dass ich es mitbekommen habe. Dank des sechsten Sinns und der Kaltblütigkeit von Sabou, der die Konfrontation hat kommen sehen, und mit ihnen normal weiter redet, schaffen wir es, ohne eine überstürzte Bewegung zurückzuweichen und uns in letzter Minute im Auto zu verbarrikadieren, bevor die ersten Schläge niedersausen. Im Rückwärtsgang starten wir mit Vollgas durch, während die Männer mit ihren Macheten auf die Karosserie einschlagen, voller Wut, dass ihre Beute ihnen doch noch entkommt – das heißt das Auto, das Geld, die Kleidung und ein Sack Bananen.

Die Szene war lang genug, und wir sahen sie wie in Zeitlupe vor uns ablaufen, so dass die entfesselte Gewalt sich uns in allen Einzelheiten einprägen konnte. Später haben wir keinen Zug von diesen verzerrten, in Hass erstarrten Gesichtern vergessen können, von ihren Schreien, den Blicken, in denen sich ein Abglanz von Wahnsinn mit dem des Todes mischte.

(Die, die viel in Kriegen unterwegs sind, erzählen, dass der Blick von einem, der sich anschickt, jemanden umzubringen, sich tiefer in das Gedächtnis einprägt als der Tod des Opfers selber, oder dass es sie mehr erschüttert hat, Hinrichtungen oder Scheinhinrichtungen anschauen zu müssen, als der Anblick zerfetzter Körper nach Angriffen oder Bombardements.)

Diese Männer auf der Waldlichtung kamen nicht aus dem Bugesera, aber das hätte genauso gut der Fall sein können. Bei den Besuchen in Rilima ließen sich allerdings in den Gesichtern der Bande von Kibungo niemals Züge finden, die an diese brisante Situation erinnert hätten. Ich führe sie hier allein deswegen an, weil ich mich im Nachhinein frage, ob ich unbewusst nicht auch deswegen nach Rilima gegangen bin, weil ich in den Gesichtszügen der Häftlinge diesen unerklärlichen

Ausdruck von Hass wiederfinden und ihn mit meiner Erinnerung vergleichen wollte, um so einen historischen Bezug herzustellen.

Von welcher Art die Anziehungskraft auch gewesen sein mag, die mich an jenen Ort zog, ich glaube, ich ging vor allem dorthin, um die Mörder zu treffen, wie die Geretteten sie mir geschildert hatten, die Väter und Brüder der schweigenden, misstrauischen Hutu, die sich auf ihren Parzellen verbarrikadiert haben. Nach Möglichkeit wollte ich mit ihnen auch Gespräche führen, selbst wenn das bei den Lesern meines Buches Anlass zu Fragen gibt – um nur ein Beispiel zu nennen: Es mag ja noch vertretbar sein, mit solchen Mördern zu reden, aber ist es moralisch, sie darin zu bestärken, sich ausdrücklich zu ihren Taten zu äußern?

Zutreffend auch jene Frage: Ist es moralisch, Unterredungen mit Leuten im Gefängnis zu veröffentlichen, denen die Freiheit und mithin auch die Freiheit des Wortes genommen ist?

Ich habe bereits in anderen Ländern zu Kriegszeiten Menschen in Gefängnissen besucht: feindliche Gefangene, Personen, die unter Verdacht standen, Verräter, Kollaborateure, Verbrecher, Vergewaltiger zu sein oder die nur mit der falschen ethnischen Zugehörigkeit oder dem falschen Namen geboren waren. Ich habe mir jede Menge von Zeugenberichten und Geständnissen angehört, die unter ungültigen Bedingungen entstanden sind. Doch ich habe mich grundsätzlich geweigert, die Äußerungen dieser Häftlinge zu veröffentlichen. Manchmal habe ich mich sogar geweigert, sie überhaupt anzuhören, wenn der Druck der Wächter so groß war, dass ich damit nur einen weiteren Beitrag zur Demütigung der Gefangenen geleistet hätte.

Warum dann habe ich in Nyamata davon eine Ausnahme gemacht? Aus den vielen Gründen, die dafür sprachen, will ich hier nur diese nennen – in beliebiger Reihenfolge:

- die völlige Gleichgültigkeit, die die Gefängnisverwaltung von Rilima gegenüber unseren Besuchen an den Tag legte, also die Tatsache, dass sie weder während noch nach den Gesprächen eingriff oder sich dazu äußerte;
- die Nähe, manchmal auch Freundschaft, die mich mit den Geretteten verbindet;

- das unerträgliche Schweigen der Hutu, die ich auf den Hügeln aufgesucht hatte, und die drückende Atmosphäre dort;
- die Stärke von Hannah Arendts Buch *Eichmann in Jerusalem*, das sie geschrieben hat, nachdem sie den Worten eines Eingesperrten zugehört hat, zudem noch, als seine Verurteilung näher rückte.

Am ehrlichsten wäre es noch zu ergänzen, dass diese Fragen sich im Laufe der Gespräche von selbst verflüchtigt hatten, dass sie vom Projekt geradezu davon gespült wurden, und mich nach meiner Rückkehr nach Paris nicht mehr beschäftigt haben. Vielmehr traten von Anfang an andere, bedrängendere Fragen in den Vordergrund:

Mit Adalbert mussten die Gespräche einfach beginnen; schließlich hat er das Töten auf dem Hügel von Kibungo geleitet, dann das Lager im Kongo, und am Ende den Chor und den Sicherheitsdienst im Gefängnis. Am ersten Tag setzte er sich auf die Bank, gab sich voller Energie und antwortete auf die erste Frage mit einer Schlachtenschilderung: die Tutsi gegen die Hutu, Attacken aus allen Richtungen, Vorstöße und Rückschläge, Truppenbewegungen mit Macheten bewaffneter Männer auf der einen Flanke, mit Gewehren ausgestatteter Verstärkungen auf dem anderen Flügel, heroische Aktionen, um ein strategisch wichtiges Haus zu halten, und Frontverkürzungen durch Aufgabe einzelner Parzellen …

Wir hörten zu und konnten es kaum fassen. Innocent wurde immer nervöser, ich versuchte zu erraten, welche Hintergedanken Adalbert damit verband. Als ich ihn auf meine zahlreichen Aufenthalte in Ruanda seit dem Völkermord hinwies und auf die Vergeblichkeit, uns eine solche Version aufzutischen, reagierte Adalbert weder enttäuscht noch verärgert, und fuhr einfach bei der nächsten Frage mit seiner Heldenerzählung dort fort, wo er sie unterbrochen hat.

Wollte er damit kundtun, dass er gegen das Buchprojekt sei? Machte er sich über uns lustig? Das gewiss nicht. Erzählte er die Wahrheit, wie er sie gerne hätte, und war es ihm völlig egal, was wir davon hielten? Vielleicht war es so, aber das war es nicht allein. Falls der Zweifel an ihm nagte, erschuf er sich ja vielleicht eine Vorstellungswelt, in der er allein oder mit seinen Kumpanen untertauchen konnte. Wir mussten uns zwei Wochen gedulden, bis das, was er sagte, der Wirklichkeit näher kam.

Alphonse, der nächste unter den Zweigen der Akazie, erzählte ohne Zaudern gleich seine erste blutrünstige Tour. Er machte dabei präzise Angaben, was die Gesten, die Dialoge und die Fakten anging. Aber er erzählte seinen Tagesablauf mit einer Geschwätzigkeit, mit der Südfranzosen ihr Jägerlatein von sich geben, wenn sie vom Taubenschießen zurückkehren. Seine launige Erzählweise und das Übermaß an Details, die er wiedergab, waren genauso befremdlich wie die Hirngespinste Adalberts.

Fulgence dagegen gab seinen Bericht nur zögerlich ab, hielt mitten im Satz inne, schaute nach rechts und nach links, so als ob jede Frage ihn vor eine Wegkreuzung ohne Richtungsschilder stellte. …

Im Grunde genommen legten alle – jeder auf seine Weise – zu Beginn ihrer Berichte ein überspanntes Verhalten an den Tag, so, als ob sie soeben aus einer Art imaginärer »Blase« auftauchten.

Auf den ersten Blick könnten die Wechselfälle, die ihr Leben über den Haufen geworfen haben, den Rückzug in eine solche Blase verständlich machen. Sie führten nämlich ein Leben auf dem Lande, für das das Schicksal kein größeres Ereignis vorgesehen hatte als die Wahl einer Ehefrau. So lebten sie ihr Leben auf einem Hügel in einem kleinen Land im Herzen Afrikas, in einem Geflecht nachbarschaftlicher Beziehungen, ohne Fernsehen oder Fremde, die sie mit der großen weiten Welt verbunden hätten. Von einem Tag zum nächsten ließen sie sich dann von einem Wirbel maßlosen Tötens mitreißen; ihre erste Reise erlebten sie in der panischen Atmosphäre der Massenflucht von zwei Millionen ihrer Landsleute; ihr erster Auslandsaufenthalt fand in Flüchtlingslagern statt, in denen sie zwei Jahre lang ohne Aussicht auf ein Morgen lebten. Von dort sind manche ohne Umweg in der Gesellschaft von siebentausend ihrer Spießgesellen in ein Gefängnis eingesperrt worden, in dem der einzige Kontakt zur Außenwelt das Radio war.

Die Art von Gelassenheit, die sie zeigten, verlieh ihnen aber in einem derartigen Maße Wirklichkeitsferne und Fremdheit, dass man es nicht mehr den heftigen Umwälzungen in ihrem Leben zuschreiben konnte. Und ebenso wenig den Mauern, die sie vor anklagenden

Blicken bewahrten und sie aber auch vor der Atmosphäre von Angst und Misstrauen sowie vor dem Alkoholismus, die allesamt auf ihren drei Hügeln herrschen, beschützte. Nur als Beispiel sei genannt, dass kein Kerl aus der Bande auch nur das geringste Symptom einer psychischen Störung zeigte. Keiner zeigte Anzeichen seelischer Erschütterung, und nach dem, was sie uns sagten, litten kaum zehn Männer im ganzen Gefängnis darunter. Sehnsucht, Heimweh, Klagen, Katzenjammer, Wehwehchen aufgrund des Eingesperrtseins, ja, aber nie ein Anfall von Depression als Folge der Hiebe ihrer Macheten.

Innocent, der sie im Zuchthaus wieder traf, nachdem er sechs Jahre zuvor in Kibungo mit ihnen ständig Umgang hatte, sagt über sie: »Ich dachte, sie wären verbittert, verschlagen, scheu geworden, und ich bin höchst erstaunt, sie manchmal sogar fröhlich und jungenhaft anzutreffen. Sie wirken mehr wie Pensionsgäste als wie Häftlinge. Und dazu reden sie noch vom Völkermord wie von einer weit zurückliegenden Barbarei, die von den Obrigkeiten einfach so angeordnet worden wäre.« Ein weiterer Beleg waren die gleichmäßige Stimme und ihr vertraulicher Ton, die bei jeder Begegnung eine erstaunliche Gelassenheit verrieten.

Wenn ein einziges Mal das Bestialische, das mir im Wald von Nyungwe aufgefallen war, Einzelnen von ihnen ins Gesicht geschrieben gewesen wäre, hätten wir dann die Gespräche abgebrochen? Ich bin nicht in der Lage, darauf zu antworten.

Doch es ist nicht zu übersehen, dass ihre durch nichts zu erschütternde Heiterkeit die entscheidende Rolle für den Ablauf der Gespräche gespielt hat – auch um bei uns den Ärger und den Ekel zu überwinden. Vor allem aber warf ihre gute Laune umso eindringlicher folgende Fragen auf: Warum beteiligten sich die Kerle eigentlich an dem Projekt? Warum waren sie bereit zu erzählen, dabei manchmal mit ungemeiner Offenheit, manchmal sogar ausgesprochen arglos?

Oder eher so gefragt: Warum ließen sie sich überhaupt auf diese Berichte ein, wenn sie sie doch nicht mit einem mehr oder weniger ehrlichen Wort des Bedauerns oder des Schuldbekenntnisses versehen wollten und noch nicht einmal eine Gegenleistung erwarteten? Diese Fragen blieben unbeantwortet, doch sie ließen uns wachsam sein und halfen, die unerträglichen Augenblicke zu überstehen.

Sollte ich jedoch den beeindruckendsten Zug ihrer Persönlichkeit, der in den Gesprächen sichtbar wurde, angeben, so würde ich weder ihre Ruhe noch ihre Abgeklärtheit nennen, sondern ihre Ich-Bezogenheit. Sie war bei allen fast gleich stark ausgeprägt und phasenweise schier unglaublich. Wenn sie nämlich vom Völkermord erzählten, so schilderten sie nicht ein Ereignis, bei dem sie neben anderen Hauptpersonen standen, sondern sie stellten sich selbst im Zentrum des Ereignisses dar, um welches sich noch weitere Darsteller bewegten: Opfer, Gerettete, Gemeinderatsmitglieder, Priester, *interahamwe*, Weiße und andere mehr.

Paradox ist, dass sie einerseits ihre Beteiligung herunterspielten und die Verantwortung auf andere schoben – auf die Obrigkeit, die *interahamwe*, indirekt auch auf die *muzungu* und die Tutsi. Andererseits stehen in der ganzen Geschichte aber nur sie im Blickfeld, damals wie heute.

Nicht alle von ihnen gehen gleich mit dem Töten um. Elie, Alphonse und Léopord würden es gerne besser verstehen; Pio und Pancrace erklären sich überfordert; Jean-Baptiste ahnt die Ungeheuerlichkeit ihrer Taten und ihrer weltweiten Auswirkungen. Dagegen ziehen Joseph-Désiré, Ignace und Adalbert mit Scheinfragen alles in Zweifel und sind so versessen darauf, ein für sie günstiges Hintertürchen zu finden, dass sie einen Bock nach dem anderen schießen.

Trotz dieser Divergenzen, die nie zu lautstarken Auseinandersetzungen führten, weil sie darüber untereinander nicht diskutierten, machten sich alle gleichermaßen nur Sorgen um ihr weiteres Schicksal und verspürten im Wesentlichen nur tiefes Mitleid für sich selbst. Wenn der eine oder andere unter ihnen die katastrophale Bilanz dieser Zeit ihres Blutvergießens zog, zählte er vor allem die Folgen für seine eigene Zukunft auf. Als wir das Thema der Vergebung ansprachen, kam von selbst keiner auf die Opfer zu sprechen. Sie dachten an sie, aber erst an zweiter Stelle. In erster Linie ergingen sie sich in Selbstmitleid über das, was sie verloren haben oder als Strafe absitzen mussten. Fulgence sagte eines Tages: »Die ersten nachteiligen Konsequenzen des Tötens haben wir auf dem Weg in den Kongo gespürt, an dem Knurren unserer hungrigen Mägen und dem Grollen der Leute in unserem Rücken, das nichts Gutes verhieß.« Ihre natürliche Veranlagung, ihr eigenes Leiden in den Vordergrund zu stellen, war schon umwerfend.

Um diese Besonderheit zu erklären, kann ich mit aller Vorsicht nur eine Hypothese vorbringen: Es war der Absolutheitsanspruch ihres Projekts, der es ihnen gestern ermöglichte, es mit einer gewissen inneren Ruhe durchzuführen; es ist derselbe absolute Anspruch, der es ihnen heute verbietet, sich bewusst zu werden, was sie angerichtet haben, und darüber auch nur ein klein wenig irritiert zu sein. Es ist diese Ungeheuerlichkeit der Vernichtung, die den Geretteten Schuldgefühle einflößt oder zumindest sie heimsucht, während sie die Mörder von Schuldgefühlen verschont, sie gelassen sein lässt und sie vielleicht so vor dem Wahnsinn rettet.

Jeden Morgen kommen wir in der *Grand-Rue* zusammen. Innocent, der sehr viel früher aufsteht, wartet schon auf der Bank, die vor der Hauswand von Marie-Louises Geschäft steht, und schwätzt mit der Händlerin – manchmal hat er schon ein *Primus* zwischen seine Knie geklemmt. Obwohl er für Süßes nicht viel übrig hat, schleppe ich ihn oft mit in Sylvies Bäckerei und Konditorei gleich gegenüber. Wir setzen uns auf die Veranda, beginnen den Tag bei Tee mit Milch und Krapfen und machen unsere Scherze über die Temperamentsausbrüche der Chefin. Dann mache ich mich mit einem Stapel Rezepte, ausgestellt vom Krankenrevier des Gefängnisses, auf meine Runde durch sämtliche Apotheken. Die Freundlichkeit der Apothekerinnen, das Rituelle dieser Besorgungen für die Männer der Bande machen den Rundgang zu einem der angenehmeren Momente am Tag, und dazu gehören auch die Gedanken an das Zusammentreffen mit ihnen, die mich beschäftigen, wenn wir später auf der Piste unterwegs sind.

Anfangs fühle ich ihnen gegenüber eine innere Abscheu und einen natürlichen Widerwillen, bestenfalls gelegentlich nur Verachtung. Ich brauche weder Innocent neben mir auf der Bank, der deutliche Reaktionen zeigt, noch den täglichen Kontakt mit dem Kreis von Marie-Louise und Sylvie und ihren Kundinnen, mit Edith und ihren Kindern, mit Claudine und den vielen Freunden im Hügelland, um mich vor jeglicher Nachsicht gegenüber den Mitgliedern der Bande zu schützen .

Aber im Laufe der Zeit mischt sich in meine Gefühle eine Art Ratlosigkeit, die die Bande von Kibungo zwar um nichts sympathischer macht, aber doch erträglicher – zumindest dort unter der Akazie. Es fällt mir schwer, es einzugestehen, aber die Neugier gewinnt die Oberhand über die Feindseligkeit.

Ihre Solidarität als Freunde untereinander, ihre Abkoppelung von einer Welt, die sie in Blut getaucht haben, ihr fehlendes Verständnis für ihr neues Dasein, ihre Unfähigkeit, den Blick zu begreifen, mit dem wir sie fixieren, das alles macht sie mir in der Tat zugänglicher. Ihre Heiterkeit und ihre Geduld, manchmal auch ihre Naivität färben schließlich auf unsere Beziehungen ab, und vor allem ihre geheimnisvolle Bereitschaft zu reden. Das Urteil der Geschichte über ihre Aussagen ist ihnen völlig egal, sie müssen nicht irgendetwas abreagieren, sie erhoffen sich von diesem Buch keine Nachsicht. Wahrscheinlich lassen sie sich zum Reden verführen, weil es das erste Mal ist, dass sie, ohne sich bedroht zu fühlen, dazu Gelegenheit haben. Aber auch das reicht nicht, um vollends ihre Aussagebereitschaft zu verstehen.

Manche lassen gelegentlich durchblicken, dass sie sich in den Männern, die singend den Hang hinunter zu den Sümpfen zogen, nicht mehr so richtig wiedererkennen; andere scheinen sich vor denen, die sie in den Sümpfen waren, zu fürchten. Vielleicht ist ihr Egozentrismus viel weniger ich-bezogen, als es den Anschein hat. Vielleicht hegen sie größere Selbstzweifel, als ihre Berichte vermuten lassen. Vielleicht haben sie auch ein Bedürfnis, sich in den Geschichten, die sie erzählen, so zu sehen, wie sie einmal waren, gewissermaßen aus der Ferne. Vielleicht erzählen sie ihre Geschichte, um uns zu überzeugen, dass sie ganz normale Männer sind, wie Primo Levi und Hannah Arendt sie in anderem Zusammenhang beschrieben haben. Auf eine verworrene Weise wollen sie damit sicherlich vor uns allen, die wir am Rand dieser vernichtenden Raserei stehen, eine sehr beängstigende Wahrheit verdeutlichen:

Alphonse: Verleumder erzählen, dass wir uns in wilde Tiere verwandelt hätten, dass die Bestialität uns blind gemacht hätte, dass wir unser Dasein als zivilisierte Menschen irgendwo im dichten

Urwald gelassen hätten und es uns aus dem Grunde unmöglich sei, in zusammenhängenden Worten verständlich darüber zu reden.

Das ist Unsinn, um von der Wahrheit abzulenken. Ich kann dazu Folgendes sagen: Außerhalb der Sümpfe hatten wir ein ganz normales Leben. Wir trällerten auf dem Weg vor uns hin, wir tranken *Primus* oder *urwagwa*, je nachdem, was man sich leisten konnte. Wir unterhielten uns über das gütige Schicksal, das uns beschert war, wir wuschen uns die Blutspritzer in einer Schüssel mit Seife vom Körper und unsere Nasen erfreuten sich am Duft der dampfenden Töpfe. Wir kauten an Rinderkeulen und waren glücklich über das neue Leben, das jetzt beginnen würde. Wir brachten uns nachts auf unseren Ehefrauen in Hitze und schimpften mit den Kindern, wenn sie es zu arg trieben. Auch wenn wir nicht mehr so zart besaitet waren wie früher, legten wir doch großen Wert auf zärtliche Gefühle.

Die Tage waren der eine wie der andere, das habe ich Ihnen schon gesagt. Wir zogen unsere Sachen an, mit denen wir aufs Feld gingen. Wir erzählten uns in der Kneipe den neusten Klatsch, wir schlossen Wetten ab, wer von uns wie viele töten würde, wir machten unsere Scherze über Mädchen, die unseren Messern zum Opfer gefallen waren, wir lagen uns wegen irgendwelcher Kleinigkeiten mit der Aussaat in den Haaren. Wir schärften mit Schleifsteinen unsere Werkzeuge. Wir beschummelten uns gegenseitig, wir amüsierten uns darüber, wie die Gejagten um Erbarmen flehten, wir zählten die Beute und verstauten sie.

Wir verrichteten alle möglichen menschlichen Tätigkeiten, wie sie normalerweise anfielen, und Probleme gab es dabei nicht, bloß natürlich, dass wir uns eben tagsüber ganz dem Töten widmeten.

Am Ende dieser Zeit der Macheten in den Sümpfen waren wir zutiefst enttäuscht, dass wir es nicht ganz geschafft hatten. Wir waren völlig entmutigt angesichts all dessen, was wir verlieren würden, und wir hatten eine Heidenangst vor dem harten Los und der Rache, die ihre Hände nach uns ausstreckten. Aber im Grunde genommen waren wir der Sache kein bisschen überdrüssig.

Geschrieben im März 2003

Von links nach rechts: Joseph-Désiré, Léopord, Elie, Fulgence, Pio, Alphonse, Jean-Baptiste, Ignace und Pancrace.

Am Ende der Gespräche habe ich der Gruppe vorgeschlagen, ein Gruppenfoto aufzunehmen, und ich habe ihnen mitgeteilt, dass es veröffentlicht werden soll, damit der Leser den Berichten Gesichter zuordnen kann. Ich hatte gedacht, die Männer würden dagegen Vorbehalte äußern, aber sie haben sich damit ohne Weiteres einverstanden erklärt, außer Adalbert, der dagegen war und darüber noch nicht einmal diskutieren wollte; er ist an dem Tag also weggegangen.

Das Foto ist in dem Garten und auf den Bänken aufgenommen, auf denen die Gespräche stattgefunden haben, wie alle derartigen Fotos, die den Beginn und das Ende einer Zeit wiedergeben.

Biografien und Verurteilungen

Fulgence Bunani
Er ist als Sohn von Bauern in der Gegend von Gitarama geboren, wie alle seine Kumpel, die zu der Bande gehören. Im Jahr des Massenmordens war er dreiunddreißig Jahre alt, zu Beginn unseres Berichtes ist er neununddreißig. Er hat die Volksschule abgeschlossen und wurde danach Bauer in Kiganwa auf dem Hügel von Kibungo. Er ist mit aller Leidenschaft Katholik. In der Kirche von Kibungo übernahm er als ehrenamtlicher Vikar untergeordnete Aufgaben und vertrat den Pfarrer, der mehrere Pfarreien gleichzeitig betreute. Seine Ehefrau und ihre beiden zwölf und sieben Jahre alten Kinder wohnen auf ihrer Parzelle.

Er ist vom Schwurgericht Nyamata, das seinen Sitz weit abgelegen von der Siedlung und dem Hügelland in einem Gebäude in der Nähe des Zuchthauses hat, verurteilt worden. In dem Prozess wurden die Verfahren von etwa vierzig vorläufig inhaftierten Angeklagten gebündelt. Die Anklage lautete auf Verbrechen des Völkermords und Verbrechen gegen die Menschlichkeit; Fulgence hat sich der Mittäterschaft an Morden schuldig bekannt. Das Gericht hat das Geständnis anerkannt. Am 29. März 2002 wurde er zu zwölf Jahren Haft im Gefängnis von Rilima verurteilt. Er hat beim Gericht in Kigali keine Berufung eingelegt. Nach sechs Jahren Haft verließ er das Zuchthaus am 21. Januar 2003 und wurde für vier Monate in einem Umerziehungslager in Bicumbi im Nordosten der Gemeinde untergebracht. Von dort entließ man ihn unter Bewährungsauflagen am 5. Mai 2003 in die Freiheit. Er ist auf die Hügel von Kiganwa zurückgekehrt.

Pancrace Hakizamungili
Er wurde in dem Jahr, als seine Eltern sich aus Gitarama kommend im Bugesera niederließen, in Ruhengeri auf dem Hügel von Kibungo geboren. Zum Zeitpunkt des Massenmordens war er fünfundzwanzig Jahre alt. Er sagt von sich selbst, seine Stärke läge mehr in der Diskussion unter Freunden in der Kneipe als bei der Religion. Er ist Bauer, unverheiratet und hat drei Geschwister. Seine Mutter kümmert sich um die Bewirtschaftung der Parzelle, die der Familie gehört.

Er wurde in demselben Prozess wie Fulgence verurteilt. Für einige Morde hat er sich schuldig bekannt. Sein Geständnis ist vom Gericht angenommen worden. Er ist am gleichen Tag wie Fulgence zu der gleichen Strafe verurteilt worden: zwölf Jahre Zuchthaus. Auf eine Berufung beim Revisionsgericht in Kigali hat er verzichtet. Auch er ist inzwischen – nach sieben Jahren im Januar 2003 – aufgrund eines Dekrets des Staatspräsidenten, demnach die Zahl der Häftlinge in den Strafanstalten drastisch reduziert werden sollte, aus dem Gefängnis entlassen worden und für vier Monate in das Lager Bicumbi eingewiesen worden. Seit dem 5. Mai 2003 ist er in Freiheit.

Elie Mizinge
Er ist in Gisenyi geboren, einer Stadt im Westen nahe der Grenze zum Kongo. Zum Zeitpunkt des Mordens war er fünfzig Jahre alt. Er hat also noch die Feudalzeit miterlebt, denn beim Tod des letzten Tutsi-Königs war er vierzehn Jahre alt, das war noch vor der Unabhängigkeit. Er war Soldat und kam auf der Suche nach einem Stück Land, in das er das von seinem Sold Zusammengesparte anlegen konnte, 1974 ins Bugesera. In Karambo auf dem Hügel von Muyenzi fand er eine Parzelle und quittierte den Dienst in der Armee, um Gemeindepolizist zu werden. 1992 hängte er auch diese Uniform an den Nagel: mehr oder weniger ein Rausschmiss als Folge eines Mordes. Von da an widmete er sich ganz der Landwirtschaft. Er ist verheiratet. Zwei seiner drei Kinder sind tot.

Die Ermittlungen und seine Anklageschrift sind abgeschlossen, aber man hat ihm nicht zusammen mit den anderen den Prozess gemacht, wohl mit Rücksicht darauf, dass er Soldat und Polizist gewesen war. Sein Verfahren wird wahrscheinlich vor einem Volksgericht, einem *gaçaça,* stattfinden und er dürfte dort mit einer Strafe von zwei oder drei Jahren gemeinnütziger Arbeit davonkommen, auf keinen Fall sehr viel mehr. Das bedeutet Freiheit auf Bewährung, verbunden mit drei Tagen unbezahlter Arbeit pro Woche in einem Unternehmen oder einer öffentlichen Verwaltung. Vorerst kommt er in das Lager Bicumbi, wo er mit seinen Kameraden Unterricht in Staatsbürgerkunde erhält, danach darf er zu Hause auf seinen Prozess warten statt im Gefängnis.

Adalbert Munzingura
Er wurde in Ruhengeri auf dem Hügel von Kibungo geboren. Dreiundzwanzig Jahre alt war er zur Zeit des Mordens. Seine Eltern, aus Gitarama stammende Bauern, kamen 1970 ins Bugesera und wurden in Ruhengeri auf dem Kibungo Hügel sesshaft. Adalbert ist Junggeselle. Er hat elf Brüder und Schwestern; von sieben weiß man sicher, dass sie am Leben sind. Er hat die Volksschule abgeschlossen und arbeitete danach auf der Parzelle der Familie. Er leitete den Chor von Kibungo und war Mitglied der *MDR*, einer nationalistischen Hutu-Partei in Opposition zur regierenden *MNRD*.

Gegen ihn wurde in demselben Prozess wie gegen Fulgence und Pancrace verhandelt, und er hat seine Schuld bei manchen Morden auch eingeräumt. Seine Geständnisse waren kurz und bündig; zum größten Leidwesen der Rechtsanwälte, der Nebenkläger und einiger Staatsanwälte hat das Gericht sie anerkannt. Er wurde zu einer Gefängnisstrafe von zwölf Jahren verurteilt. Er hat keine Berufung eingelegt.

Am Tag der Urteilsverkündung kündigte die Staatsanwaltschaft von Nyamata allerdings öffentlich an, in Revision zu gehen, weil sie angesichts seiner verantwortlichen Rolle als Chef und seiner Tätigkeit als Anführer vor und während des Mordens seine Strafe für zu gering hielt. Doch ohne weitere Erklärung verzichtete sie letztendlich darauf.

Adalbert wurde also Ende Januar 2003 aus dem Zuchthaus entlassen und trat einen Aufenthalt im Lager Bicumbi an. Seitdem wartete seine Mutter Rose Kubwimana auf ihrer Parzelle in Ruhengeri ungeduldig auf seine Entlassung, die am 5. Mai 2003 erfolgte.

Jean-Baptiste Murangira
Er ist in der Nähe von Gikongoro, einer Stadt im Zentrum des Landes, geboren. Zur Zeit des Mordens war er achtunddreißig Jahre alt. Er hat die weiterführende Schule besucht und konnte anschließend im öffentlichen Dienst gleich einen höheren Posten bekleiden: Er war leitender Wirtschafts- und Steuerbeamter der Gemeinde. Aber er wurde entlassen und kehrte zur Landarbeit auf sein Feld zurück. Er ist mit Speciose Mukandahunga verheiratet, einer Tutsi, die während des Völkermords verschont geblieben ist. Diese Ehe muss allerdings nicht notwendigerweise ein Zeichen für seine Toleranz sein, denn viele

Honoratioren und Offiziere heirateten aus Snobismus Tutsi-Frauen. Seine Frau wohnt nach wie vor in ihrem gemeinsamen Haus und bestellt ihre Parzelle in Rugunga, einer Tutsi-Siedlung auf dem Hügel von Ntarama. Er hat sechs Kinder, über deren Schicksal er jedoch keine Nachricht hat.

Er war der erste der Bande, der verurteilt wurde, nur wenige Monate nach der Rückkehr der in den Kongo Geflohenen und noch vor dem Beginn der Politik der nationalen Versöhnung. Daher dürfte sich auch die größere Strenge seiner Richter ihm gegenüber erklären: Am 30. März 1997 haben sie ihn zu fünfzehn Jahren Gefängnis verurteilt. Er hat sich als Schuldiger an einigen Morden bekannt und beim Revisionsgericht in Kigali keine Berufung eingelegt.

Im Januar 2003 wurde er nach acht Jahren Haft aus dem Zuchthaus entlassen und ins Umerziehungslager von Bicumbi eingewiesen. Als er am 5. Mai 2003 dort entlassen wurde, kehrte er zu seiner Tutsi-Ehefrau zurück und bearbeitet seitdem wieder seine Parzelle. Er wartet aber auf ein Amt im öffentlichen Dienst in Ntarama, Nyamata oder anderswo.

Ignace Rukiramacumu

Er ist in der Gegend von Gitarama geboren. Zur Zeit des Mordens war er zweiundsechzig Jahre alt. Wie Elie hat er noch die Regierungszeit der Tutsi-Könige erlebt, denn er war schon knapp dreißig Jahre alt, als Ruanda eine Republik wurde und die Unabhängigkeit erlangte. Ins Bugesera kam er erst 1973. Nach dem Abruch der Volksschule arbeitete er jahrzehntelang als Maurer bis er schließlich in Nganwa auf dem Kibungo-Hügel eine Parzelle erwarb. Seine Ehefrau ist gestorben. Von keinem seiner Kinder hat er genauere Nachrichten, doch mehrere sind nach dem Völkermord getötet worden.

Die Ermittlungen in seinem Fall sind abgeschlossen, aber zu einer Verhandlung gegen ihn wird es nicht kommen. Aufgrund eines Dekrets des Staatspräsidenten, das sich mit Inhaftierten befasst, die älter als siebzig Jahre sind, ist er am 21. Januar 2003 entlassen worden – ohne ein Urteil oder irgendwelche Auflagen.

Er ist also der Erste der Bande, der freigekommen ist. Er bestellt erneut seine Parzelle in Nganwa, und sein *urwagwa* hat er auch schon wieder angesetzt; samstags schlendert er über den Markt.

Nur an seine neue Stammkneipe muss er sich erst noch gewöhnen, denn die, in der er vor den Morden ein- und ausging, ist zerstört worden. Und er gibt sich wenig mitteilsam über seine letzten Jahre.

Pio Mutungirehe

Er wurde in Nyarunazi auf dem Hügel von Kibungo geboren. Im Jahr des Massenmordens war er zwanzig Jahre alt. Er ist unverheiratet; in seinem Elternhaus sind sie vier Brüder und Schwestern. Er gehörte zu der Fußballmannschaft von Kibungo, in der Hutu und Tutsi gemeinsam spielten; als Fan schwärmte er für die Mannschaft von *Bugesera Sports*, außerdem war er begeisterter Sänger im Chor von Kibungo. Er hat die Volksschule beendet und danach die zwischen Nyarunazi und Kiganwa gelegene Parzelle seiner Familie bewirtschaftet.

Er wurde in demselben Prozess wie Fulgence, Pancrace und Adalbert verurteilt. Für manche Morde hat er sich schuldig bekannt; am 29. März 2002 ist er zu derselben Strafe verurteilt worden wie die anderen drei: zwölf Jahre Zuchthaus. Dagegen hat er keine Berufung eingelegt. Auch er ist für einige Monate in das Umerziehungslager Bicumbi gesteckt worden. Wie die anderen hat man ihn dort am 5. Mai 2003 entlassen, als freien Mann und von weiterer gemeinnütziger Arbeit verschont – wie alle anderen der Bande bis auf Elie und Alphonse.

Er ist in prächtiger Verfassung und kann es gar nicht abwarten, wieder Fußball zu spielen.

Alphonse Hitiyaremye

Er wurde in der Gegend von Kibuye geboren. 1977 hat ihn ein Grundbesitzer, der Tutsi war, in das Bugesera geholt und als Arbeiter auf seinen Parzellen angestellt. Irgendwann kaufte Alphonse sich eine eigene Parzelle in Nyamabuye zwischen den Hügeln von Kanzenze und Kibungo. Er war ein geschickter Geschäftsmann und besaß nebenbei einen Laden in Kanzenze, der sich gut anließ. Im Jahr des Mordens war er neununddreißig Jahre alt. Er ist verheiratet und Vater von vier Kindern. Er ist ein guter Fußballer gewesen und ein treuer Katholik. Seine Ehefrau lebt auf ihrer gemeinsamen Parzelle und bestellt dort das Feld.

Der Stand seines Verfahrens fällt aus dem Rahmen des Üblichen. Die Ermittlungen sind beendet und die Anklage ist erhoben, aber ohne ersichtlichen Grund wurde ihm nicht zusammen mit Fulgence, Adalbert, Pio und den anderen der Prozess gemacht. Er wurde ebenfalls am 5. Mai 2003 aus dem Gefängnis entlassen, wird sich aber vermutlich vor einem *gaçaça*-Gericht verantworten müssen. Genau wie Elie drohen ihm dann ein paar Jahre Bewährungsstrafe, verbunden mit einer Verurteilung zu gemeinnütziger Arbeit. Diese Arbeiten – etwa in einer Krankenstation oder als Straßenarbeiter an den Landstraßen – sind nicht genauer beschrieben und können äußerst verschieden sein.

Joseph-Désiré Bitero

Er ist auf dem Hügel von Kanazi geboren, wo seine Eltern Bauern waren. Im Jahr des Mordens war er einunddreißig Jahre alt. Er ist verheiratet und Vater von zwei Kindern, die auf der Parzelle leben. Er hat einen Abschluss der Pädagogischen Hochschule, war Lehrer und lebte in Nyamata. Als Vetter des Gemeinde-Bürgermeisters hat er sich mit sehr jungen Jahren der *MNRD* angeschlossen, der Partei des Präsidenten, die die Macht im Staate hatte. Er stand an der Spitze der Jugendorganisation dieser Partei und wurde 1993 zum örtlichen Vorsitzenden der *interahamwe* ernannt, der wichtigsten unter den extremistischen Hutu-Milizen im Lande.

In dieser Eigenschaft ist er der einzige der Bande, der schon mehrere Monate vor Beginn des Völkermords in dessen Vorbereitung verwickelt war. Sein Haus im Gatare-Viertel von Nyamata ist nach seiner Verurteilung beschlagnahmt worden, um für Entschädigungsleistungen verwendet zu werden. Seine Ehefrau war keiner Strafverfolgung ausgesetzt, aber ihre Arbeit in der Geburtsklinik *Sainte-Marthe* hat sie nicht wiederbekommen. Mit ihren beiden Töchtern ist sie in ihr Elternhaus in Kanazi zurückgekehrt, wo sie jetzt lebt und die Parzelle ihrer Familie bewirtschaftet, die man ihr gelassen hat.

Joseph-Désiré wurde wegen Verbrechen des Völkermords und Verbrechen gegen die Menschlichkeit – jeweils mit Vorsatz – angeklagt. Gegen ihn wurde als Einzeltäter in einem Prozess verhandelt, der in Nyamata großes Aufsehen erregte. Seine Lippenbekenntnisse und widersprüchlichen Geständnisse hat das Gericht wegen fehlender Ehrlichkeit nicht anerkannt. Er wurde am 3. Juli 1998 vom

Schwurgericht in Nyamata zum Tode verurteilt. Seine Berufung wurde vom Revisionsgericht in Kigali abgelehnt. Die Tatsache, dass sein Urteil erst so spät erging, hat ihn vor der öffentlichen Hinrichtung am 24. April 1998 gerettet. Es ist wahrscheinlich, dass er bis an sein Lebensende im Zuchthaus bleiben wird, zumindest solange der gegenwärtige Staatspräsident Kagame an der Macht ist.

Léopord Twagirayezu
Er ist in Muyange auf dem Hügel von Maranyundo geboren. Im Jahr des Mordens war er zweiundzwanzig Jahre alt. Er ist der Sohn eines Bauern und hat drei Schwestern. Er hat die Volksschule besucht und dann die Parzelle seiner Familie bestellt. Er war Mitglied der regierenden *MNRD* – genau wie Joseph-Désiré Bitero – jedoch bloß zwei Jahre lang, und nicht in führender Position. Seit seiner Kindheit ist er praktizierender Katholik, und das mit großem Eifer.

Seine Anklage lautete auf Verbrechen des Völkermords und Verbrechen gegen die Menschlichkeit. Er hat sich schuldig bekannt, zahlreiche Morde begangen und in der Hierarchie eine verantwortliche Position innegehabt zu haben. 2001 wurde er vom Schwurgericht in Nyamata zu einer Zuchthausstrafe von sieben Jahren verurteilt. Seine vorbehaltlose Zusammenarbeit mit der Polizei und der Staatsanwaltschaft während des Ermittlungsverfahrens und sein umfassendes Geständnis waren der Grund dafür, dass seine Strafe geringer ausfiel als die der anderen. Berufung dagegen hat er nicht eingelegt.

Im Dezember 2002 wurde er freigelassen, nachdem er seine Strafe fast vollständig abgesessen hatte; das Umerziehungslager blieb ihm erspart. Auf einer öffentlichen Vergebungsfeier, die stattfand, als er noch im Zuchthaus saß, ist er allerdings von seinen Nachbarn mit Beschimpfungen und Bedrohungen bedacht worden, so dass er noch nicht wieder auf seinen Hügel von Maranyundo zurückgekehrt ist.

Vernichtungswahn und Machtkalkül

Psychoanalytische Gedanken zu Jean Hatzfelds *Zeit der Macheten*

Hans-Jürgen Wirth

Was dieses Buch mit dem Leser macht

Jean Hatzfelds zweites Buch *Zeit der Macheten*, in dem er seine Erfahrungen aus seinen Interviews mit den Tätern des Völkermords in Ruanda niedergelegt hat, macht den Leser ähnlich fassungslos wie sein erstes Buch *Nur das nackte Leben* (Hatzfeld 2003a), in dem er die Opfer zum Sprechen ermutigte. Es ist insofern ein einzigartiges Buch, als es so etwas noch nicht gab: Die Täter, die Mörder, die Schlächter eines Genozids sprechen nur wenige Jahre nach ihren Verbrechen über das, was sie angerichtet haben – und sie tun dies mit einer frappierenden Unverfrorenheit, Uneinsichtigkeit, kann man auch sagen, Naivität? Schockierend ist die emotionale Distanziertheit, die Sachlichkeit, mit der die Täter über ihre Untaten berichten. Scheinbar objektiv schildern sie die von ihnen begangenen Morde, ihre Menschenjagd in den Sümpfen, ihre sadistischen Quälereien und ihre Plünderungen. Allerdings spielen sich ihre Schilderungen häufig in der dritten Person ab. Als Leser habe ich das Empfinden, dass die Täter am liebsten über das sprechen, was andere getan und was sie selbst beobachtet haben. Aber ich bin auch überrascht, dass sie überhaupt von ihren eigenen Taten sprechen, beispielsweise davon, wie es war, als sie das erste Mal einen Menschen mit der Machete niedergemetzelt haben. Diese Schilderungen wirken auf mich schockierend, in ihrem Konkretismus jedoch zugleich merkwürdig nüchtern, sachlich distanziert, abgespalten vom emotionalen Erleben. Völlig ausgespart bleibt, was die mörderischen Handlungen in den Tätern selbst ausgelöst haben, was die Mörder dabei empfunden haben, ihre Nachbarn und Bekannten mit der Machete zu zerstückeln. Ihr eigenes emotionales Erleben spielt kaum eine Rolle.

Obwohl uns Jean Hatzfeld alle Mörder namentlich vorstellt, werden sie als Individuen nicht plastisch (mit Ausnahme von Joseph-Désiré Bitero, dem ein ganzes Kapitel gewidmet ist). Es ist wohl die Absicht des Autors, die Täter nicht in gleicher Weise als Persönlichkeiten präsent werden zu lassen wie die Opfer in seinem ersten Buch, vielleicht auch deshalb, weil sich der Leser nicht zu sehr in sie einfühlen soll. Ich habe aber das Gefühl, dass dieses Phänomen nicht nur mit der Darstellungsweise Hatzfelds zusammenhängt, sondern auch damit, dass die Täter selbst als Individuen nicht plastisch werden wollen und können. Sie verstecken sich hinter dem Kollektiv, um ihre eigene individuelle Schuld verschwinden zu lassen. Ihre Ausführungen wirken deshalb so starr, ritualisiert und vordergründig, weil sie von Selbstrechtfertigung geprägt sind.

Als Leser vollzieht man den gleichen Prozess nach, den der Interviewer und Autor Hatzfeld durchgemacht hat: Man muss sich überwinden, den Ausführungen der Mörder überhaupt zu folgen. Die Taten sind so abstoßend, dass auch die Täter abstoßend wirken. Hatzfeld folgend versucht der Leser trotzdem, einen persönlichen Zugang zu diesen Menschen zu gewinnen. Ohne den Versuch, die eigene Antipathie ein Stück weit zu überwinden, wäre das ganze Interview-Projekt von vornherein zum Scheitern verurteilt. Wenn man als Journalist, Sozialforscher, Schriftsteller oder als Psychotherapeut mit Straftätern, mit Kriminellen, mit Sexualtätern, mit Gewaltverbrechern zu tun hat, muss man zum einen die eigene Abscheu, zum anderen auch das Misstrauen des Gegenübers überwinden. Allerdings darf man sich dabei nicht einwickeln lassen. Denn das versuchen die Täter. Sie wollen sich herausreden, ihre individuelle Schuld verleugnen oder wenigstens verkleinern. Sie missbrauchen psychologische, soziologische und historische Theorien über die Ursachen des Völkermords zur Rationalisierung ihrer individuellen Schuld.

Gleichwohl versucht man als Leser, jenseits der moralischen Bewertung offen für die Täter zu sein, um die Hintergründe ihres Tuns besser zu verstehen. Das bedeutet auch, dass man bereit ist, sogar Gefühle der Sympathie für sie bei sich zuzulassen. In der Regel entdeckt man bei einem längeren Kontakt, dass sie auch liebenswerte Seiten haben. Insbesondere in psychotherapeutischen

Beziehungen, in denen sich Menschen langsam öffnen und ihre schwachen Seiten preisgeben, stellen sich – zumindest partiell – Gefühle der Sympathie sogar für solche Menschen ein, deren Tun und Handeln man moralisch verurteilt und zutiefst verabscheut.

Das ist bei Hatzfelds Mördern kaum der Fall. Sie bleiben als Individuen mehr oder weniger farblos, letztlich treten sie nur als Mitglieder eines Kollektivs auf. Warum sie die Morde begangen haben, wird nicht verständlich, nicht einfühlsam, noch nicht einmal theoretisch-psychologisch nachvollziehbar. Sind grausame Morde überhaupt verstehbar? Ja, durchaus. Wenn man beispielsweise im Rahmen sozialtherapeutischer Projekte mit individuellen Gewaltverbrechern arbeitet, werden ihre Taten sehr häufig aus dem biografischen Zusammenhang heraus verständlich. Bei nahezu allen individuellen Gewaltverbrechern sind Vernachlässigungen, Erfahrungen von Gewalt und sexuellem Missbrauch oder andere Formen schwerer Traumatisierungen in der Kindheit nachweisbar, die ihre Taten zwar nicht entschuldigen, aber doch nachvollziehbar machen. Solche biografischen Hintergründe fehlen im Fall der Genozid-Täter gänzlich. Es waren offenbar nicht einzelne, lebensgeschichtlich vorbelastete Gewalttäter, die die Morde ausgeführt haben, sondern die Mehrheit der durchschnittlichen (männlichen) Bürger.

Der Leser sucht nach Erklärungen für das Unerklärliche und findet in den Antworten der Täter kaum Anhaltspunkte. Das Buch wirft mehr Fragen auf, als es Antworten gibt.

Ist der Völkermord in Ruanda Ausdruck des Todestriebes?

Jean Hatzfelds Buch über den Völkermord in Ruanda – so könnte man mit Freud (1930, S. 506) formulieren – führt uns wieder einmal vor Augen, wie schwer es »der Menschenart« fällt, des »menschlichen Aggressions- und Selbstvernichtungstriebs Herr zu werden«. Freuds Hypothese vom Aggressions-, Selbstvernichtungs- und/oder Todestrieb darf allerdings nicht verkürzt als monokausale Interpretation destruktiven Handelns verstanden werden, so als wäre der Genozid in Ruanda mit dem Hinweis auf die aggressiv-destruktive Triebnatur des Menschen schon »auf den Begriff gebracht«, erklärt oder verstanden.

Vielmehr besteht die theoretische Leistung von Freuds Todestrieb-Hypothese allein darin, darauf zu insistieren, dass die Möglichkeit zur Destruktivität in jedem von uns vorhanden ist. Der Völkermord in Ruanda ist keineswegs von »unvorstellbarer« Grausamkeit. Wie wir spätestens seit dem Holocaust wissen, ist das destruktive Potenzial des Menschen ubiquitär: Grundsätzlich ist der Mensch zu jeder Grausamkeit fähig, die sich die menschliche Fantasie ausmalen kann. Wie weit der Einzelne oder auch Kollektive von solchen destruktiven Impulsen bedrängt werden und ob destruktive Fantasien in die Tat umgesetzt werden oder im Reich der Fantasie bleiben, hängt allerdings von vielen weiteren, komplex miteinander verwobenen Bedingungen ab, die unter anderem mit den Begriffen maligner Narzissmus, Größenfantasien, Ohnmachtsgefühle, individuelle und kollektive Traumatisierungen, Fanatismus, Fundamentalismus und paranoide Weltbilder angesprochen sind.

Ereignisse wie der Völkermord in Ruanda sind auch nicht »bestialisch« im ursprünglichen Sinn des Wortes »Bestie« (= wildes Tier, Unmensch), sondern kennzeichnen im Gegenteil das Gattungswesen Mensch. Tiere verfügen über eine instinktgesteuerte Tötungshemmung gegenüber Artgenossen – von wenigen Ausnahmen, die der Arterhaltung dienen, abgesehen. Tiere sind deshalb gar nicht in der Lage, unter ihren Artgenossen ein Massaker anzurichten. Dies bleibt dem Menschen vorbehalten. Die Möglichkeit zum monströsen Verbrechen stellt einen fundamentalen Bestandteil der Conditio humana dar. Die relative Freiheit von instinktgesteuertem Verhalten bringt auf der einen Seite die Möglichkeit zur Freiheit, Kreativität und freien Willensentscheidung hervor, während die andere Seite der Medaille in der Freiheit besteht, sich auch für das Böse entscheiden zu können. Wenn diese Freiheit zum Bösen nicht bestünde, wäre der Mensch nicht frei. Wir können das eine nicht haben, ohne das andere in Kauf zu nehmen. »Das Böse ist darum das Risiko und der Preis der Freiheit« (Safranski 1997, S. 193).

Freuds pessimistisches Menschenbild, das in seiner Todestriebhypothese zum Ausdruck kommt, verweist auf die Gefahr, dass auch die Opfer destruktiver Gewalt nicht davor gefeit sind, mit ihrer Gegenwehr nun ihrerseits zu einer der »Mächte der Finsternis«

(Freud) zu werden. Die Tragik besteht darin, dass der absolute Kampf gegen das Böse selbst wieder Böses gebiert. Die Spaltung der Welt in »gut« und »böse« gehört zu den zentralen psychologischen Bedingungen des Völkermords: Die Mörder können ihr Über-Ich nur ausschalten, indem sie ihren Gegner dehumanisieren und mit dem absolut Bösen gleichsetzen. Eines ist gewiss: Wer die »›Ausrottung‹ des Bösen« Freud (1915, S. 331) auf seine Fahnen schreibt, wird mit Sicherheit Böses bewirken. Das bedeutet keine Kapitulation vor dem Bösen. Vielmehr steht der Mensch vor der schwierigen Aufgabe, dem Bösen entgegen zu arbeiten, ohne es je endgültig aus dem menschlichen Leben verbannen zu können, denn alle Versuche, dies zu tun, bringen unweigerlich selbst wieder Böses hervor, weil sie die menschliche Freiheit missachten und zerstören.

Darf man Völkermorde miteinander vergleichen?

Darf man einen Völkermord zum Gegenstand wissenschaftlicher, journalistischer, literarischer Untersuchungen machen? Darf man den Genozid in Ruanda mit dem Genozid an den europäischen Juden vergleichen? Darf man Völkermorde miteinander vergleichen? Erkenntnistheoretisch sind solche Vergleiche legitim, ja unabdingbar. Auch die Einzigartigkeit des Holocaust lässt sich nur belegen, wenn man ihn mit anderen Völkermorden vergleicht. Wir haben kein absolutes Wissen über die Welt, sondern nur eines, das durch den Vergleich verschiedener Ereignisse entsteht.

Allerdings birgt solches Vergleichen – vor allem die Darstellung von Vergleichen in der Öffentlichkeit – auch manche Gefahren. Vergleiche können tendenziös sein und die – meist unausgesprochene – Absicht verfolgen, ein bestimmtes Ereignis zu relativieren, zu beschönigen und in seiner moralischen, politischen oder auch persönlichen Bedeutung zu verkleinern. Als die Historiker Martin Broszat und Ernst Nolte Anfang der achtziger Jahre für eine »Historisierung des Nationalsozialismus« plädierten, den Holocaust mit dem Gulag verglichen und die These aufstellten, die Verbrechen Stalins hätten die Verbrechen Hitlers erst möglich gemacht, gar verursacht, lag dem offensichtlich die Tendenz zu Grunde, den von

Deutschen begangenen Völkermord an den Juden in seiner historischen Bedeutung zu relativieren und »aus der Schusslinie« der moralischen Anklage zu nehmen. Der »Historikerstreit« (vgl. Wehler 2002), der vor allem durch die publikumswirksamen Thesen Noltes und die Gegenrede von Jürgen Habermas ausgelöst wurde, machte zweierlei deutlich: Einerseits ist es legitim, den Holocaust mit historischen, soziologischen, psychologischen und sonstigen wissenschaftlichen Methoden zu untersuchen – und das heißt immer auch zu vergleichen und damit zu relativieren –, andererseits muss man ideologiekritisch auf der Hut sein, ob sich nicht Beschönigungen und Entschuldigungen in die Vergleiche einschleichen.

Grundsätzlich hat jede historische Betrachtung eine relativierende Funktion. Vergleichen bedeutet relativieren im Sinne von »in Beziehung setzen«. Das gilt sowohl für den Holocaust, der mit dem Fortschreiten der Zeit, mit dem Sterben der Zeitzeugen, die das Verbrechen noch selbst miterlebt haben, zum historischen Ereignis wird, als auch für den Völkermord in Ruanda, der erst ein Jahrzehnt zurückliegt. *Einerseits* haben Verwissenschaftlichung, Historisierung und Relativierung zur Folge, dass man eine intellektuelle aber auch eine emotionale Distanzierung von den geschehenen Verbrechen vornimmt, obwohl man eigentlich meint, man dürfe sich nicht von ihnen distanzieren, weil dies einem Verrat an den Opfern gleich käme. Beim Untersucher können sich Schuldgefühle bilden, weil er meint, die Ungeheuerlichkeit des Verbrechens fordere sein volles emotionales Engagement, seine ganze moralische Empörung und seinen unmittelbaren Einsatz für praktisch-politische Konsequenzen. *Andererseits* bringt die differenzierte Beschäftigung mit den begangenen Verbrechen auch eine Konfrontation mit zahllosen Details, verborgenen Aspekten und Einzelschicksalen zu Tage, von denen man nichts erfahren hätte ohne die systematische, gerade an kleinen Details interessierte Untersuchung.

Jeder, der sich mit einem solchen Ereignis auseinander setzt, kommt in die Spannung zwischen dem Wissen-Wollen, dem Aufdecken-Wollen, dem emotionalen Betroffensein einerseits und dem Nicht-wissen-Wollen, dem Vergessen-Wollen, dem Distanzgewinnen-Wollen andererseits. Im Grunde kennzeichnen diese gegensätzlichen Impulse zwei Seiten eines intensiven Prozesses der Auseinandersetzung. Sowohl die individuelle als auch die kollektive Verarbeitung eines Traumas setzen voraus, dass man sich von dem Trauma distanziert, es vergleicht, einordnet, von verschiedenen Blickwinkeln aus betrachtet usw. Insofern ist die Relativierung des Genozids ein notwendiger Bestandteil des konstruktiven Prozesses der Auseinandersetzung. Es gehört zu den Charakteristika eines Traumas, dass es die Zeitstruktur zerstört. Im Trauma kommt es zu einer Verschmelzung von Vergangenheit, Gegenwart und Zukunft, in der alle Bezugspunkte verloren gehen, das traumatische Ereignis alles andere überschattet und keine Außenperspektive mehr eingenommen werden kann (Seidler 2003, 106). Es ist für den Traumatisierten so, als hätte das traumatische Ereignis gerade stattgefunden, auch wenn es schon Jahrzehnte zurück liegt. Die konstruktive Auseinandersetzung mit dem Trauma vollzieht sich in einem paradoxen Prozess: Einerseits muss die Einzigartigkeit des traumatischen Geschehens anerkannt werden, um es in seiner vollen Bedeutung, seinem ganzen Ausmaß, seiner alles überschattenden Dimension erfassen zu können, andererseits muss es sowohl historisch als auch biografisch eingeordnet werden in größere Zusammenhänge. Das Leben geht auch nach dem Völkermord weiter, doch kann die Zukunft nur dann frei von Wiederholungszwängen gestaltet werden, wenn sie sich reflektierend auf die Vergangenheit bezieht. Das gilt sowohl für das Individuum als auch für die Gesellschaft.

Narzissmus und Macht

Vielleicht führt ein Blick in die eigene Geschichte weiter, um Ansätze für ein besseres Verständnis des Völkermords in Ruanda zu entwikkeln.

Der Historiker Ludwig Quidde (1858–1941) veröffentlichte 1894 eine kleine Schrift, *Caligula. Eine Studie über römischen Cäsarenwahnsinn,* die im kaiserlichen Deutschland zu einer politischen Sensation wurde und in kurzer Zeit 30 Auflagen erlebte (vgl. Quidde 1977). Quidde zeichnete »im Gewande einer seriösen, durch Verweise auf die lateinischen Historiker gestützten Abhandlung über den römischen Kaiser« ein Bild der Macht, das tiefe Einblicke in die Psychologie des Machtrausches erlaubt: »Größenwahn, gesteigert bis zur Selbstvergötterung, Missachtung jeder gesetzlichen Schranke und aller Rechte fremder Individualitäten, ziel- und sinnlose Grausamkeit« (ebd., S. 67) nennt er als die auffälligsten Symptome. Des Weiteren registriert er die »unangemessene Prunk- und Verschwendungssucht, ein Charakterzug fast aller Fürsten, die das gesunde Urteil über die Grenzen ihrer eigenen Stellung verlieren« (ebd., S. 68), was sich »bei Festen, Mahlzeiten, und Geschenken, in Kleidung und Wohnung, [...] der Einrichtung seiner Paläste und Villen und der mit unsinnigem Luxus ausgestatteten Jachten, [...] in riesenhaften Bauten und Bauprojekten« (ebd., S. 69) zeige. Quidde sieht aber auch die Wechselwirkung zwischen der individuellen Pathologie des Herrschers, seiner »Ruhmessucht«, seiner »Zerstörungssucht« (ebd.), seinem »Heißhunger nach militärischen Triumphen« (ebd., S. 71) einerseits und dem Entgegenkommen der sozialen Situation andererseits, die in der Position der Macht und der Unterwürfigkeit der Untertanen begründet sei. Das Besondere des Cäsarenwahnsinns liege darin, »daß die Herrscherstellung den Keimen solcher Anlagen einen besonders fruchtbaren Boden bereitet und sie zu einer sonst kaum möglichen ungehinderten Entwicklung kommen läßt, die sich zugleich in einem Umfange, der sonst ganz ausgeschlossen ist, in grausige Taten umsetzen kann. [...] Der Eindruck einer scheinbar unbegrenzten Macht läßt den Monarchen alle Schranken der Rechtsordnung vergessen. [...] die unterwürfige Verehrung aller derer, die sich an den Herrscher herandrängen – bringen ihm vollends die Vorstellung bei, ein über alle Menschen durch die Natur selbst erhobenes Wesen zu sein« (ebd.).

Im Ruanda des Jahres 1994 war eine ganze Volksgruppe – sowie ihre Anführer auf allen Ebenen – einem schier grenzenlosen Machtrausch verfallen, wie wir ihn bislang nur von absolutistischen Herrschern kannten. Es handelte sich nicht um einen Ausbruch spontanen Hasses, sondern um eine von langer Hand geplante Strategie, die von einer kleinen elitären Gruppe von Machthabern organisiert worden war, die um den Erhalt ihrer Macht fürchtete. Das zynische Machtkalkül der Hintermänner, die oppositionellen Strömungen im Land, zu denen durchaus auch rivalisierende Hutu-Gruppen gehörten, zum Schweigen zu bringen, indem man die Tutsi zum Sündenbock machte, schlug um in den Vernichtungswahn, dessen Ziel die vollständige Ausrottung der Tutsi-Bevölkerung war. Ihre Mittel waren die systematische Verhetzung der Hutu-Bevölkerung mit Hilfe der staatlich gelenkten Radiosender, der Aufbau einer para-militärischen Hutu-Miliz, die bei den Massakern eine führende Rolle übernahm, und die Rekrutierung der männlichen Hutu-Bevölkerung, die mit Macheten bewaffnet dazu angehalten wurde, ihre Nachbarn zu ermorden, zu vergewaltigen, zu foltern und auszurauben. Behördenvertreter und sogar Geistliche stachelten zu den Morden auf, öffentliche Gebäude und Kirchen, in die sich die Verfolgten flüchteten, boten keinen Schutz, sondern wurden zu tödlichen Fallen. Auf allen Ebenen der Gesellschaft – von den mächtigen Drahtziehern in Kigali über die lokalen Behördenvertreter bis hin zu den einfachen Bauern auf dem Land – verknüpfte sich die Gier nach Besitz und Macht mit dem Größenwahn, die Hutu hätten die Macht und das Recht, eine andere Bevölkerungsgruppe auszurotten. Der bis zur Selbstvergötterung gesteigerte Narzissmus, die Vorstellung, Herrscher über Leben und Tod zu sein, lieferte die psychische Grundlage für die »Missachtung jeder gesetzlichen Schranke und aller Rechte fremder Individualitäten«. Der Eindruck, mit den Morden Macht über Leben und Tod auszuüben, ließ bei den Mördern die Vorstellung entstehen, »ein über alle Menschen durch die Natur selbst erhobenes Wesen zu sein«, eine Allmachtsfantasie, die Richter (1979) als »Gotteskomplex« beschrieben hat. Der mörderische Sadismus entspringt nicht einer sexuellen Lust, sondern dem Bedürfnis, absolute Kontrolle über ein anderes lebendes Wesen zu erhalten.

Nach Erich Fromm (1964, S. 201) entwickeln absolutistische Herrscher eine »besondere Art des Narzißmus«, die »auf der Grenze zwischen Normalität und Geisteskrankheit liegt«. Diese besondere Form von Verrücktheit betrachtet Fromm (1983, S. 360) als den Versuch, die menschliche Ohnmacht zu verneinen und zu verleugnen: »Der Verrückte verneint die Ohnmacht, die dem Menschen innewohnt und die ihn quält, da er ja in seiner Phantasie keine Grenzen hat. Er verhält sich so, als existiere diese Ohnmacht nicht.« Absolute Macht, Macht über Leben und Tod zu haben, ist eine gleichsam göttliche Macht. Sie stimuliert absolute Größenfantasien. Joseph-Désiré

Bitero spricht von der »Macht der Überzahl« (S. 138), die den Hutu gegenüber den Tutsi zur Verfügung stand. Die Hutu brauchten keinerlei Angst vor der Gegenwehr der Tutsi zu haben, so überlegen war die Macht ihrer Macheten.

Auch die von Quidde beschriebene »unangemessene Prunk- und Verschwendungssucht«, die »Ruhmessucht«, die »Zerstörungssucht«, der »Heißhunger nach militärischen Triumphen« findet sich bei den Mördern in Ruanda und drückt sich bei ihnen darin aus, dass sie damit prahlen, wie viele Tutsi sie abgeschlachtet haben, wie grausam sie sie gequält haben, aber auch in der Gier, mit der das Eigentum der Opfer geplündert und zerstört wurde. Auch die Besäufnisse, die Fressgelage und die »Volksfeste«, bei denen ausgesuchte Opfer gedemütigt und sadistisch zu Tode gequält wurden, gehören in diesen Zusammenhang.

Joseph-Désiré Bitero kann als Paradebeispiel für einen Täter-Typus gelten, bei dem das dynamische Wechselspiel zwischen Narzissmus und Macht die herausragende Rolle spielt. Ideologische Motive oder auch persönliche Ressentiments oder Rachegefühle bewegen ihn kaum.

Narzissmus und Macht sind zwei Phänomene des psychosozialen Lebens, die eng miteinander verflochten sind (Wirth 2002). Menschen, die unter einem gestörten Selbstwertgefühl leiden, entwickeln häufig als Bewältigungsstrategie ein übersteigertes Selbstbild, das durch die Ausübung von Macht eine Stärkung erfährt. Sie suchen gesellschaftliche Macht, um innere Gefühle von Ohnmacht, Hilflosigkeit und Minderwertigkeit zu kompensieren. Macht übt deshalb gerade auf solche Personen eine unwiderstehliche Anziehungskraft aus, die an einer narzisstischen Persönlichkeitsstörung leiden.

Hatzfeld schildert Joseph-Désiré Bitero als eine Persönlichkeit, die vor Selbstbewusstsein nur so strotzt: »Er beeindruckt bei den Versammlungen durch seine mächtige Gestalt, in den Kneipen durch seine gute Laune« (S. 182). Auch im Gefängnis pflegt er noch seinen leutseligen Umgangsstil und erheischt von allen Seiten Anerkennung und Aufmerksamkeit. Wenn er im Gefängnis früheren Mitstreitern begegnet, »fällt er ihnen um den Hals. Er richtet hier ein paar scherzende Worte an jemanden, dort ein vielsagendes

Augenzwinkern, erkundigt sich nach dem einen oder anderen. Er testet, wie beliebt er noch ist, und versucht zugleich, freundschaftliche Bande wieder aufleben zu lassen. Er bemüht sich sogar um Versöhnung mit Innocent, als ob nichts gewesen wäre« (S. 188).

Was auf den ersten Blick als Zeichen eines gesunden Selbstbewusstseins imponieren mag, erscheint bei genauerer Betrachtung als Ausdruck eines unsicheren Selbstwertgefühls, das ständig auf der Suche nach äußerer Bestätigung ist. Joseph-Désiré Bitero sucht Machtpositionen, weil sie ihm öffentliche Aufmerksamkeit versprechen und seine Eitelkeit befriedigen. Er entspricht dem Typus des Narzissten, der »die Wahrnehmung des Glanzes der eigenen Stellung in den Reaktionen der anderen« (Hösle 1997, S. 461) braucht, um sein latentes Minderwertigkeitsgefühl zu kompensieren. Über die Gründe der anderen, ihn zum örtlichen Vorsitzenden der Parteijugend zu wählen, sagt er: »Ich weiß nicht, warum mich die Leute zum Vorsitzenden gewählt haben. Ich weiß nicht, was sie in mir sahen. Ich glaube, sie schenkten mir Vertrauen, weil ich gebildet war, und äußerst gutmütig. Sie wussten, dass ich mich nicht verweigern würde« (S. 183). Die Gutmütigkeit und die Anpassungswilligkeit, die sich Joseph-Désiré Bitero selbst attestiert, scheinen so gar nicht in das Bild eines herrschsüchtigen Machtmenschen zu passen. Er beschreibt sich eher als Typus des Mitläufers, des Untertanen, des Gutmütigen und Gutgläubigen, der von bösen Machthabern ausgenutzt und verführt worden ist. Dieses Selbstbild ist eine geschickte Selbstdarstellung, die der Schuldentlastung dienen soll. Jedoch ist es nicht erst nach dem Völkermord kreiert worden, sondern kennzeichnet generell Joseph-Désiré Biteros Persönlichkeit. Er ist im Grunde so abhängig von der Meinung, die andere von ihm haben, dass er bereit ist, auf die Entwicklung eines eigenen inhaltlichen Standpunktes zu verzichten, solange er sein einziges Ziel, Macht auszuüben und Anerkennung zu ergattern, erreicht.

Er ist – wie das so häufig bei Machtmenschen der Fall ist – Machtmensch und Untertan in einer Person. Als gewitzter Manipulator lässt er sich selbst von noch Mächtigeren verführen und umgibt sich zugleich mit kritiklosen Bewunderern, er unterwirft sich den Mächtigen und macht sich Schwächere untertan, er ist Verführer und Verführter in einer Person. Was ihm hingegen fehlt, ist die Fähigkeit zur Selbstkritik, Takt im Umgang mit anderen (beispielsweise mit dem Genozid-Überlebenden Innocent) und die Fähigkeit, Schuldgefühle zu entwickeln.

Von seinen eigenen Motiven, den Führungsposten anzunehmen, sagt er: »Es war eine mitreißende Tätigkeit, bei der zudem noch kleine Vorteile abfallen konnten. Bei den feierlichen Veranstaltungen war es ein erhebendes Gefühl. Man spürte und begehrte die Überlegenheit der Macht und alle Befriedigungen, die damit zusammenhingen« (S. 182). Mit einer gewissen Naivität gibt er hier seinem Gesprächspartner Hatzfeld gegenüber sogar zu, dass er sich nicht scheute, »kleine Vorteile« für sich einzustreichen. Vielleicht ist seine Naivität jedoch auch gespielt, ein geschickter Schachzug, indem er den kleinen Fehler der Korrumpierbarkeit offen zugibt, um sich dadurch Glaubwürdigkeit für seine großen Lügen zu erschleichen.

Als sich die politische Situation in Ruanda zuspitzt, treten Joseph-Désiré Biteros Machtgelüste unverhohlen hervor. Er zeigt, dass er nicht nur Untertan, sondern auch Machtmensch ist. Hinter seiner Leutseligkeit, seiner Kumpelhaftigkeit, guten Laune und Gutmütigkeit verbirgt er seine Verachtung für diejenigen, von deren Anerkennung er sich abhängig fühlt. Sein grandioser Machtanspruch, sein erbarmungsloser Selbstbehauptungswille treten unverhohlen hervor. »Von allen Mitgliedern der Bande ist Joseph-Désiré Bitero der einzige, der sich schon vorher den Völkermord konkret ausdenkt. Zwei Monate davor beginnt er, die Macheten zu überprüfen« (S. 184). Und der Überlebende Innocent sagt über Joseph-Désiré Bitero: »Ab Januar, drei Monate vor dem Völkermord, war sein Charakter wie umgewandelt. Wenn ich in meine Stammkneipe ging, wo ich ihm gewöhnlich begegnete, verstummte er, bis ich wieder draußen war. Kein beleidigendes Wort hatte uns gegeneinander aufgebracht, doch schon strich er mich aus dem Kreis seiner Bekannten. Er wusste gut drei Monate im Voraus, dass er mich und meine Frau und mein Kind, zu denen er bisher ein herzliches Verhältnis hatte, töten würde. Er war in das Geheimnis des Völkermords eingeweiht, ohne die genaue Ausführungsanweisung zu kennen« (S. 193).

Ungezügelte Selbstbezogenheit, Rücksichtslosigkeit, Sieger-Mentalität, Karriere-Besessenheit und Größenfantasien sind Eigenschaften, die der narzisstisch gestörten Persönlichkeit den Weg in die Schaltzentralen der Macht ebnen. »Wir wollten auf ganzer Linie als Sieger herauskommen. So etwas ist irgendwie Routine bei denen, die Politik machen«, heißt das bei Joseph-Désiré Bitero. Indem sich der narzisstisch gestörte Führer vorzugsweise mit kritiklosen Bewunderern umgibt, verschafft er sich eine Bestätigung seines Selbstbildes, untergräbt jedoch zugleich seine realistische Selbstwahrnehmung und verfestigt seinen illusionären und von Feindbildern geprägten Weltbezug. Fremdenhass und Gewalt gegen Sündenböcke zu schüren, gehört zu den bevorzugten Herrschaftstechniken narzisstisch gestörter Führerpersönlichkeiten. Sie lenken auf diese Weise die gegen sie selbst gerichteten Aggressionen ihrer Untertanen auf außenstehende Feinde um und entlasten sich zugleich von ihrem eigenen inneren Konfliktdruck. Geblendet von seinen eigenen Größen- und Allmachtsfantasien und von der Bewunderung, die ihm seine Anhänger entgegenbringen, verliert der Narzisst partiell den Kontakt zur gesellschaftlichen Realität und stellt die Bestätigung der eigenen Grandiosität über alle anderen gesellschaftlichen Interessen und Werte. Eng verknüpft mit dem Realitätsverlust ist die Abkehr von den Normen, Werten und Idealen, denen die Führungsperson sich ursprünglich verpflichtet fühlte. Machtbesessenheit, Skrupellosigkeit und Zynismus führen beim narzisstischen Machtmenschen häufig bis zur brutalen Menschenverachtung. Über seine Beteiligung an den Morden sagt Joseph-Désiré Bitero: »Ich hatte das Privileg ein Anführer zu sein, ich musste mit gutem Beispiel vorangehen. Ich wollte, dass man mir hinterher gratulierte« (S. 185). Die Vorstellung, dass man ihm für seinen unermüdlichen Einsatz »gratulieren«, d. h. ihm eine narzisstische Gratifikation zukommen lassen könnte, ist für ihn ein Motiv, die Ermordung unzähliger Menschen zu organisieren und selbst mit der Machete eigenhändig zu vollziehen.

Gehorsamsbereitschaft

Eines der bekanntesten, aber auch ethisch umstrittensten Experimente der Psychologie ist das sogenannte »Milgram-Experiment«. Der Sozialpsychologe Stanley Milgram konnte in seiner Versuchsreihe in den sechziger Jahren zeigen, dass man zufällig ausgewählte Menschen sehr leicht dazu bringen kann, ihre moralischen und humanitären Bedenken hintan zu stellen und andere Menschen systematisch zu quälen oder gar ihren Tod billigend in Kauf zu nehmen, wenn sie von einer Person, die sie als legitime Autorität (Versuchsleiter im weißen Kittel) ansehen, dazu aufgefordert werden. Die Motivation für diese Versuchsreihe lieferten die Ereignisse des 2. Weltkriegs. Wieso waren unter dem Regime der Nationalsozialisten so viele Menschen bereit, sich in den Dienst der Tötungsmaschinerie der Nazis zu stellen? Lag es an einem grundsätzlichen Charakterfehler dieser Menschen oder gibt es Situationen und Umstände, unter denen möglicherweise jeder in der Lage wäre, andere Menschen zu quälen und zu töten?

Milgram (1970) brachte jeweils zwei Versuchspersonen zusammen und bestimmte mit einem angeblichen Losentscheid, wer »Lehrer« und wer »Schüler« sein sollte. Offiziell ging es um ein Lernexperiment. Bei jedem Fehler musste der Lehrer (die eigentliche Versuchsperson) seinen Schüler (der in Wahrheit in den Versuch eingeweiht war) mit (fingierten) Stromstößen zunehmender Stärke bestrafen. Der Schüler reagierte bei Stromstößen von 75 Volt mit Stöhnen, bei 150 Volt mit der dringenden Bitte, das Experiment abzubrechen, bei 180 Volt mit Schreien und schließlich ab 300 Volt mit Verstummen. Das Schweigen wurde weiter bestraft mit Stromstößen bis zu 450 Volt. Zwar wurden alle Versuchspersonen von Zweifeln beschlichen, doch konnte der Versuchsleiter die meisten mit dem Argument »Das Experiment verlangt, dass Sie weitermachen«, dazu bewegen, ihre Bedenken zu überwinden und noch weitere und stärkere Stromstöße zu verteilen. Tatsächlich waren 62 % der Versuchspersonen bereit, Stromstöße bis zu einer maximalen Stärke von 450 Volt zu verabreichen. Nach dem Versuch befragt, äußerten mehrere Lehrer die Vermutung, dass die Schüler schwer verletzt worden oder gar tot seien. In der darauf folgenden Konfrontation der beiden »Versuchspersonen« konnten die Lehrer ihren Schülern nicht mehr in die Augen schauen.

1971 setzte der amerikanische Sozialpsychologe Philip Zimbardo in seinem berühmt gewordenen »Stanford-Gefängnis-Experiment«, das als Drehbuch für den Kinofilm *Das Experiment* (2001) diente, das »Milgram-Experiment« unter komplexeren lebensnäheren

Bedingungen fort (Haney, Banks, Zimbardo 1973). Zimbardo wollte die Psychologie von Macht und Unterwerfung untersuchen. Er ließ 24 Studenten, die man vor Versuchsbeginn auf ihre körperliche und seelische Gesundheit untersucht und für »normal« befunden hatte, nach dem Zufallsprinzip in die Rolle von »Gefangenen« und »Wärtern« aufteilen und sie in einen Keller der Universität sperren. Dort hatte man ein simuliertes Gefängnis aufgebaut. Es dauerte nur wenige Tage, bis sich ein Terrorsystem etabliert hatte, in dem die Wärter die Gefangenen quälten und folterten. Nachdem bei fünf der Gefangenen beunruhigende Symptome psychischen Stresses auftraten, wurde das ursprünglich auf zwei Wochen angelegte Experiment nach sechs Tagen abgebrochen, bevor die Situation völlig außer Kontrolle geriet.

Wie diese beiden Studien zeigen, sind die meisten Menschen – nicht nur eine Minderheit psychisch Gestörter – durch die unvorbereitete Übernahme von Machtpositionen dazu verführbar, diese Macht zu missbrauchen. Die Unterwerfung unter eine Autorität verbunden mit der Übernahme einer sozialen Rolle, die mit Macht ausgestattet ist, setzt das individuelle Gewissen außer Kraft und ersetzt es durch den Gehorsam gegenüber der Autorität und durch ein narzisstisch aufgeblähtes Größen-Selbst. Das Gewissen als die seelische Instanz, die die Moral vertritt, verliert seine unabhängige steuernde Funktion und wird in den Dienst der Machthaber und der Ideologie, die diese Macht untermauert, gestellt. In der Identifikation mit der Macht und ihrer Ausübung befriedigt das gehorsame Individuum seine narzisstischen Größenfantasien. Insbesondere in Ausnahmesituationen, die durch Ängste vor Krieg und Gewalt, durch eine Infragestellung der öffentlichen Sicherheit und des Rechtes gekennzeichnet sind oder die zu einer Fanatisierung der Bevölkerung führen, können Menschen, die für den Großteil ihres Lebens ein ganz normales und zivilisiertes Leben geführt haben und offenbar ein individuelles Gewissen hatten, ihr Gewissen sozusagen »in eine Uniform kleiden« (Redl 1982) und nun vollständig formbar werden durch die Anweisungen des Führers und die Ideologie der tonangebenden Gruppe. Auch beim Genozid in Ruanda dürfte diesen Mechanismen eine entscheidende Rolle zuzurechnen sein.

Das Fanatismus-Syndrom

Der Völkermord in Ruanda kam nicht über Nacht, sondern hat eine lange Vorgeschichte. Er wurde von den Hutu-Machthabern in Kigali lange Jahre militärisch vorbereitet und die Hutu-Bevölkerung wurde psychologisch darauf eingestimmt. Wie Joseph-Désiré Bitero beschreibt, wuchs er »mit Geschichtsdarstellungen und Radio programmen im Ohr auf« (S. 181), in denen täglich gegen die Minderheit der Tutsi gehetzt wurde. Nicht nur fanatische Außenseiter predigten den Hass auf die Tutsi, sondern auch offizielle Vertreter der staatlichen Gewalt. In der Bevölkerung waren zwei Gruppen von Fanatikern zu unterscheiden: die verbissenen Fanatiker, die mit ihren Hetztiraden auch in Anwesenheit von benachbarten Tutsi nicht hinter dem Berg hielten und die gewiefteren Taktiker, wie Joseph-Désiré Bitero, der einen freundschaftlichen kumpelhaften Umgang mit den Tutsi seiner Gemeinde pflegte und doch gleichzeitig in seiner Funktion als Chef der Parteijugend und der *interahamwe*-Milizen der Gemeinde den Mord an den Tutsi vorbereitete.

Auch wenn der Fanatismus als individuelle und kollektive Erscheinung dem historischen Wandel unterliegt und ein überaus komplexes Phänomen ist, soll eine kurze Begriffsbestimmung versucht werden: Günter Hole (2004) hebt die »Leidenschaftlichkeit« und den »blinden Eifer« des Fanatikers hervor, mithilfe derer jener kompromisslos und starr seine »überwertige Idee« (vgl. ebd., S. 42) vertritt: Fanatismus ist eine durch die Persönlichkeitsstruktur mitbedingte, auf einengende Inhalte und Werte bezogene persönliche Überzeugung von hohem Identifizierungsgrad, die mit stärkster Intensität, Nachhaltigkeit und Konsequenz festgehalten oder verfolgt wird, wobei Dialog- und Kompromißunfähigkeit mit anderen Systemen und Menschen besteht, die als Außenfeinde auch unter Einsatz aller Mittel und in Konformität mit dem eigenen Gewissen bekämpft werden können (vgl. ebd., S. 44).

Nach Leon Wurmser (1989, S. 167) zeichnet sich der Fanatiker durch »ein Übermaß an Eifer«, die Vorstellung von »automatischer Reinheit«, eine »völlige, bis zum Selbstmord und Verbrechen getriebene Involvierung« in eine überwertige Ideologie aus, »die Gewißheit, *die* Wahrheit zu besitzen«, die »Kenntnis« dessen, was gut und böse ist und die Bessessenheit von dem Wunsch, all das zu vernichten, was anders und »fremd« ist.

Erich Fromm (1961, S. 61) betont ausdrücklich, man dürfe nicht jeden Menschen, der einen »tiefen Glauben« besitze oder sich einer »geistigen oder wissenschaftlichen Überzeugung« verpflichtet fühle, gleich als Fanatiker klassifizieren. Tatsächlich erkenne man den Fanatiker »leichter an gewissen Eigenschaften seiner Persönlichkeit als am Inhalt seiner Überzeugungen« (ebd.). Der Fanatiker habe alle Gefühle für andere Menschen in sich abgetötet und auf die Partei oder die Gruppe, deren Ideologie ihm nahe steht, projiziert. Er vergöttert das Kollektiv und die gemeinsame Ideologie, denen er selbst sich als Sklave ausgeliefert hat. Die völlige Unterwerfung unter diesen Götzen lässt in ihm eine Leidenschaft entstehen, deren emotionale Qualität Fromm als »kaltes Feuer«, als »brennendes Eis«, als »Leidenschaftlichkeit, die ohne Wärme ist« (ebd.) charakterisiert. Der Fanatiker »handelt, denkt und fühlt im Namen seines Idols« (ebd.) und ist dafür bereit, alles, was ihm sonst noch im Leben wertvoll ist, zu opfern.

Typische Fanatiker »lieben Ideen mehr als Menschen, die Hingabe an Ideen ist abnorm stark, die Hingabe an Menschen jedoch eigenartig blockiert oder gebrochen« (ebd., S. 93). Dem Fanatiker fehlt »die Fähigkeit zur Empathie«, zur »Einfühlung«, zur »Sympathie«, die »prinzipiell Liebesfähigkeit, Offenheit, ein An-Sich-Heranlassen anderer Menschen« (ebd., S. 94) voraussetzt. Der Fanatiker hat seine innere Leere, Depression und Verzweiflung »in einer völligen Unterwerfung unter das Idol und in der gleichzeitigen Vergottung seines eigenen Ich ertränkt, das er zu einem Bestandteil des Idols gemacht hat«. [...] Theoretisch gesprochen ist der Fanatiker eine stark narzißtische Persönlichkeit« (Fromm 1961, S. 61).

Mit der Abtötung seiner Empathie, seiner mitmenschlichen Sympathie und der libidinösen Bindungen an seine nächsten Angehörigen hat der Fanatiker sich vor allem seiner eigenen Gefühle, die er als die bedrohlichste aller Gefahren fürchtet, entledigt. Der Fanatiker empfindet eine panische Angst vor allen Gefühlen, vor den »unangenehmen« Gefühlen der Reue, der Schuld, der Scham ebenso wie vor den »angenehmen« Gefühlen der Liebe, der Dankbarkeit, des Berührt- und des

Gerührtseins, des Zusammengehörigkeitsgefühls. Es handelt sich um eine grundlegende Angst vor der eigenen emotionalen Innenwelt, vor der Tiefe des Gefühlslebens. Sich dieser Welt zu öffnen, bedeutet, sich eine Blöße zu geben, sich berührbar und damit verwundbar zu machen. Insbesondere ist die Liebe überaus gefährlich, da sie immer mit einer Art Selbstverlust, einer Selbstpreisgabe an den anderen, einer Selbsthingabe, einer Auflockerung der Ich-Grenzen, einem Aufgeben von Machtansprüchen und einer emotionalen Abhängigkeit vom geliebten Objekt einhergeht. »Der Fanatismus ist stets das Resultat der Unfähigkeit zu echter Bezogenheit« (ebd.). Die Abhängigkeit vom anderen und das Ausgeliefertsein an die Eigendynamik der Gefühle wird als die Gefahr schlechthin empfunden. Du sollst keine Gefühle zeigen! Du sollst keine Gefühle haben! Du darfst dich nicht berühren lassen! Du darfst dich keinen Liebesgefühlen hingeben! Du darfst einzig und allein auf die reine Lehre, deine eigene Macht und die Macht deines Führers und deiner Organisation bauen! Du darfst nur den Führer und die heilige Lehre lieben! – so könnte das Motto des Fanatikers lauten.

Es kennzeichnet Fanatiker, dass sie nicht nachempfinden können, »wie andere Menschen unter ihrem Verhalten und dessen Folgen leiden. Ungerührt ist es ihnen so möglich, Leid und Schmerz zuzufügen oder in Kauf zu nehmen, ethisch gerechtfertigt und geboten durch die Beglückungsideologie des fanatischen Systems« (ebd., S. 94).

Diese Ausführungen beschreiben die Psychodynamik des »essentiellen Fanatikers«, bei dem häufig eine individuelle, biografisch begründete Psychopathologie gefunden werden kann. Der Verursachungszusammenhang ist bei diesem Typus folgender: Weil er primär liebesunfähig ist, bedient er sich der gesellschaftlich angebotenen fanatischen Ideologie, um seine individuelle Pathologie im Sinne einer »psychosozialen Abwehr« (Mentzos 1977) in der Realität zu verankern. Arbeitslose Jugendliche, die sich in einer Entwicklungskrise befinden und sich den *interahamwe*-Milizen angeschlossen haben, sind somit für den essentiellen Fanatismus besonders empfänglich.

Die meisten Interviewten entsprechen einem anderen Typus, den Hole als »induzierten Fanatismus« bezeichnet. Bei ihm verläuft der Verursachungszusammenhang eher in umgekehrter Richtung: Weil sie sich – dem Konformitätsdruck Milgrams folgend – mit der

Stimmung ihrer sozialen Bezugsgruppe und mit den Autoritäten einig wissen wollen, schließen sie sich dem gesellschaftlich vorgegebenen Fanatismus an und werden selbst mehr oder weniger überzeugte Fanatiker und Tutsi-Hasser. Als Folge ihres Fanatismus entwickeln sie sekundär Symptome einer narzisstischen Störung. Man kann hier von einem abgeleiteten oder induzierten Fanatismus und einer daraus resultierenden abgeleiteten oder induzierten narzisstischen Störung sprechen.

Beide Typen weisen zwar phänomenologisch große Ähnlichkeit auf, haben jedoch eine andere Entstehungsgeschichte und auch eine andere Prognose.

Individuelle Pathologie, materielle Interessen und Streben nach Macht, Fanatismus und Gehorsamsbereitschaft ergänzen einander. Die individuelle Pathologie der Täter, ihre Perversion, ihre Mordlust, ihre persönlichen Feindschaften und Rachegelüste, aber auch ihre ganz profane Habgier, sich am Eigentum der ermordeten Mitmenschen zu bereichern, kann im Rahmen des kollektiven fanatischen Wahns ungehindert ausgelebt werden. Umgekehrt werden diese individuellen perversen Impulse durch den ausgeübten Konformitätsdruck des Kollektivs hervorgerufen, gefördert, gar erzwungen. Schließlich setzt die Gehorsamsbereitschaft des Einzelnen gegenüber der Autorität das persönliche Gewissen auch dann außer Kraft, wenn es durch die fanatische Ideologie noch nicht hinreichend korrumpiert und auf Kurs gebracht sein sollte.

Sind auch die Täter traumatisiert?

Im Rahmen der Holocaust-Forschung wird in den letzten Jahren vermehrt die Frage diskutiert, ob auch die Täter traumatisiert sind. Zu Recht wird in dieser Diskussion immer wieder auf die Notwendigkeit verwiesen, den fundamentalen Unterschied zwischen Täter und Opfer nicht zu verwischen. Gleichwohl gibt es auch Anhaltspunkte dafür, dass die Täter eines Völkermords traumatisiert sein können. Ein extremes Beispiel stellt der Hutu-Mann dar, der gezwungen wurde, seine Tutsi-Ehefrau zu töten. Er ist Täter, aber zugleich auch Opfer; und es ist gerade seine Täterschaft, die besonders traumatisierend wirkt.

Ein anderes Beispiel sind die Kinder. Sie werden auch dann zu traumatisierten Opfern, wenn sie Angehörige der Täter sind. Im Genozid in Ruanda wurde allen Kinder gewahr, was passierte. Wie Hatzfeld schildert, kam es vor, dass ausgewählte Tutsi öffentlich auf dem Dorfplatz als eine Art von Volksschauspiel verstümmelt und hingerichtet wurden. Kinder kamen dazu, beobachteten das Schauspiel, beteiligten sich gar. Überall im Land lagen Leichen herum. Die Kinder wussten, dass ihre Väter morgens mit der Machete loszogen, um Nachbarn, Spielkameraden, Menschen – ob Männer, Frauen oder Kinder – zu ermorden. Diese Erfahrung extremer Gewalt muss auf die Kinder traumatisierend wirken. Tatsächlich berichtet Hatzfeld, dass bei den Kindern psychische Symptome auftreten. Sie fallen in ein starres, angstvolles Schweigen, das man als Ausdruck der Angst, des Entsetzens, des traumatischen Geschocktseins interpretieren kann, sobald das Gespräch auf den Völkermord kommt.

In diesen Fällen sind die Traumatisierten jedoch nicht in einer reinen Täterrolle, sondern offensichtlich auch in einer Opferrolle. Wie verhält es sich jedoch bei den willigen Tätern, die begeistert ihre »Arbeit« des Mordens ausgeübt haben? Die Psychoanalyse kennt das Phänomen der »Nachträglichkeit«. Damit ist gemeint, dass ein Ereignis im Nachhinein in seiner eigentlichen Bedeutung erkannt wird und erst dann seine traumatisierende Wirkung entfaltet. Könnte es sein, dass die Mörder Jahre später erkennen, was sie angerichtet haben und dann durch ihre eigene Tat traumatisiert werden?

Zum Trauma gehört das Erlebnis von Todesangst und ohnmächtigem Ausgeliefertsein an eine tödliche Gefahr. Bei den Tätern des Genozids war beides nicht der Fall: Sie waren weder einer Todesgefahr ausgesetzt, denn sie hatten von den Opfern keine Gegenwehr zu befürchten. Ihre Opfer waren völlig wehrlos. Das unterscheidet ihre Situation von der, der Soldaten in einem Krieg normalerweise ausgesetzt sind. Noch hatten die Täter je eine Situation der Ohnmacht auszuhalten. Im Gegenteil: Alle möglicherweise aufkommenden Gefühle von Angst und Ohnmacht konnten sie abwehren durch das grandiose Gefühl gottähnlicher Allmacht, indem sie Herr über Leben und Tod waren.

Einer der grundlegenden interpersonellen Abwehrmechanismen der menschlichen Psyche ist die Wendung von der Passivität in die Aktivität. Anderen das anzutun, was man selbst am meisten zu erleiden fürchtet, ist eine sehr verbreitete und sehr wirksame Abwehrstrategie, um mit unerträglichen Ängsten fertig zu werden. Sie erlaubt in einem ersten Schritt die Projektion der eigenen Ängste, Schwächen, Hilflosigkeitsempfindungen und Ohnmachtsgefühle auf den Anderen – ein Prozess, der sich zunächst nur in der Phantasie abspielt – und in einem zweiten Schritt die »Verankerung dieser Projektion in der Realität« (Mentzos 1977) – ein Prozess, der in der Realität stattfindet, indem der andere tatsächlich in diese Position gebracht wird. Die Mörder haben – indem sie anderen Menschen das Leben genommen haben – eine endgültige, unumkehrbare Realität geschaffen und damit eine Abwehr ihrer eigenen Todesängste dauerhaft in ihrer eigenen Psyche verankert. Dies könnte erklären, warum viele Mörder ihren eigenen drohenden Tod und auch ihre Haft, die sie zur Passivität verdammt, so klaglos und scheinbar gelassen hinnehmen.

Wie verhält es sich mit dem Gedanken: Jeder Mörder tötet nicht nur sein Opfer, sondern ermordet auch einen Teil des eigenen Selbst?

Psychoanalytisch betrachtet tötet der Mörder den Teil seines eigenen Selbst, der ihn mit seinen Mitmenschen einfühlend verbindet. Wie der Philosoph Max Scheler (1973) angenommen hat und wie die Säuglingsforschung aus der Beobachtung der frühen Mutter-Kind-Beziehung ableiten konnte, verfügen alle Menschen über ein anthropologisch angelegtes Bedürfnis, sich mit anderen Menschen einfühlend, identifizierend, Kontakt aufnehmend, Anteil nehmend in Beziehung zu setzen. Beim entwicklungspsychologisch gestörten Einzeltäter ist die Fähigkeit, dauerhafte mitmenschliche Beziehungen einzugehen, so gestört, dass er zum Mörder wird. Seine Tat ist Ausdruck seiner Beziehungsstörung. Beim Kollektivtäter, der unter entwicklungspsychologischen Gesichtspunkten als »gesund« betrachtet werden muss, kann es als Folge der Tat zu einer Störung seiner Beziehungsfähigkeit und seines Selbstbezuges kommen. Dieses Täter-Syndrom zeichnet sich u. a. durch die Neigung aus, die eigene Schuld zu rationalisieren oder auf andere zu projizieren, die Einfühlung in die Opfer zu verweigern, Über-Ich-Forderungen abzuspalten, an den alten Ressentiments heimlich festzuhalten und sich illusionären Selbsttäuschungen hinzugeben. Doch nach allem, was wir über die Holocaust-Täter wissen und was Hatzfeld über die Täter in Ruanda berichtet, leiden diese zwar an einer gewissen Einschränkung ihrer Einfühlung und ihrer Fähigkeit zur Selbstreflexion, die man als charakterneurotische Ich-Einschränkung bezeichnen könnte, sie weisen jedoch keinerlei schwerwiegende psychische oder psychosomatische Symptome auf, wie sie für Trauma-Opfer charakteristisch sind. Möglicherweise sind Mörder gegen eine traumatisierende Verarbeitung der von ihnen begangenen Verbrechen dadurch geschützt, dass sie sich durch die Wendung von der Passivität in die Aktivität vor der Erfahrung von Ohnmacht, Todesangst und Hilflosigkeit bewahren. Nur unter der Voraussetzung, dass sie Symptome der Traumatisierung zuließen, indem sie sich mit den Opfern identifizierten, würde sich ihnen die Chance eröffnen, ihre icheinschränkende Charakter-Abwehr zu überwinden.

Über den Autor Jean Hatzfeld

Zum Schluss noch ein Wort zu Jean Hatzfeld, dem Autor dieser beiden einzigartig eindringlichen Bücher. Was ist das für ein Mann, der sich mit solch ungeheurer Intensität dem Grauen stellt?

Jean Hatzfeld wird 1949 als Sohn jüdischer Emigranten in Madagaskar geboren. Sein Vater war dort Philosophie-Lehrer, die Mutter ausgebildete Krankenschwester. Zusammen mit seinen Eltern und seinen sieben Geschwistern kehrt er jedoch in die Auvergne zurück, einen Landstrich in Frankreich, aus dem seine Eltern 1942 vor den deutschen Nationalsozialisten geflüchtet waren. Er wächst dort in einem kleinen Ort im Département Haute-Loire, in Le Chambon-sur-Lignon, auf, das er nach dem Abitur fluchtartig verlässt. Als junger Mann begibt sich Hatzfeld auf Wanderschaft, denn er hat nicht viel »Lust, auf etwas Konkretes zuzusteuern«. Es zieht ihn in den Orient, nach Indien, Pakistan, Afghanistan. Er erinnert sich, dass ihm die Schönheit der afghanischen Landschaft und die Leute dort »die Sprache verschlagen« haben. Als er nach Frankreich zurückkehrt, wird er von der Aufbruchsstimmung des Pariser Mai '68 erfasst. In Paris geht er zur Universität, schreibt sich aber nie ordentlich ein. Er schließt sich den Maoisten an und lebt zunächst von Aushilfsjobs. Als im Jahr 1973 die linke Tageszeitung *Libération* gegründet wird, bietet er seine Dienste an. Er möchte über Sport schreiben. Doch seine Begeisterung für Sport stößt bei den ideologischen Köpfen auf Skepsis: Ihnen gilt Sport im Kapitalismus als »Opium des Volkes«. Trotzdem gelingt es ihm mit einer gewissen Regelmäßigkeit, seine Sportartikel bei *Libération* unterzubringen. 1977 wird er in das Redaktionsteam von »*Libé*« aufgenommen. Schließlich kann er durchsetzen, dass *Libération* einmal in der Woche eine ganze Seite für seine Sportberichte reserviert. Bald soll er zum Leiter der Sport-Redaktion ernannt werden. Doch Hatzfeld ist kein Mann, der Gewohnheiten liebt. So rutscht er in die Abteilung »Vermischte Nachrichten« und begibt sich dann auf ganz neues Terrain: Er wird Sonderkorrespondent und berichtet aus Polen, Palästina und dem Libanon. Mit besonderem Engagement verfolgt er den Krieg im ehemaligen Jugoslawien. Drei Monate lang erlebt er bei der Belagerung von Vukovar in Kroatien die Hölle. Im Juni 1992 wird er in Sarajevo schwer am Bein verwundet. Nach drei Tagen im örtlichen Krankenhaus wird er nach Frankreich ausgeflogen. Als er auf Krücken das Krankenhaus verlässt, fühlt er sich zwar nicht deprimiert, aber von allen aufgegeben. »Alle Leute hatten mich aufgegeben, meinten, mit mir wäre es vorbei. Ich musste also irgend etwas tun«, erklärt er heute. In der Absicht, »seine Notizbücher zu leeren«, schreibt er im Sommer 1993 die Erzählung *L'Air de la guerre*, in der er seine Erfahrungen auf dem Balkan verarbeitet. Das Buch erscheint 1994 in dem französischen Verlag Edition de L'Olivier. Fünf Jahre später schreibt er seinen ersten Roman *La Guerre au bord du fleuve*, ein Buch, in dem alle Personen verletzt sind. Es erscheint 1999 ebenfalls bei Edition de L'Olivier.

1994 wird er von *Libération* nach Ruanda geschickt, um dort den Exodus der Hutu journalistisch zu begleiten. Bei seinen Recherchen wird ihm schnell klar, »dass man an einer ungeheuren Sache vorbeigegangen war. Man interessierte sich nur für die spektakuläre Seite dieser überstürzten Völkerwanderung und fotografierte die Flüchtlingslager aus allen Perspektiven«. Doch Hatzfeld will genauer wissen, was der Flucht der Hutu vorausgegangen ist. »Ich habe intuitiv gespürt, dass etwas nicht stimmte. Die dem Völkermord Entronnenen hatte man völlig vergessen. Sie gehörten schon nicht mehr zur Geschichte, als ob man sie daraus verjagt hätte, als ob man sie nicht mehr darin sehen wollte. In meinem Kopf gab es eine augenfällige Analogie mit den Überlebenden der Nazi-Vernichtungslager. Das hat mir einen schrecklichen Schock versetzt …«

Jean Hatzfeld ist – wie viele Journalisten – kurz nach dem Völkermord in Ruanda. Aber im Unterschied zu seinen Berufskollegen lässt ihn das Grauen nicht mehr los. »Ich war mir der Tatsache bewusst, dass es Zeit brauchen würde, um zu begreifen, und vor allem, dass die Ruander Zeit brauchen würden, um eines Tages diese Ereignisse erzählen zu können«, erinnert er sich.

Das ist sein Ausgangspunkt: die überlebenden Tutsi, die schweigend am Straßenrand der Geschichte stehen, während die Weltöffentlichkeit ihr Augenmerk auf die Lager der Hutu-Flüchtlinge in Zaire richtet, in denen gerade eine Cholera-Epidemie wütet. Zu diesem Zeitpunkt hält die internationale öffentliche Meinung diese Flüchtlinge gerade für die Überlebenden des Völkermords. Diese Verdrehung der Wahrheit lässt Hatzfeld keine Ruhe. Die Geschichte des Völkermords sollte sich nicht in der allgemeinen Verwirrung auflösen. Er beschließt, den grausigen Erlebnissen der mit dem Leben davongekommenen Tutsi eine Stimme zu verleihen. »Das war für mich ein Essential von historischem Rang. Es musste unbedingt erzählt werden, egal, wie lange man brauchte. Meine Absicht war nicht, ihnen zu helfen, sondern nur, einen Beitrag zu leisten, dass das Eis des Schweigens gebrochen wird. Damit musste ich es gar nicht eilig haben.«

1998 nimmt sein Projekt Gestalt an. Er kehrt nach Ruanda in den Ort Nyamata zurück. Mit Hilfe der Sozialarbeiterin Sylvie Umubyeyis, auch eine Überlebende der Massaker, die sich nun um Kinder kümmert, Tutsi-Kinder und Hutu-Kinder, die in den Sümpfen umher irren, weil sie keine Eltern mehr haben, findet er Kontakt zu seinen Interview-Partnern. Sein Interview-Stil ist nicht von Sensationslust geprägt, sondern zeichnet sich durch Geduld, Bescheidenheit, Einfühlungsvermögen und vor allem durch Takt aus. »Ich war ein Weißer. Ich wusste überhaupt nicht, dass es Nyamata gibt. Die Leute dort brauchten mich nicht. Sie waren der Meinung, dass sie seit dem Völkermord sowieso nicht mehr zur Menschheit gehörten. Alle Welt hatte sie aufgegeben. Sie fühlten sich schuldig, überlebt zu haben. Jedem Einzelnen habe ich dasselbe gesagt: Dass ich ein Buch schreiben wollte, und dass ich nach Nyamata gekommen sei, um anzuhören, was sie auf dem Herzen hatten und erzählen wollten.«

Zu keinem Zeitpunkt erliegt Hatzfeld der Versuchung, die gesamte Geschichte Ruandas erzählen oder den Völkermord an den Tutsi in seiner ganzen Breite und Vielfalt darstellen zu wollen (vgl. dazu Des Forges 1999, Schürings 1992, 1994). Er konzentriert sich auf das, was ihm vierzehn Überlebende aus einem Gebiet über ihre Erlebnisse erzählen, was sie gesehen haben, was sie erleiden mussten und wie ihnen das jetzt noch zusetzt. Er verlässt sich dabei ganz auf ihre Worte. Dies ist die Grundvoraussetzung und die Stärke seiner Arbeitsweise. Indem er sich in die Einzelfälle einer Handvoll Überlebender vertieft, hat er einen Text hervorgebracht, der in seiner Eindringlichkeit einzigartig ist.

Auch nachdem Hatzfeld sein Buch *Nur das nackte Leben* veröffentlicht hat, lässt ihn Ruanda nicht los. Er beschließt, nach Nyamata zurück zu kehren, um die Mörder zu interviewen. Ergebnis ist sein Buch *Zeit der Macheten* (»Une saison des machettes«).

Zu wünschen wäre, dass Hatzfeld noch ein drittes Buch schreibt: eines über die Menschen, die sich dem kollektiven Wahn entzogen haben, die immun waren gegen die Verführung durch den kollektiven Fanatismus, über diejenigen Hutu, die unter Lebensgefahr Tutsi versteckt haben, über die Tutsi, die sich für ihre Familien geopfert haben und auch über die Tutsi und Hutu, die frühzeitig auf die heraufziehende Gefahr der mörderischen Fanatisierung einer ganzen Gesellschaft hingewiesen haben. Vermutlich sind es gerade diese Menschen, die jetzt am stärksten engagiert sind, den Völkermord aufzuarbeiten, eine Aussöhnung zwischen den beiden Volksgruppen in Gang zu setzen und einen Weg zu finden, um Ruanda eine neue Zukunft zu ermöglichen.

Literatur

Des Forges, A. (1999): *Kein Zeuge darf überleben. Der Genozid in Ruanda.* Amerikanische Originalausgabe 1999 (Human Rights Watch), deutsche Ausgabe Hamburg 2002 (Hamburger Edition).

Freud, S. (1915) Zeitgemäßes über Krieg und Tod. In: GW, Bd. X, S. 323–355.

Freud, S. (1930): Das Unbehagen in der Kultur. In: GW, Bd. XIV, S. 419–506.

Fromm, E. (1961): Den Vorrang hat der Mensch! Ein sozialistisches Manifest und Programm. In: Erich Fromm *Gesamtausgabe* (GA), herausgegeben von Rainer Funk. München 1999 (dtv), Bd. V, S. 19–197.

Fromm, E. (1964): Die Seele des Menschen. Ihre Fähigkeit zum Guten und zum Bösen. In: *GA*, Bd. II, S. 159–268.

Fromm, E. (1983): Über die Ursprünge der Aggression. In: *GA*, Bd. XI, S. 349–364.

Haney, C., Banks, C., Zimbardo, P. (1973): Interpersonal Dynamics in a Simulated Prison. *International Journal of Criminology and Penology* 1973 (1), 69–97.

Hatzfeld, J. (1994): *L'Air de la guerre*. Paris (Edition de L'Olivier).

Hatzfeld, J. (1999): *La Guerre au bord du fleuve*. Paris (Edition de L'Olivier).

Hatzfeld, J. (2003): *Nur das nackte Leben. Berichte aus den Sümpfen Ruandas*. Gießen (Haland & Wirth im Psychosozial-Verlag).

Hatzfeld, J. (2003): *Une saison des machettes*. Paris (Edition de L'Olivier).

Hösle, V. (1997): *Moral und Politik. Grundlagen einer politischen Ethik für das 21. Jahrhundert*. München (Beck).

Hole, G. (2004): *Fanatismus. Der Drang zum Extrem und seine psychischen Wurzeln*. Gießen (Psychosozial-Verlag).

Mentzos, S. (1977): *Interpersonale und institutionalisierte Abwehr*. Frankfurt a. M. (Suhrkamp).

Milgram, S. (1970): *Das Milgram-Experiment*. Reinbek (Rowohlt).

Quidde, L. (1894): *Caligula. Schriften über Militarismus und Pazifismus*. Frankfurt a. M. 1977 (Syndikat).

Redl, F. (1982): Das Über-Ich in Uniform. *psychosozial* 15, 5. Jg., 43–51.

Richter, H.-E. (1979): *Der Gotteskomplex. Die Geburt und die Krise des Glaubens an die Allmacht des Menschen*. Reinbek (Rowohlt).

Safranski, R. (1997): *Das Böse oder Das Drama der Freiheit*. München (Hanser).

Scheler, M. (1973): Wesen und Formen der Sympathie. In: *Gesammelte Schriften*, Bd. 7, Bonn (Bouvier).

Schürings H., Patrick v. Dias (Hg.) (1994): Ein Volk verläßt sein Land – Krieg und Völkermord in Ruanda. Köln (New isp.-Verlag).

Schürings H. (1992): Rwandische Zivilisation und christlich – koloniale Herrschaft. Frankfurt.

Seidler, G. (2003): Terror und Trauma. Gedanken zum 11. September aus der Sicht eines Psychotraumatologen. In: *Der 11. September – Ursachen und Folgen*. Sammelband der Vorträge des Studium Generale der Ruprechts-Karls-Universität Heidelberg. Heidelberg (Universitätsverlag Winter), S. 102–124.

Wehler, H.-U. (2002): *Entsorgung der deutschen Vergangenheit. Ein polemischer Essay zum »Historikerstreit«*. München (Beck).

Wirth, H.-J. (2002): *Narzissmus und Macht. Zur Psychoanalyse seelischer Störungen in der Politik*. Gießen (Psychosozial-Verlag).

Wurmser, L. (1989): *Die zerbrochene Wirklichkeit. Psychoanalyse als das Studium von Konflikt und Komplementarität*. Berlin (Springer).

Zur Orientierung

Die Gemeinde Nyamata erstreckt sich über eine Fläche von 398 km^2 und zieht sich über vierzehn besiedelte Hügel.

Die Einwohnerzahl im März 1994 – unmittelbar vor dem Völkermord – belief sich auf 119.000: ungefähr 60.000 Hutu und 59.000 Tutsi. Der hohe Bevölkerungsanteil der Tutsi erklärt sich daher, dass die in der ersten Jahrhunderthälfte noch unbewohnte Gegend zu Beginn der sechziger Jahre für ganze Ströme von Tutsi ein Fluchtort war.

Ungefähr 50.000 Tutsi sind in der Gemeinde zwischen dem 11. April und dem 14. Mai 1994, dem Tag der Ankunft der *RPF*-Truppen, ermordet worden; statistisch wurden mehr als fünf von sechs Tutsi Opfer der Massaker. Es ist also plausibel, wenn Innocent Riwiliza erklärt, dass die Mörder, hätten sie sich nicht mit Plündern und Feiern aufgehalten, ihr Vernichtungsziel wohl erreicht hätten.

Ungefähr 22.000 vor allem aus Burundi und Uganda heimkehrende Tutsi haben sich ab Juli 1994 in der Region niedergelassen. Ungefähr 24.000 Hutu sind dagegen von ihrem Marsch in den Kongo nicht wiedergekehrt.

Die Einwohnerzahl beläuft sich im Jahr 2000 auf 67.000; dazu kommen ungefähr 6.000 Häftlinge im Zuchthaus von Rilima, die aus der Gemeinde stammen.

In der Gemeinde sind 13.386 Waisenkinder gemeldet.

In Ruanda wurden mehrere Hunderttausend Tutsi in etwa zehn Wochen ermordet. Die statistische Untersuchung eines Völkermords ist wegen der Zeugenaussagen, auf die man angewiesen ist, besonders schwierig. Es werden also mehrere Jahre vergehen, bis man über eine genauere Schätzung der Zahl der Opfer verfügt, genauso wie es mehrere Jahrzehnte brauchte, um eine in etwa genaue Zahl der Opfer des Holocaust festzustellen. Bis zu jenem Tag ist jeglicher Streit um voneinander abweichende Zahlen völlig unangebracht.

Glossar

Gaçaça: Früher waren die *gaçaça* Gerichtsverfahren, in denen in Familien- oder Stammesangelegenheiten auf traditionelle Weise unter dem Palaverbaum Recht gesprochen wurde. Da der bestehende offizielle Justizapparat nach dem Tod oder der Flucht zahlreicher Richter oder durch Ausscheiden aus dem Justizdienst wegen Mittäterschaft überfordert war, beschloss der ruandische Staat, diese althergebrachten Gerichte wieder aufleben zu lassen. Auf diesem Weg wollte er die Verfahren gegen mutmaßliche Beteiligte am Völkermord beschleunigen. Auf den Hügeln, in den Dörfern und Städten laufen die *gaçaça*-Verfahren so ab, dass die Angeklagten sich vor Nachbarschaftsversammlungen verantworten müssen, bei denen die Anwesenden für oder gegen sie aussagen und sie dann auch verurteilen. Diese Versammlungen unter dem Vorsitz mehr oder weniger ausgebildeter Rechtskundiger begannen im Frühjahr 2002. Die Ergebnisse dieser einzigartigen Form der Rechtsprechung sind umstritten.

Die des Völkermords Beschuldigten werden je nach dem Grad ihrer Mitschuld in vier Kategorien eingeteilt. Den in die erste Kategorie Eingestuften – Planer des Völkermords, seine Anstifter, Organisatoren und berüchtigte Mörder – darf der Prozess nicht vor *gaçaças* gemacht werden.

Igisoro: Ein Brettspiel, bei dem oft Kronkorken als Setzsteine dienen. Es ähnelt keinem anderem bekannten Spiel, ist in Ruanda jedoch ebenso volkstümlich wie Domino in Tunesien oder Schach in Jugoslawien.

Inkotanyi: Die *RPF*-Rebellen bezeichneten sich als *inkotanyi* – »Unbesiegbare« – nach einer militärischen Formation des 19. Jahrhunderts.

Interahamwe: Die entscheidende zivile Streitmacht des Völkermords. Der Name dieser extremistischen Hutu-Milizen bedeutet

»die zusammen stehen« oder »die zusammen angreifen«. Präsident Habyarimana ließ die 1991 als Jugendorganisation seiner Partei gegründeten *interahamwe* schon seit 1992 militärisch ausbilden, von der ruandischen Armee und vereinzelt auch von französischen Soldaten. Die *interahamwe* waren v. a. mit Macheten und Stichwaffen ausgerüstet, die ihnen die Armee, die Verwaltung und hohe Funktionäre des Staates stellten. Die Miliz war mit mehreren 10.000 Aktiven eine parallele Kaderorganisation und bildete Ausschüsse bis in die Gemeinden hinab; sie mobilisierte die Hutu-Bevölkerung für den Genozid, leitete die Massaker an und überwachte sie.

Bei der *RPF*-Offensive im Herbst 1996 im Kongo wurde ein Teil der *interahamwe* vernichtet, ein Teil ist mit den Hutu-Flüchtlingen nach Ruanda zurückgekehrt und hat sich den Behörden gestellt. Viele *interahamwe* sind jedoch im Kongo untergetaucht und leben seither in Söldner- oder Räuberbanden um den Kivu-See in der Grenzregion zu Ruanda.

MNRD: 1975 gegründet, war die Einheitspartei *Mouvement National Révolutionnaire pour le Développement* ganz auf seinen Gründer und Staatschef Juvénal Habyarimana ausgerichtet und Träger des von ihm geführten Einparteienstaates. Seit Einführung des Mehrparteiensystems 1991 nannte sich die Partei *Mouvement National Républicain pour le Développement et la Démocratie* (Nationale republikanische Bewegung für Entwicklung und Demokratie). Sie war zentrale Schaltstelle und Hauptträger des Völkermords.

Mwami: Tutsi-Könige

Ortsvorsteher: Mit Ortsvorsteher übersetzte ich die mal als *responsables*, mal als *conseillers* bezeichneten Männer, die ihren Ort in den zentralen Gemeinderäten vertraten. Doch die Gemeinderäte waren nur Beratungsorgane des vor Ort allgewaltigen Bürgermeisters, der seine Macht auf das für das einzelne Dorf zuständige Gemeinderatsmitglied übertrug. So war dieser in seinem Ort für die Durchführung des Völkermords verantwortlich. Er gab entsprechende Anordnungen weiter und setzte die Maßnahmen um [A. d. Ü.].

Pagne: Das traditionelle Obergewand der Frauen Schwarzafrikas. Das bunt bedruckte Umschlagtuch aus Baumwolle (Kattun) wird um die Hüfte gewickelt und halblang oder lang zur kurzärmeligen Bluse (*camisole*) getragen. Oft fällt darüber ein zweiter, ebenfalls über die Hüften gebundener *pagne*. Das Umschlagtuch wird auch als Turban um den Kopf geschlungen oder dient zum Tragen von Kleinkindern auf dem Rücken. Mit *pagne* werden inzwischen auch der Baumwollstoff selbst, die in *yards* gemessenen Abschnitte und deren Normalmaß von *zwei yards* (1,828m) bezeichnet.[1]

Primus: Das in Ruanda am weitesten verbreitete Bier stammt ursprünglich aus Belgien. Es wird in Gisenyi in Westruanda gebraut und kommt ausschließlich in Literflaschen auf den Markt. Das Bier mit normalem Alkoholgehalt schmeckt leicht bitter und kostet nicht viel; im Allgemeinen trinkt man es lauwarm. Das *Primus* spaltet Ruandas Biertrinker in zwei gegensätzliche Lager: Für *Primus*-Anhänger ist es undenkbar, jemals auch nur einen Schluck eines anderen Bieres zu trinken, wie etwa das *Mutzig*, das in Burundi gebraut wird, oder ein fades *Amstel.*

RPF; Ruandische Patriotische Front (Front Patriotique du Rwanda FPR): Befreiungsbewegung der Ruander – vor allem Tutsi – im Untergrund in Uganda, die die Rückkehr der 600.000 Ruander, die Vertreibung Habyarimanas von der Macht und eine demokratische Regierung durchsetzen wollte.[2] 1988 gebildet, begann ihr militärischer Flügel unter dem Offizier Paul Kagame 1990 den Angriff auf Ruanda, den die ruandische Armee mit Hilfe französischer Truppen zunächst zurückschlug. Nach Beginn des Völkermords startete die *RPF* eine breite Offensive, eroberte bis zum 4. Juli 1994 das ganze Land und beendete den Genozid. Paul Kagame ist bis heute Staatspräsident Ruandas. Erst im August 2003 wurde er mit 95% der

---

[1] Nach: *Inventaire des Particularités lexicales du Français en Afrique Noire*. Paris, 1988.

[2] Entnommen aus: A. des Forges: *Kein Zeuge darf überleben. Der Genozid in Ruanda*. Hamburger Edition, 2002.

Stimmen wiedergewählt. Die *RPF* behauptete im September 2003 die absolute Mehrheit im Parlament.

Turakos, Trogone, Graupapageien, Nektarvögel, Samenknacker, Scharlachwürger: einige der Vögel der reichen Vogelwelt, die das Hügelland verzaubern.

Umuniyinya: Mächtiger Baum, der wegen seiner ausladenden Krone und des dichten, Schatten spendenden Blattwerks auch Palaverbaum genannt wird.

Umunzenze: In den Sümpfen wachsender, großer Baum.

Urwagwa: Bananenwein, den es säuerlich und lieblich, höherprozentig und wenig alkoholisiert gibt und der nicht viel kostet. Er muss binnen drei Tagen nach der Gärung getrunken werden.

Chronologie

18. Jahrhundert
In Ruanda entsteht ein Staatswesen mit einem König an der Spitze, in dem eine durch Viehbesitz ausgewiesene Elite – Tutsi – den Ton angibt.

1899
Ruanda wird als Protektorat Teil von Deutsch-Ostafrika und Kolonialbesitz des Deutschen Reiches.

1921
Nach dem Ersten Weltkrieg erhält Belgien Ruanda als Mandatsgebiet.

1931
Die belgischen Kolonialherren führen die Eintragung der »ethnischen« Zugehörigkeit in die Personalausweise ein. Diese Maßnahme wird bis 1994 beibehalten.

1959
Geheimnisumwitterter Tod des letzten Obersten Herrschers des Tutsi-Königtums Mutara Rudahigwa. Bauernaufstände der Hutu führen zur Umsiedlung Hunderttausender von Tutsi oder ihrer Flucht ins Exil.

1961
Sieg der Hutu-Partei bei den ersten Parlamentswahlen.

1962
Ausrufung der Unabhängigkeit Ruandas.

1973
Erfolgreicher Militärputsch des Oberst Juvénal Habyarimana.

1975
Habyarimana erklärt Ruanda zum Einparteienstaat.

1978
Wahl Habyarimanas zum Staatspräsidenten; mehrfache Wiederwahl bis zu seiner Ermordung.

1990
Erste militärische Erfolge der Befreiungsbewegung der Tutsi *RPF* (*Ruandische Patriotische Front*).

1993
Das Arusha-Abkommen erlegt Habyarimana Frieden mit der *RPF*, Rechtsstaatlichkeit und ein Mehrparteiensystem auf. Flüchtlinge sollen zurückgeführt und Vertriebene wieder angesiedelt werden. Bis zu den Wahlen ist eine Allparteien-Übergangsregierung einzusetzen. In der Armee sollen Hutu-Truppen und *RPF*-Einheiten zusammengeführt werden.

1994
6. April, 20 Uhr Beim Absturz seines Flugzeuges über dem Flughafen von Kigali kommt der Präsident Habyarimana ums Leben.

7. April, morgens
Beginn der Ermordung demokratischer Persönlichkeiten, darunter die Premierministerin der Übergangsregierung Agathe Uwilingiyimana, eine Hutu. Sofortiger Vormarsch der *RPF*-Truppen in das Landesinnere. Die Milizen der *interahamwe* besetzen sämtliche Stadtviertel der Hauptstadt. Beginn des Völkermords, der 100 Tage andauern wird.

Nyamata 1994

7. / 8. April	*Erste Übergriffe auf Tutsi in den Hügeln von Nyamata.*
9. April	*Erste Aktionen der interahamwe: Ohne besonderen Befehl verwüsten und brandschatzen sie mit Hilfe der Ackerbauern von Tutsi verlassene Häuser und ermorden Hutu, die nicht mitmachen.*
11. April	*Die lokale Verwaltung gibt ihre abwartende Haltung auf; Soldaten des Lagers Gako beginnen in den Straßen Nyamatas mit dem systematischen Morden. In den Hügeln werden die Ackerbauern von örtlichen Mandatsträgern und interahamwe zusammengerufen, um die Tutsi an ihren Fluchtorten anzugreifen.*
14. April	*Zwei Tage dauerndes Massaker mit Buschmessern an ungefähr 5.000 geflüchteten Tutsi in der Kirche von Nyamata, anschließend in der Geburtsklinik Sainte-Marthe.*
15. April	*Massaker an ungefähr 5.000 Flüchtlingen in der Kirche von Ntarama, ungefähr 30 km von Nyamata entfernt.*
16. April	*Beginn der organisierten Menschenjagd in den Sümpfen von Nyamwiza und auf dem Hügel von Kayumba, wohin die Überlebenden geflüchtet sind.*
12. Mai	*Zehntausende Hutu – ganze Familien – flüchten auf der Straße nach Gitarama in Richtung Kongo. Ende des Völkermords in der Gemeinde Nyamata.*
14. Mai	*Ankunft der RPF-Einheiten in der Gemeinde und Beginn ihrer Suche in den Sümpfen nach Überlebenden.*
1998	*24. April. Öffentliche Hinrichtung sechs zum Tode Verurteilter auf dem Hügel von Kayumba. Diese Hinrichtungen sind die einzigen bis heute offiziell vollzogenen.*
2002	*August. Beginn der gaçaça.*

4. Juli 1994
RPF-Einheiten erobern das Stadtzentrum von Kigali.
15. Juli: 500.000 flüchtende Hutu überschreiten die Grenze zum Kongo. Noch dreimal mehr erreichen in den nächsten Wochen die Lager im Osten des Kongo.

3. Oktober
Der UN-Sicherheitsrat nimmt einen Bericht an, der die in Ruanda begangenen Massaker als Völkermord einstuft.

1996
November: Der Einmarsch von *RPF*-Truppen in den östlichen Kongo löst eine Massenrückkehr der geflohenen Hutu nach Ruanda aus.

1997
17. Mai: Offizielle ruandische Truppen marschieren auf einem Eroberungszug 1.500 km durch den Kongo, treiben dabei den kongolesischen Machthaber Mobutu Sese Seko in die Flucht und bringen Laurent-Désiré Kabila in Kinshasa an die Macht.

2002
1. Januar: Ausrufung der Dritten Republik Ruandas, die Paul Kagame, den seit den Tagen des Untergrundes starken Mann der *RPF*, in der Macht bestätigt.

2003
1. Januar: Veröffentlichung eines Dekrets des Präsidenten zu den wegen Völkermords Verurteilten. Es erlaubt die Entlassung alter, kranker Häftlinge aus dem Gefängnis sowie die Freilassung auf Bewährung und zu gemeinnütziger Arbeit an drei Wochentagen für Häftlinge der zweiten und dritten Kategorie (Mörder und Mittäter ohne herausgehobene Verantwortung, deren Geständnisse anerkannt wurden und die die Hälfte ihrer Gefängnisstrafe abgesessen haben).

Karten

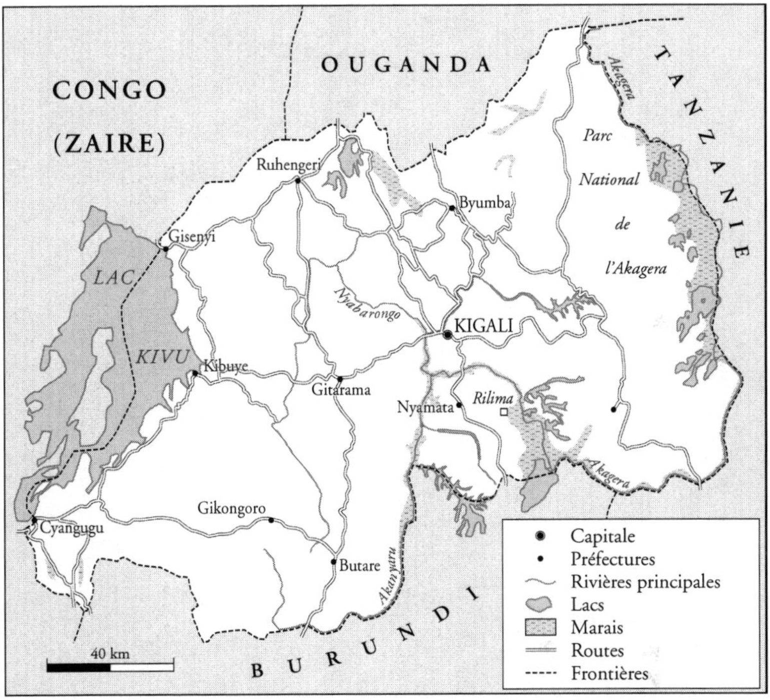

Karte von Ruanda

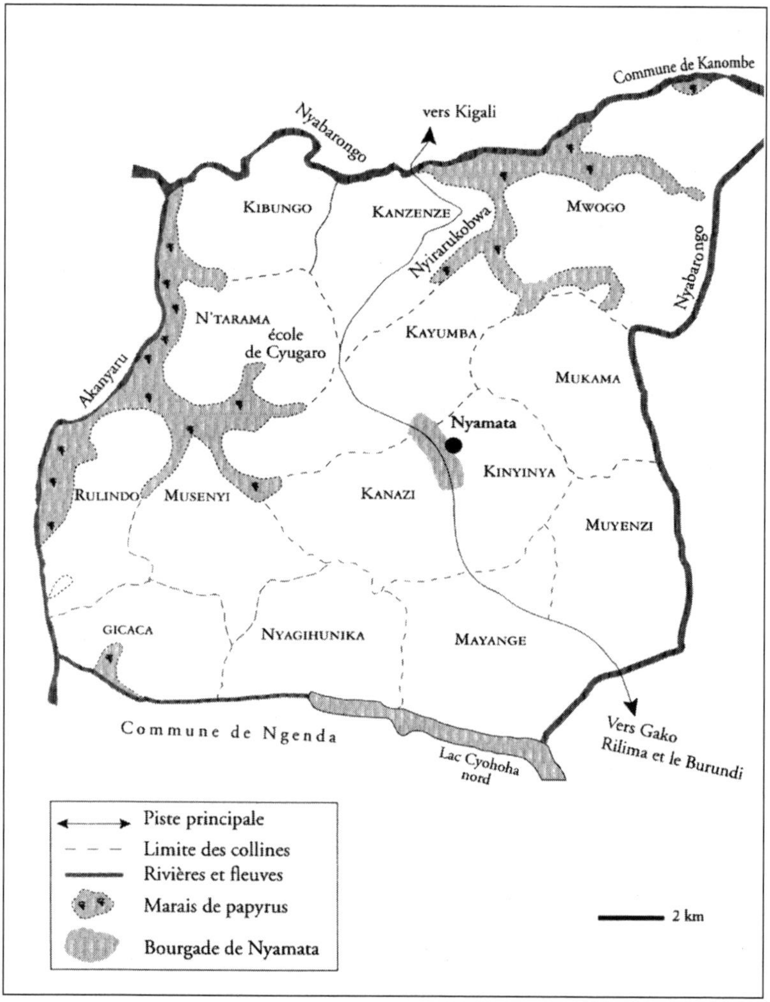

Karte vom Gebiet um Nyamata

Psychosozial-Verlag

H. Shmuel Erlich,
Mira Erlich-Ginor, Hermann Beland

Gestillt mit Tränen – Vergiftet mit Milch

2009 · 212 Seiten · Broschur
ISBN 978-3-89806-765-2

Die Nazarethkonferenzen demonstrieren eine realistische Möglichkeit für die Zusammenarbeit von Deutschen und Israelis, bei der Erkenntnisse von unbewussten kollektiven Überzeugungen zugleich mit individuellen Identitätsveränderungen gewonnen werden können. Sie verfolgen nicht primär die Absicht der Schuldentlastung oder der Wiederannäherung der Völker, sondern konzentrieren alles Forschungsinteresse auf die beiden nationalen Gruppen, vertreten durch deutsche und israelische Psychoanalytiker und Psychotherapeuten. Dieses Buch bereichert die Literatur über die deutsch-israelischen Beziehungen in der Post-Holocaust-Ära um einen bedeutenden Beitrag.

Eberhard Th. Haas

Das Rätsel des Sündenbocks

Zur Entschlüsselung einer grundlegenden kulturellen Figur

2009 · 275 Seiten · Broschur
ISBN 978-3-8379-2001-7

Aller Anfang war Gewalt: Zum Ziel anthropologischer Selbstaufklärung widmet sich der Autor Freuds kontroversem Verständnis von den Ursprüngen der Kultur sowie dessen Weiterentwicklung durch René Girard. Im Zentrum des Buches steht eine tragische Figur, der Sündenbock, der in paradoxer Weise zum Friedensstifter und Heilsbringer erhoben werden kann. So schaffen sich Kulturen ihr Wertvollstes: Kunst, Ritual, Religion und Moral.

»Haas erinnert facettenreich und eindringlich an die schlechte Nachricht, die Freud der Menschheit ins Stammbuch schrieb.«

International Journal of Psychoanalysis

Walltorstr. 10 · 35390 Gießen · Tel. 0641-969978-18 · Fax 0641-969978-19
bestellung@psychosozial-verlag.de · www.psychosozial-verlag.de